徜徉中原

赵慎珠 著

「伸手一摸就是春秋文化，两脚一踩就是秦砖汉瓦」，中原文明是中华文明根脉相承、薪火相传的动力所在。

河南大学出版社
·郑州·

图书在版编目（CIP）数据

徜徉中原 / 赵慎珠著 . -- 郑州：河南大学出版社，2020.12（2023.5 重印）

ISBN 978-7-5649-4534-3

Ⅰ．①徜⋯ Ⅱ．①赵⋯ Ⅲ．①文化史－河南－通俗读物 Ⅳ．① K296.1-49

中国版本图书馆 CIP 数据核字（2020）第 263534 号

责任编辑	柳　涛　韩　璐
责任校对	巩永波　姜东格
封面设计	樊　响
版式设计	高枫叶

出　　版	河南大学出版社			
	地址：郑州市郑东新区商务外环中华大厦 2401 号			
	邮编：450046			
	电话：0371-86059701（营销部）			
	网址：hupress.henu.edu.cn			
印　　刷	河南瑞之光印刷股份有限公司			
版　　次	2020 年 12 月第 1 版	印　次	2023 年 5 月第 2 次印刷	
开　　本	890 mm×1240 mm　1/32	印　张	14.25	
字　　数	283 千字	定　价	48.00 元	

（本书如有印装质量问题，请与河南大学出版社营销部联系调换。）

一个人·一块版·一本书

赵慎珠的新著《徜徉中原》就要出版了。50篇文章垒起的这本书,托起来沉甸甸的,作为长辈,我为她高兴。

在4年多的时间里,是什么力量在驱使着,她竟写下了如此多的精美的华章;是什么精神在鼓舞着,竟完成了如此多的璀璨的文字;又是什么信念在支撑着,竟走过了那么多的地方那么远的路程!

毫无疑问,是一种使命,是一种热爱。

这种使命,源于对中原文化的敬仰;这种热爱,源于对河南大地的膜拜。

时间要追溯到2016年5月,当时河南日报又进行了一次比较大的改版,其中的一个重要举措,就是决定每周五出一个"精彩周末"版,由文艺部来负责。在"精彩周末"四个版面的设计中,一版确定的名称为"行走中原",定位在深度探访河南的文化遗存和文化景观上。

当时决定由赵慎珠担任此栏目的责任编辑，很快她就找到了感觉，也很快使这块版形成了自己的风格和特色。"行走中原"每期虽只发一篇文章，但每篇文章的字数都在四五千字，而且开始的一段时间，由于稿源不足，大部分都要由她本人采写完成，其繁忙和辛苦的程度可想而知。繁忙归繁忙，辛苦归辛苦，慎珠似乎越来越钟情自己的事业，竟一发而不可收，几乎以两周一篇的幅度，迄今采写刊发了60多篇佳作。正应了唐代诗人罗隐的诗句："采得百花成蜜后，为谁辛苦为谁甜。"没有一种对文化的热爱，没有一种对使命的担当，持续进行这样一番工作，真不是一件简单的事情。

收录在书中的这些文章，就是赵慎珠从"行走中原"版面上摘取下来的。一个人，一块版，一本书，《徜徉中原》就这样诞生了。

从二里头到小商桥，从清凉寺到汉画馆，从地坑院到石头村，从洛阳关林到二程故里，一篇一篇读来，我看到了慎珠一次次在中原大地上行走和奔波的背影。那在骄阳下的背影，那在寒风中的背影，那在细雨中的背影，那在飞雪中的背影，那么执著，那么沉稳，那么坚定！特别是，当我进一步想到那个背景的性别角色，想到她从事的是一项多么有意义的事业，更有一种发自内心的感慨和感动！我不知道，慎珠迄今到底走了多少公里路程，估计她自己也不知道走了多少公里路程，但可以想见的是，那连续起来的脚印，肯定是与汗水凝结在一起的。

河南是一块文化非常丰厚的土地，5000年中华文明史，河南和河南人值得书写的内容实在太多了。这一点，不需要我在这里赘述。我想说的是，它虽然天然地为赵慎珠提供了取之不尽用之不竭的素材，但问题的关键，就是如何以一种有别于他人书写的方式把它们完美地呈现出来。好在慎珠有曾经在郑州日报工作时多年从事文化报道的经历，又有到河南日报工作后在多个新闻采编岗位历练的经验，加上她善于用心思考、用心揣摩，就逐步探索出一种人与采写对象融为一体的书写方式，将新闻与文学相结合的体裁。事实证明，这种书写方式是很成功的，也受到了业界内外和广大读者的好评。她的许多篇章，往往一经河南日报客户端和"学习强国"学习平台转发，马上就引来了成千上万的阅读量，在微信朋友圈，也持续引来点赞，成为爆款产品。

文章是要让人们读的，特别是比较长一点的文章如何让人耐心地读下去,其中大有学问。我们常讲文无定法,固然不错,但并不是说随便怎么写就行,其实好的写作者都是讲究章法和技巧的,只是那种章法和技巧达到了自由和自在的境界,使读者看不到刻意的痕迹而已。"须教自我胸中出,切忌随人脚后行"(宋·戴复古语)。慎珠显然是一位文章的高手,她选择写什么,就努力将自己与采写对象融为一体,而不是你是你、我是我相互分离的状态。她在一次次亲身踏访的过程中,在一次次深研细读的过程中,就把目光融进去了,就把感情融进去了,使采写的对象有了生气、有了灵气,让人可感可触,犹如一幅画卷徐徐展现在眼前。这样就避免了材料的堆砌和行文的苦涩,也避免了格式的呆滞和面貌的雷同,让人篇篇读起来都有惊喜和收获。

如果最终要归纳,慎珠的《徜徉中原》起码有如下几点值得肯定——

首先,写出了历史性。慎珠写的是历史,历史性自然就蕴含其中了。譬如她写偃师二里头,那座沉埋在3000多年前的夏朝都城,以及从那里找寻的"最早的中国","最早的城市主干道网、最早的宫城、最早的宫殿建筑群、最早的青铜器和绿松石器制作坊、最早的青铜礼乐器群、最早的青铜兵器……"历史的久远和灿烂带给人们的就不仅仅是震惊，还有对中原这块土地下面文化厚重的赞叹。

其次，写出了故事性。慎珠的每篇文章都由精彩的故事串联而成，历史在她的笔下变得生动有趣、摇曳多姿。譬如她写漯河市临颍县与郾城区交界处的那座小商桥，就写了3个故事，一个是"古桥与英雄：杨再兴之死"，一个是"古桥与大师：相见恨晚"，一个是"古桥与时光：流水无言"，古桥的来历、价值和它承载的南宋的兴亡成败，就在故事的讲述中清晰地呈现出来。如果说历史是"死"的，历史故事则是"活"的，有了活的故事，历史自然就活了起来。

再次，写出了文学性。慎珠的文章不是为了写散文，却具有散文的一切特征，是完全可以当作散文来品读的。描写、抒情、联想、想象、比拟、排比、烘托、渲染等等文学笔法，随手拈来，随处可见。"大树下，村里人摊售着蜂蜜、野菜，孩子们在石板上玩抓石子的游戏，三三两两的人们聚在一起，女人缝衣服、做家务，男人打扑克、侃大山，怡然自乐。村民们说，再等几天，槐花开的时候，半个村子都是香的。"从《古村气象大红色记忆深》一文中随手摘下的这一段文字,已可见一斑。

当然,《徜徉中原》还具有思想性、资料性等等,就不再一一细说了。总之,这本书值得阅读,更值得珍藏,它是河南活的地图、活的词典、活的广告,应该推荐给一切热爱河南的人、一切热爱中华文化的人。

她生命的乐章,已与行走连在了一起,期望她不负韶华,在行走中奏响更加美妙的旋律!

慎廷凯

(作者为高级编辑、郑州日报社原副总编辑)

目 录

一所大学与一条大河的款款深情 / 001

《岳阳楼记》诞生地 花洲书院忆范公 / 013

在二里头找寻"最早的中国" / 021

伊洛之滨谒二程 / 030

河南大学,那些时光深处的建筑 / 041

关林·关公·关云长 / 051

踏访"许昌人"留在灵井的印迹 / 060

一别世间九百年 欧阳寺村眠"醉翁" / 069

仰韶·彩陶·黄土地 / 077

马氏庄园觅青霞 感怀北国奇女子 / 086

郑州晋王庙,唤醒历史记忆 / 095

空相寺里识达摩 / 102

河南贡院:中国科举考试终结地 / 111

春暖"小峨眉" 郏县谒"三苏" / 120

一块牌匾与一所大学的文化坚守 / 129

在南阳，贴近汉画像石 / 138

去千唐志斋，领略唐代金石之美 / 148

追寻河南大学医学的百年传奇 / 157

函谷历风霜　秦汉两雄关 / 167

卢氏崎岖长征路　红军绝境又逢生 / 176

伏牛幽深处　丹霞古寺生 / 185

古村气象大　红色记忆深 / 193

大野麦田博望坡 / 201

去清凉寺，寻找那一抹天青色 / 209

古道·周柏·利津渡 / 218

去贾湖，叩响人类文化之门 / 227

嵩山之阳访书院 / 235

探访黄河故道下的汉代聚落 / 243

板柏枯木三叶草　古墓碑林比干庙 / 252

找寻周王朝典籍的蛛丝马迹 / 260

远芳古道崤函路 / 268

桀骜不驯黄河水　气定神闲嘉应观 / 276

陕州地坑院　民居活化石 / 285

石窟珍宝鸿庆寺　白鹿山下石佛村 / 293

中原深邃处　新密有古城 / 302

正月，大伾山下赶庙会 / 310

雪泥鸿爪龙耳寺　崤函道边苏秦村 / 318

去新郑，踏访郑韩故城 / 328

奇山秀水两岔河　古意悠远朱阳村 / 337

汝河岸边，大军过处…… / 347

茶香古树看姚庄 / 357

中原古城堡　郏县临沣寨 / 362

踏访溱洧之源　感受古韵新风 / 371

风雨沧桑小商桥 / 380

竹沟记忆：红色苏维埃　中原"小延安" / 388

鸿沟·汴河·通济渠 / 396

黄河滔天处　刺秦博浪沙 / 405

在朱仙镇感受年味 / 413

阅尽古今魏长城　沧海桑田伏羲山 / 422

中原地标：不断刷亮新高度 / 430

守望（代后记）/ 440

一所大学与一条大河的款款深情

千百年来，黄河奔腾向前，不舍昼夜。一代代中华儿女，与黄河同心，得黄河滋养，披荆斩棘，百折不挠，书写出一曲曲动人的乐章。静立于黄河之滨的河南大学，创办伊始就深深镌刻下黄河的印迹。百年沧桑，历经磨难，河南大学始终与黄河息息相通，密不可分。黄河造就、熔铸了深厚广远的河大精神；河南大学伴随九曲黄河的岁月沧桑，尽力护佑着这条大河的安澜。

学校兴而士气复

在河南大学明伦校区中轴线西侧，有两座古朴典雅的四角攒尖顶碑亭，亭中各矗立一通高大厚重的石碑。石碑斑驳，字迹清晰，它们被称为"贡院碑"，记载着河南贡院的两次变迁。两座碑亭之所在，是清代河南贡院的旧址。

一通是雍正十年（1732年）太子太保兵部尚书总督田文镜

撰文的"改建河南贡院记"碑,另一通是道光二十四年(1844年)兵部侍郎鄂顺安撰文的"重修河南贡院碑记"碑。两通碑形制相同,碑帽前后,是腾跃于巨浪之上的双龙石雕,方形碑座的四个侧面,有腾龙浮雕,碑文楷书字体,工整秀丽,堪称书法佳作。

"重修河南贡院碑记"上,有一段河南贡院救民众于黄河洪灾中的往事。

道光二十一年(1841年)七月初,黄河在开封祥符县决口。滔滔黄水似脱缰的野马,漫过开封护城堤,分三段直注城内。水没树梢,房屋倒塌,城墙坍塌,百姓无处可依,"城中万户皆哭声"。民间储砖早已用尽,河水依然汹涌,河南贡院在开封城东北,地势较高,危急之时,人们拆掉贡院的数百万砖瓦,转运城西,拯救危难,开封城才得以保全。

洪水来势汹汹,深谙水性的林则徐以戴罪之身,前来主持堵口。鸦片战争后,他被流放新疆,途中接到道光皇帝上谕,从扬州府折回开封治水。林则徐疾病缠身,仍然早出晚归,各处奔波,督导堵口。历经 6 个月,第二年 3 月,大坝终于合龙。林则徐仍然被发配前往伊犁,从西安至兰州的路上,他忧国忧民,写下"苟利国家生死以,岂因祸福避趋之"的诗句,以表心志。

贡院有救命之恩,开封百姓无比感念,提出修复贡院,"学校兴而士气复"。当年 7 月,在 560 亩的残垣断壁上,共修建办公房舍 782 间，重建号舍 10009 间，修复旧房 1857 间，凿井 5 眼，花费白银 11 万两。

兵部侍郎鄂顺安撰文、河南巡抚牛鉴书写的《重修河南贡院碑记》上，也留下他们的感动：水患未平，学子已纷纷求学于良师，开封城内尊长爱幼，风俗醇厚，河南不愧是先贤们的桑梓之地。

"鳞次栉比，万厦一新"的河南贡院，与北京顺天贡院、南京江南贡院和广州两广贡院，并称全国四大贡院。从 1902 年至 1904 年间，河南贡院共举办四次乡试、两次会试。1905 年，清政府宣布废除科举制，河南贡院成为这一考试制度的终结地而被载入史册。

1912 年，以林伯襄先生为代表的一批河南仁人先贤，在清代贡院的旧址上，创办了河南留学欧美预备学校（河南大学前身），成为当时中国的三大留学培训基地，与当时的清华学校（今清华大学）和南洋公学（今西安交通大学、上海交通大学）呈三足鼎立的局面。

预备学校开班时，学生们在前清的贡院学习"声光化电"（民国初期指自欧美传来的自然科学和技术），朗声诵读外语，正是当年社会新旧杂陈的缩影。

"以教育致国家于富强，以科学开发民智。"河南大学自诞生之日起，便担负起了民族复兴、中华崛起的责任与使命。悠悠百载，教化之泽深入人心。

学以致用，巩固大堤

发源于青海省巴颜喀拉山北麓的黄河，蜿蜒数千里，流经山脉盆地，奔涌在平原丘陵，最终汇入渤海，完成了5464公里的壮阔征程，在中国北方的大地上，挥毫泼墨出一个洋洋洒洒的"几"字。

"九曲黄河万里沙，浪淘风簸自天涯。"穿越黄土高原的黄河，含沙量之多，是世界河流之最，黄河善淤、善决、善徙的特征，使它成为最复杂、最难治理的河流。

据粗略统计，从先秦到1949年以前的2540年里，黄河决口1590次，改道26次，其中大改道5次，被称为"三年两决口，百年一改道"。

巨量泥沙常年淤积，在黄河下游形成了"地上悬河"，而河南，一直是受灾最严重的地方。人们说黄河是"铜头铁尾豆腐腰"，河南段就是这个"豆腐腰"，大堤如同豆腐一般，经常决堤泛滥。

饱受黄河泛滥之灾的古都开封，周边积沙遍地，每每狂风骤起，黄沙漫无边际，河南大学农学院森林系专注于森林治水与水土保持的研究，学以致用，巩固大堤，维护古城。

万晋，我国林学、测绘学开拓者之一，1927年获得美国耶鲁大学硕士学位后，来到河南大学担任农学院院长，兼任国民政府黄河水利委员会林垦处处长。他带领学生奔波于黄河堤坝、河滩与沙丘之间，实地勘察。他们发现，自元、明、清以来，黄河防汛工程是用柳树柔软枝条编笼填土，以阻水势。森林系师生提出，如果将干死树枝改为生长旺盛的活柳树枝，耐碱、耐湿效果必定更佳，他们商请河南河务局规划出一段河堤，由他们负责打理。

微风吹走冬的寒意，师生们在长长的堤岸上打桩植柳。待小树发芽，柳枝达到一米时，便将其纵横编结，用麻线捆扎，使它徐徐生为一体，成为一个活柳坝。汛期来临，活柳坝的防洪效果显著，较木桩坝、石坝、柳枝坝等更为安全。这一方法省工、省料，兼有分散流势、扰乱漩涡之功，是水利工程的一大创造。

1935年，黄河、长江同时在秋季泛滥，中原、江南灾民达数千万人。就读于河南大学经济系的邓拓，目睹灾民流离失所、妻离子散的悲惨，极为震动，他深入调查，精心构思，著就国内具有里程碑意义的力作《中国救荒史》。邓拓在"序言"中写道："灾荒史不仅应该揭示灾荒这一社会病态和它的根源，而且必须揭发历史上各阶段灾荒的一般性和特殊性，分析它的具体原因，借以探求防治的途径。"

1937年《中国救荒史》首发时使用文言文，很快被译成日文印行，1957年三联书店重印时，邓拓将其改为白话文，署原名邓云特。该书多次再版，河南大学图书馆共收藏三联书店、商务印书馆等5家出版社、8个版本的《中国救荒史》。著书为文的断霞散彩，从教从学的流风余韵，百年薪火相传，弦歌不断。

"我们要像黄河般'怒吼'"

黄河是中华文明的摇篮。考古学者发现，中国的远古文明最初是"满天星斗"，越接近历史时期，越能够看到一个个以黄河中下游流域"中原"为核心的历史趋势。

1936年夏，中国马克思主义历史学开拓者之一的范文澜，应聘到河南大学文学院任教授。在古朴的七号楼三楼最南边教室，他讲授中国上古史、文学史、经史等课程，教室里座无虚席，教室外挤满学生。他以黄河为连线，娓娓道来，婉约清丽的伊洛河，怀抱中原腹地，哺育着华夏文明的婴孩时期，伊洛河流域留下先民的足迹，伊洛河为成长的中国打开了辽阔天地……

卢沟桥炮声响起。1937年，范文澜担任河南大学抗敌训练服务团副团长，捐出任教期间的月薪，宣传抗日。他编辑《游击战术》一书，两个月销量达5000册。范文澜奔赴延安后写道："我们确信中国绝不会亡，抗战必然胜利。"

1935年，作曲家马可抱着"科学救国"的雄心壮志，考入河南大学化学系，但很快，民族危亡的严酷现实"把我这个不问政治的好学生从实验室中拖出来。抗日初期那些优秀的歌曲教育了我，决定了我的政治方向"。

1937年，河南大学成立大众剧团和歌咏队，开展抗日救亡宣传，怒吼歌咏队负责人马可说：我们要像黄河般"怒吼"，坚持抗战到底。

当年9月，洪深、金山、冼星海等人率领"上海救亡演剧二队"和贺绿汀、马彦祥等人组织的"上海救亡话剧一队"抵达开封，在河南大学大礼堂和相国寺剧场公演多次，极大激发了群众的抗日热情。

白天，马可和冼星海形影不离地演出，入夜，两人在河南大学冼星海的住室里，谈论抗战歌曲的题材、体裁、曲式结构……夜已冷，月如钩，二人或低吟浅唱，或放声高歌，慷慨激昂的旋律在校园里回响。冼星海离开开封时，为马可创作的《老百姓战歌》写下序言，称赞马可的歌曲开创了极力趋向大众化、民族化的新时代。冼星海在给怒吼歌咏队的信中鼓励他们：共同担负起民族救亡的重任。

1938年11月，著名诗人光未然（张光年）带领抗战演剧三队撤退，行进到山西与陕西交界处的壶口时，被黄河的景象所震慑：河道骤然变窄，黄河从落差最高达50米的陡崖倾泻而下，形成巨大的黄色瀑布，气势磅礴，声势浩大，沙流滚滚，如万马奔腾。壶口瀑布那惊涛澎湃、掀起万丈狂澜的气魄，正是中华民族的象征！诗情一触即发，光未然一挥而就，写下黄河诗篇。

延安鲁迅艺术学院音乐系主任冼星海，被诗作深深打动。1939年3月，在延安的小窑洞内，想到只有黄河这样的大河，才能抚育出英勇的人民时，冼星海激情难抑，抱病连写6天，创作完成《黄河大合唱》手稿。很快，《黄河大合唱》就传遍延安，传遍世界，周恩来为冼星海题词："为抗战发出怒吼，为大众谱出心声！"

那时，马可正组织河南抗战后援会在开封、洛阳等地巡回演出，并创作歌曲《守黄河》。黄河两岸，满目疮痍，马可触景生情，为黄河而歌，他一次次带领群众唱起《黄河大合唱》。《黄水谣》深情婉转，《怒吼吧黄河》情绪激昂，《黄河大合唱》在抗战烽火的洗礼下，成为中华儿女爱国救亡的号角。

日寇的铁蹄践踏着黄河流域，黄河在怒吼。河南大学千余名师生被迫流亡在外，他们颠沛流离，辗转办学。抗战八年，河南大学牺牲9人，失踪25人，在战争硝烟中，秉持教育报国，坚持敌前办学。他们坚定执著，不屈不挠，像黄河一样伟大而坚强，浓墨重彩书写出河南大学的精神。

"你们一定要把黄河的事情办好！"

八朝古都、"北方水城"开封，千百年来因黄河溃决而数次被淹。仅在元、明、清三朝，黄河在开封决溢的次数达300多次，其中在近郊决溢有88次之多，这其中又有数十次泛水袭城，7次水淹开封。

今日的开封城下，相互叠压着6座城池，包括3座国都、2座省城和1座中原重镇，分别是战国魏大梁城、唐代汴州城、五代及北宋时期东京城、金代汴京城、明代开封城和清代开封城，"城摞城"的世界罕见现象，刻录着千年黄河水患给黄河流域民众带来的深重灾难。

在旧城址的基础上屡毁屡建，沧海桑田，故园不改，不屈不挠的黄河儿女，一次次在淹没的土地上昂扬复兴。

人民的苦难不会被忘记。1946年，解放区晋冀鲁豫边区政府成立冀鲁豫黄河故道管理委员会，中国人民解放军"一手拿枪，一手拿锹"，确立了"确保临黄，固守金堤，不准开口"的原则，保卫冀鲁豫地区的安全。

1948年3月，毛泽东在陕北川口东渡黄河时，站在摇晃的小木船上，望黄河滚滚，奔向东南，一字一板地说："你可以藐视一切，但不能藐视黄河。藐视黄河，就是藐视我们这个民族。"

1952年10月，毛泽东第一次离京巡视，就是实地考察山东、河南、平原三省境内的黄河决口泛滥最多、危害最大的河段。10月29日，在兰考县黄河东坝头决口处，面对滔滔黄河，他对陪同视察的同志说："你们一定要把黄河的事情办好！"

黄河安危，事关大局。1956年，我国水利部门决定兴建黄河三门峡水利枢纽工程。周恩来十分关注，三上三门峡，亲临工地一线，他说："三门峡工程的修建，是根治黄河的开始，不是根治黄河的终结。旧中国未能治理好黄河，我们要探索规律，认识规律，掌握规律，不断地解决矛盾，总有一天可以把黄河治理好。"

1959年10月13日清晨，三门峡水利枢纽工程工地上，马达轰鸣，大型载重卡车往来如梭，高耸入云的起重机伸出粗壮的臂膀，轻便自如地吊运着建筑材料。河南大学中文系1200多名师生，正在工地上进行劳动锻炼。

8点30分，一列火车缓缓驶入三门峡史家滩车站，突然有人高喊"周总理"。身着灰色上衣的周恩来，正阔步向工地走来。来到河南大学中文系师生中时，看到了他们胸前的校徽，周恩来笑着说："你们来劳动很好，是教育和生产劳动相结合，现在学学水利，回去以后好好学习功课，又能劳动，又懂水利，将来教中学生就有东西可讲了。"

中文系58级毕业生李荣庚，回想当年，记忆犹新，他说，见到周总理时，脸憋得通红，激动得说不出话来，周总理嘱咐我们："回去代我向同学们问好，感谢大家支持大坝建设。"

周总理殷殷嘱托，师生难以忘怀，在《河南大学校史》中，定格着周恩来与师生握手的瞬间。仿佛，还能听得到他那遥远而亲切的笑声。

守护中华民族的根和魂

黄河是中华民族的母亲河，五千年的中华文化，在黄河两岸孕育生长，黄河美在奔腾迂回的壮阔里，美在广博深邃的时空里，让人魂牵梦萦，久久迷恋。

1929年秋，安阳殷墟遗址第三次发掘结束后，北京大学代理校长、33岁的傅斯年，12月即来到河南大学，在六号楼作了数场专题演讲，时常是连讲2个多小时都毫无倦色，感染了每一位学子。台下听讲的尹达、石璋如、许敬参3位同学，很快加入到了殷墟漫长发掘的队伍中。后来，尹达被考古界称为"结合考古实物资料运用马克思主义来研究中国古代史的第一人"，1955年担任中国科学院哲学社会教学部学部委员；石璋如被誉为中国考古学泰斗，殷墟发掘的"活档案"。

曾任教于河南大学的史学家嵇文甫说过："河南号称中原，亦曰中州，盖自古中国文化之中心地也。"中国的考古学家历尽艰辛，在古史模糊之处、已发现的最早文字记录之前，提供出大量触手可及的考古文化证据；中国的历史学家追根溯源，一点点描绘出精妙绝伦的史前史。事实证明，中国文明的主干，深深扎根在黄河流域，这里是文明升起的高光地带。

黄河流域有3300多年长期居于中国政治、经济和文化的中心地带。2002年，河南大学黄河文明与可持续发展研究中心成立，是中国唯一的以黄河文明与沿岸地区可持续发展为研究对象的大型综合性研究与咨询机构，对"黄河学"的研究走在了全国前列。

2019年，"纪念甲骨文发现120周年座谈会"在人民大会堂举行，河南大学黄河文明与可持续发展研究中心教授王蕴智在前排就坐。他潜心研究甲骨文42年，成果斐然，就是在他的建议下,安阳建立起中国文字博物馆,漯河有了许慎文化园。

研究中心的学者不舍昼夜,把论文写在祖国的大地上,他们层层打开万里黄河、千里江山的壮美,向世界一一展示出早期中国、帝制中国和转型中国的进程,以及黄河生态文明、政治文明和思想文明的探索。

2019年9月18日,一路考察黄河的习近平总书记强调黄河文化的重要性,他说:"黄河文化是中华文明的重要组成部分,是中华民族的根和魂。"深入挖掘黄河文化蕴含的时代价值,延续历史文脉,坚定文化自信,将为实现中华民族伟大复兴的中国梦,凝聚精神力量。

滚滚黄河奔腾不息,中华文明绵延不绝。河南大学黄河文明与可持续发展研究中心教授关爱和说:中华文明的基本精神、价值观念和民族性格,中华民族的生存智慧、思维方式与精神追求,都可以从黄河文明的长河中寻找到源与流。在历史与现实的交汇中,去探寻黄河生态保护利用,让黄河永续成为人类文明的载体,无疑是黄河文明研究的重要课题。

"嵩岳苍苍,河水泱泱,中原文化悠且长。济济多士,风雨一堂,继往开来扬辉光。四郊多垒,国仇难忘,民主是式,科学允张,猗欤吾校永无疆。"岁月倏忽而逝,校歌依然回响。一泻千里浩浩荡荡的黄河,铸就着河南大学百年学人。时光掩不住他们的光芒,他们是大学的精神,是民族的脊梁。

《岳阳楼记》诞生地　花洲书院忆范公

北宋庆历五年（公元 1045 年），57 岁的范仲淹肺病在身，他以身体不佳为由，向宋仁宗上书《陈乞邓州状》，求解边任。得到皇帝的恩准后，11 月，他从邠州南下，以给事中、资政殿学士的身份到邓州赴任。

寒风萧瑟，草木摇落，一路之上，范仲淹的心中，该是愁绪万端。

谁也不曾料到，范仲淹的这次到来，却让邓州意外得福，延宕不绝的儒家文脉从此深植邓州，葳蕤成林，而花洲书院，更因为他在此写下的《岳阳楼记》，成为文人雅士景仰的一处文化圣地。

宛南名胜百花洲

2017 年 3 月 21 日，微风，细雨，空气中带着泥土的芬芳。沿邓州古城向西南行，一条干净整洁的柏油道路旁，一古朴幽雅处格外不同，它绿水环流，竹柏掩映，繁花似锦，醒目的飞檐闯入眼帘，是花洲书院。

走过护城河上24米长的范公桥，大门正中有启功题写的"花洲书院"匾额，楹柱上对联："重整花洲五百年，常新教育；再施霖雨三千士，永荷陶镕"，它是清光绪元年（公元1875年），山长（书院院长）丁登甲撰，南阳府学生员刘维汉所书。

登临一段古城墙，再东行百余米，便是巍峨壮观、江南园林楼阁式的建筑——春风阁。工作人员讲解，这个"攀临远目，万象兼收"的"高层建筑"，原为范仲淹创建，后多次重修，20世纪40年代毁于战火，2004年在原址上重建，成为一处标志性景观。

拾级而上，站在三层阁楼的最高处，花洲书院尽收眼底。

整座建筑为南山北水、东西相照的布局，五进四院的院落，多采用清代建筑风格，体现着书院的庄严、恢宏。沿中轴线望去，春风堂讲堂居中，东部是百花洲园林，西部为范文正公祠，亭台假山，错落有致，九曲回廊，曲径通幽。

900多年前，正是范仲淹精心打造了这个书院。

北宋时的邓州，辖穰、南阳、内乡、顺阳、淅川五县，"六山障列，七水环流，舟车会通，地称陆海"，地理位置重要，为中原重镇。

范仲淹到任后，政简刑清，民怀其德，他也对邓州产生了深厚的感情，在《依韵答提刑张太博尝新酝》的赋诗中写道：

"南阳本佳地,偶得作守臣。地与汝坟近,古来风化纯。"他的心情和身体都有了好转,有更多的时间去读书、著述,去思考如何治理脚下的这方土地。

或许是一个暖意融融的日子,不经意间,他想起了百花洲。

发源于南阳内乡县翼望山的湍河,自北向南流经邓州,至城东南形成一个洄水湾,连带一处浅浅的沙洲。范仲淹的同年进士、挚友谢绛任邓州知州时,在沙洲上修建一处园林,取名百花洲,曾为一时胜景。

范仲淹知邓时,亭阁倾颓,杂树丛生,胜景似乎随故人的远去而凋敝。惋惜之余,他决定按照家乡姑苏城(今苏州)的园林风格,重修此处。

范公拿出全部积蓄,社会贤达和当地百姓也踊跃参与,没多久,洲上桃李迎风,松柏挺立,亭阁辉映,连廊逶迤,百花洲再次成为宛南胜景,为缺少风雅的邓州平添了一处著名"景区"。欧阳修当年路过邓州,赞百花洲:"野岸溪几曲,松蹊穿翠阴。不知芳渚远,但爱绿荷深。"

依百花洲畔,范仲淹建花洲书院(因百花洲而得名),培育人才,实践州县办学的宏愿。城墙上,他重修览秀亭,书院内,他增建春风阁、文昌阁,以启文运。

书院讲堂取名"春风堂",它和"春风阁"的取名,都来自"孔子如春风,至则万物生"的典故。

公务之暇,范仲淹时常在春风堂上执经讲学,春风阁里以文会友，百花洲上与民同乐。范仲淹描述自己的生活："七里河边带月归，百花洲上啸生风。"

"春风堂"三字匾额为米芾手迹，堂前四株桂花树，根深叶茂，郁郁葱葱。

"折桂"二字，常用来比喻科举及第，范仲淹在春风堂前亲手栽下桂花树，鼓励学子奋发读书。春风堂和桂花树在元代毁于战火，清道光四年（公元 1824 年），代知州马应宿重修春风堂，补栽桂花树。

后世始终感念范公，感怀他的千古绝唱《岳阳楼记》。

《岳阳楼记》在此写就

范仲淹到达邓州的第二年，庆历六年（公元 1046 年）6 月 15 日，在百花洲畔，他收到滕子京派使者送来的一封书信。

范仲淹与滕子京是同年进士，同朝为官，还曾经同任边帅，抵御西夏入侵。庆历四年（公元 1044 年），二人又同时被贬，范仲淹贬知邠州（今陕西彬县），滕子京贬知巴陵郡（今湖南岳阳）。几十年的风雨人生，他们志同道合，惺惺相惜。

滕子京到任一年后，巴陵郡"政通人和，百废俱兴"，重修了岳阳楼。良辰美景登高望远时，滕子京想起了好朋友范仲淹，想请他为岳阳楼做记。

按照乾隆年间《巴陵县志》的记载，滕子京 600 多字的来信言辞恳切："窃以为天下郡国，非有山水环异者不为胜，山水非有楼观登览者不为显,楼观非有文字称记者不为久,文字非出于雄才巨卿者不成著……"

他说的很直白:自古人以地名,地以人显,若想岳阳楼从此天下扬名,必得有一位雄才巨擘为它作记方可。在他眼里,只有范仲淹,才是众望所归的"重磅"人物,才能担当此任。

随信而至的,还有一幅《洞庭秋晚图》作为参考。

范仲淹手握书信,回忆起政治风云中的跌宕起伏,自己和好友的人生际遇,不免感慨万千,他该如何勉励自己和朋友?一篇文章写什么怎么写?他没有急于动笔,反复揣摩,摹景状物,勾画于心。

9月,多日干旱少雨的邓州幸得喜雨,旱情解除,他的心情为之一爽。

9月15日,秋风清扬,日光朗照,范仲淹忽然百感兴发,神思泉涌。春风堂前,他展纸走笔,一篇辞采华美、气韵生动的不朽之作喷薄而出,跃然纸上!

300多字的《岳阳楼记》,气势磅礴,造意深刻,字字珠玑,文情并茂,特别是它表达了作者"不以物喜,不以己悲"的博大胸怀,"先天下之忧而忧,后天下之乐而乐"的政治抱负,更是闪耀着理想的光辉,在中华民族文化中留下了深刻的一笔。

"未至岳州,亦描烟雨洞庭,一篇妙记传千古;甫临邓郡,便创芬芳书院,十亩幽湖泛百花。"春风堂前的一副对联,生动传神,写尽后世对范公的崇敬。

没到洞庭湖，未登岳阳楼，千里之外，范仲淹却把洞庭湖渲染得波澜壮阔，把岳阳楼描绘得锦绣斑斓，让人身临其境，个中原因究竟是什么？

中国范仲淹研究会副会长杨德堂考证，宋代任友龙撰写的《澧州范文正公读书堂记》记载，范仲淹年少时，在洞庭湖边的安乡生活、学习，洞庭湖的湖光山色给他留下过深刻的印象。

宋明道二年（公元1033年），范仲淹写过："岳阳楼上月，清赏浩无边"，第二年他写过："去国三千里，风波岂不赊。回思洞庭湖，无限胜长沙。"在诗中，他还形象刻画出了舟过洞庭、人上高楼的种种思绪。

阅读厚厚的《范仲淹全集》，还能找到他在景祐元年（公元1034年）和庆历四年（公元1044年）分别写下有关洞庭湖、岳阳楼的诗句，其中"优游滕太守，郡枕洞庭边"一句，会自然联想到《岳阳楼记》中的："予观夫巴陵胜状，在洞庭一湖，衔远山，吞长江，浩浩汤汤，横无际涯……"

可以想见，范仲淹在写《岳阳楼记》前，已经对描写对象十分熟悉，且早已成竹在胸。

一篇佳作，大多有其才情、阅历、命运遭际等诸多方面的因素，或许，在邓州的一段执政经历，也为名篇增添了风采。

范公重教化，轻刑罚，废苛税，倡农桑，每年亲自带领百姓凿井耕田，引水植禾。邓州境内，百姓安居乐业，百业俱兴。嘉靖《邓州志》称赞他"孜孜民事，政平讼理"。

庆历八年（公元1048年）正月，朝廷准备把范仲淹调到荆南府（今湖北江陵一带）任职，圣旨下到，邓州百姓把传旨的使者围在了人群中间，请求朝廷收回成命。数万百姓跪道挽留，绵延数里，"不忍公去"。范公深为民情所动，上书皇帝，恳请继续留任，第二年正月，他才离开邓州。

"先天下之忧而忧，后天下之乐而乐"，这是他一生的行为准则，更是在邓州身体力行的实践。范公先忧后乐，邓州垂拱而治，范公之于邓州，相互映衬，辉映了《岳阳楼记》的横空出世。

花洲书院弦歌不断

春雨纷飞，如丝如缕，如烟如雾，晕染成一幅朦胧诗意的水墨画卷。范仲淹执政讲学，教化后人，他的"忧乐"精神，如春雨一般，润泽后世，传承至今。

他性情率真，讲学时或击掌高歌，或迎风长啸，先生激情澎湃，学生如坐春风，范仲淹用"春风堂下红香满"来记录书院之盛。

邓州人贾黯，在书院创建当年就中了状元，范仲淹的儿子、官至宰相的范纯仁，宋代著名哲学家张载等，均"从师范仲淹，学于花洲书院"。

范仲淹离开邓州后，百姓十分怀念他，在花洲书院旁建祠祀公。宋元丰元年（公元1078年），黄庭坚专程到花洲书院，瞻仰范公遗迹,挥毫题诗:"范公种竹水边亭,漂泊来游一客星。神理不应从此尽,百年草树至今青。"

元代,书院因战火一度荒废;明代,书院三次重修,易名为春风书院;清代,修复15次之多,再次达到鼎盛。书院累圮累修,办学不断,是邓州重要的教育中心。

光绪三十一年(公元1905年),花洲书院更名为"邓州高等小学",儒学退出历史舞台,新学发扬光大,今天的邓州一中,就由此发展而来。

百花洲上弦歌不断,春风堂里人才辈出。翻开花洲书院的近代历史,一位位精英赫然在列:河南辛亥革命先驱王庚先,抗日英雄梁雪,留法文学博士丁肇青,著名教育家丁声树、韩作黎,著名作家姚雪垠、二月河、周大新……

"姑苏人去三千里,宛邓惠沾百万家"。花洲书院因范仲淹而盛,邓州人也视书院为教育圣地。2002年修复书院时,邓州从单位到个人,自发为其捐款,筹措资金1000多万元。

小雨淅淅沥沥,漫步在楼台水榭间,耳边传来2007年央视著名主持人陈铎在书院动情吟唱的《岳阳楼记》,恍惚间,似乎步入到历史的层叠处,又见黄发老者与民同乐,莘莘学子发奋读书的一幕幕场景。

时光易逝,韶华难留,"先天下之忧而忧,后天下之乐而乐"的范公,却从未走远。

在二里头找寻"最早的中国"

二里头，原本是洛阳盆地一个籍籍无名的普通村庄，可就在那一望无际的田野下面，隐藏着3000多年前华夏民族的一段辉煌历史。50多年的考古发现带给我们一次次震撼，它拥有的一个个中国之最，把它送进了世界文明史的殿堂。

千古之谜

2016年8月5日，吴庆龙等中国学者在世界著名学术刊物《科学》上发表论文，证实大约4000年前，黄河流域的积石峡地区曾经发生了一场特大洪水。而这场大洪水，或许就是传说中大禹治理的那场水，抑或与中国第一个朝代夏朝的建立有关。

一石激起千层浪。这一论断，在学界再次引爆了近百年来关于"夏朝有无"的大争论。这个发现，究竟是将神话变成了历史，还是将历史变成了神话，都将会迎来更多、更严谨的科学论证。因这次争论，公众再次将目光聚焦在了偃师二里头。因为在这里，专家们已经证实，它是毫无争议的"最早的中国"。

尽管《史记》中的《五帝本纪》《夏本纪》对上古史有过简略的叙述，但西周之前的历史脉络一直混沌不清。中国的起源在哪里，又是如何诞生的？这个千古之谜，吸引历代学者不懈求证，去探寻终极答案。

与殷墟、兵马俑、商城遗址等众多考古源于偶然性不同，二里头遗址的发掘，则是学者带着问题有备而来，是"由已知推未知的探索"。

中国社会科学院夏商周考古研究室主任、二里头工作队队长许宏博士讲解，20世纪50年代，中国古史专家徐旭生把上古文献中关于夏王朝都城和主要活动地域的记载加以排比梳理，1959年夏季他以70多岁的高龄率队踏查了登封、禹州、巩义、偃师等地的数处遗址，最终把目标锁定在了偃师二里头，徐旭生在调查报告中感叹："那在当时实为一大都会。"

从此，50多年对二里头的野外考察工作持续不断。60余次的发掘，累计面积达4万多平方米，带来惊喜无数，众多的中国之最在中华文明史上具有划时代的历史意义：

这里是3000多年前东亚大陆最大的中心性城市，最早的具有明确城市规划的大型都邑。

这里有最早的城市主干道网、最早的宫城、最早的宫殿建筑群、最早的青铜器和绿松石器制造作坊、最早的青铜礼乐器群、最早的青铜近战兵器……

此外，大型"四合院"建筑、玉质礼器、各类龙形象文物、白陶和原始瓷的发现，以及骨卜的习俗、鼎鬲的合流等，都是"中国"元素的大汇聚。

许宏说："二里头文化的崛起给人以异军突起的感觉。也许，这样的关键性节点就可以叫做开创历史的新纪元吧。"

中央之邦

二里头遗址位于偃师市西南约9公里处，北依邙山，南望嵩岳，古伊洛河从它的南面流过。盆地水足土厚，物产丰富，交通便利，有险可依，自古被认为是"天下之中"，历来是兵家必争之地、帝王建都之所。

已有50多年"队龄"的中国社科院考古研究所二里头工作队，就驻扎在遗址上。8月16日，乌云密布，站在工作队二层办公小楼的露台上远望，一片雾霭笼罩下，是无边的农田。高过人头的玉米正值灌浆期，大豆长势正旺；三三两两的村民正在低头劳作；微风过处，田间飒飒作响——一幅标准的中原田野景象。

二里头考古队副队长赵海涛，指着雾蒙蒙的远方讲解，二里头遗址略呈西北—东南向，东西最长约2400米，南北最宽约1900米，现存面积300多万平方米。

遗址的主要文化遗存属于考古学上的二里头文化，著名的"二里头文化"由此得名。都邑的兴盛时代，距今约3800年——

3500年，相当于古代文献中的夏、商王朝时期。

就是在这一片寻常的田野之下，藏着一个体量巨大、深不可测的宝库。

无论古今中外，道路都是城市的"骨架"和动脉，考古专家对遗址主干道的探寻，自然是重中之重。

二里头都邑的道路在哪里？20世纪70年代，在2号宫殿东侧，探明了一条100多米长的南北大路，而后被搁置。20多年后，许宏从发黄的记录和图纸中看了这一条线索，异常兴奋。他预感到，这或许就是打开二里头都邑宫殿区布局之谜的一把钥匙。

顺着这条线索，短短几天，一条近700米的大道被勘探了出来。

不久，一位村民抱怨自己家的小麦总是长不好，许宏的第一反应是：会不会是地下有质地致密的夯土建筑基址引起的渗水不畅？钻探结果大喜过望，地下不是夯土建筑，而是坚实的路土。顺藤摸瓜，他们居然发现了主干道的"十字路口"！

随后，考古队追探出中国最早的城市主干道网——中心区的"井"字形道路网，大路最宽处20米左右，相当于现代公路的四车道。

追寻着这个正确的打开方式，考古随即串联起了一系列的新发现：发现最早的双轮车辙，这在东亚文明史上具有里程碑的意义；发现中国最早的"紫禁城"——宫城、最早的中轴线布局大型"四合院"宫室建筑群、最早的多进院落宫室建筑群。

有位德国学者说过,中国都城绝对理性的平面布局,与古罗马城建在山头上延展的平面形成强烈对比。《吕氏春秋·慎势篇》提到,古代国家"择天下之中而立国,择国之中而立宫,择宫之中而立庙"。这一理念在二里头时代一展无余。而中国古代王朝都城的营建规制,则是发端于二里头都邑,一脉相承延续了3000多年。

许宏认为,二里头这座超大型都邑腾空出世,改变了之前对于邦国"满天星斗"分散局面的认识,一个"中央之邦"、一个最早具有广域王权国家的生动形象展现在世人面前。而二里头文化所处的洛阳盆地乃至中原地区,就是最早的"中国"。在地缘政治上,地处中原腹地的郑州——洛阳地区成为中原王朝文明的发祥地。

叹为观止

在考古工作队的二楼,赵海涛打开了一个陈列室。满满六层铁架,许多说不上来名字的白色、黑灰色精美陶器,让人不得不惊叹于3700多年前工匠那巧夺天工的制作艺术。

他说,去过博物馆的人都知道"二里头"三个字沉甸甸的分量,国家博物馆、河南博物院,或是洛阳市、偃师市博物馆,在早期国家文明史的展品陈列中,二里头遗址的有关描述和出土物,始终会被放置在最耀眼处。但最珍贵的文物并不在这里,其中有一件超级国宝"中国龙",用"叹为观止"来形容毫不过分,如今保存在中国社会科学院考古研究所。

那是发生在2002年春天的故事。工作队50多年来首次在宫殿区发现了成组的贵族墓,其中有一座墓葬规格较高,出土的铜器、玉器、漆器、陶器和海贝等随葬品达上百件。在看到绿松石龙形器的那一刻,所有的人都震惊了。

赵海涛回忆,绿松石龙形器被放置在墓主人右臂之上,呈拥揽状,每片绿松石的大小仅有0.2—0.9厘米,厚度仅0.1厘米,从龙首到条形饰的总长超过70厘米。龙头隆起于托座上,扁圆形巨首,吻部略微突出。三节青、白玉柱组成颌面中脊和鼻梁,绿松石蒜头状鼻端硕大醒目。两侧弧切出对称的眼眶轮廓,梭形眼、轮廓线富于动感,圆饼形白玉为睛。由绿松石片组成的菱形主纹象征鳞纹,分布全身。龙尾部渐变为圆弧隆起,若游动状,跃然欲生。

许宏说,当你从上俯视它时,你分明感觉到它在游动;当你贴近与它对视时,它的白玉双眼分明又是在盯着你。这个用工之巨、制作之精、体量之大的绿松石龙形器,在中国早期龙形象文物中十分罕见,因为出土在"最早的中国",所以它是一条真正的"中国龙"。

用绿松石镶嵌龙图案的器具,绝非是一般人可以享用的。学者猜测,墓主也许是主持图腾神物祭祀的"御龙氏",也许是沟通天地、乘龙驾云的巫师,他所佩戴的"超级国宝",或许具有引领亡灵升天的宗教意义。

"国之大事，在祀与戎"（《左传·成公十三年》）。保有祭祀特权与强大的军力，自古以来就是王者建立国家、拥有王权的基础。从早期王朝流传下来的祭天崇祖的传统，几千年来一直是中国人宗教信仰和实践的主要内容。

遗址发现的有大型祭祀区，东西连绵300余米，集中分布着一些可能与宗教祭祀相关的建筑。

祭祀用的青铜与玉石等礼仪用器，构成独具中国特色的青铜礼乐文化，显现出以礼制立国的王朝特质。

为了满足礼制的需求，客观上又催生了冶铸业这匹"黑马"的跃起。遗址已经发现的青铜器约200件，包括容器、兵器、乐器、礼仪性饰品和工具等，这些青铜器属于铜与锡、铅的合金，造型复杂，做工精美，有的器壁很薄，装饰有镂空花纹，在中国金属冶铸史上具有划时代的意义。

宫城的一墙之隔，考古发现了最早的官营作坊：铸铜作坊和绿松石器作坊。据介绍，所有的产品及其生产，都被王室贵族所垄断，这真让人尽可以去遥想王室的富足。

文化辐射

考古发掘显示，在二里头时期的东亚大陆，二里头周围甚至边远地区，经常能看到二里头的文化元素，如重要的礼器陶酒器、爵等。同时，在二里头文化中也包含着来自四面八方不同地域的文化元素，如玉鸟形饰、玉柄形器等，它们之间相互影响、融合，又以二里头为圆心，大范围向外扩散，北抵燕山南北的夏家店下层文化，南及四川的长江流域一带，西达黄河上游的甘肃、青海。

许宏在《最早的中国》一书中分析，作为东亚地区最早的"核心文化"，二里头文化凭借其软实力的巨大张力，向四周发散出超越自然地理单元和文化屏障的强力冲击波，就是在这一过程中，华夏国家完成了由多元向一体的转型，"中国"世界的雏形得以形成。

考古学研究表明，在东亚大陆，春秋战国时代，中原式直刃青铜剑的分布，基本上可以代表文化意义上"中国"的扩展范围，其北、南、西界分别到达了长城、岭南和成都平原。这一范围，恰恰和二里头文化陶、玉礼器的分布范围大体相合。

这一结果，真是意味深长。如果是这样，二里头的影响范围之大，甚至突破了《尚书·禹贡》所载"九州"的范围。

二里头的王朝究竟是姓夏还是姓商，夏、商文化的分界线又在哪里？学者们历来各执一词，争论不休。但这一切，丝毫不会影响到二里头在中国文明发展史上的地位和分量。

如何提升二里头这一中国"名牌"的知名度？李克强总理10多年来一直在关注它。在总理的亲自推动下，二里头遗址博物馆正在积极筹备中，这个国家级博物馆，是"十三五"规划中的重点文化工程，未来它将充分展示出"华夏第一王都"的王者风采。

　　许宏说,对于早期中国的探索,目前仍有许多的谜题有待破解。学术界还无法在缺乏当时文字材料的情况下,确证尧、舜、禹乃至夏王朝的真实存在,确认哪类考古学遗存属于这些国族或王朝。疑则疑之,既出于不得已,也是一种科学的态度。

　　"我们永远也不可能获知当时的真相,但仍怀着最大限度迫近真相的执着。"许宏说。新的考古发现,总是在不断提供解决问题的线索,同时又提出新的问题,引发更多的思考与解析。

　　这,也许正是探索的魅力所在。

伊洛之滨谒二程

900多年前，公元1082年的一天，49岁的程颐来到洛阳九皋山下、伊河岸边，创办伊皋书院，那时，他已名重天下。尔后，他的同胞兄弟程颢也来到书院讲学。哥哥程颢满脸和气如春风，弟弟程颐一脸严肃似秋霜，两人风格迥异，却都学问深厚。学子纷至沓来，"士之从学者，不绝于馆"。

兄弟二人在北宋时期的洛阳一带讲学著书，长达20年之久，他们仰观天象识天理，俯察人世思兴替，共同创立了影响深远的理学，在中国文化史、哲学史上树起一座丰碑。兄弟二人集理学家、思想家、哲学家、教育家于一身，被誉为"一门两学士"。

青山下，流水旁，一座书院，一所故居，一处墓园，见证了一段飘荡着书香的历史，延续一方悠久的文脉。

伊川书院

伊川县鸣皋镇中心地带，一排排房舍井然有序，一条小街的深处，有一个不大的院落，门头有匾额，上写着"伊川书院"四个字。

飞鸟掠过晴空，一扇门无声地开启，一股清风灌了满怀。一个曾经学子云集、芳香四溢的书院，站立在那里，摆渡来往，引导方向。

鸣皋镇南临九皋山，因《诗经》"鹤鸣九皋，声闻于天"而得名，李白《鸣皋歌·奉饯从翁清归五崖山居》中有"青松来风吹古道，绿萝飞花覆烟草"句。据记载，建成后的书院，正房五间为讲堂，东西厢房各三间为弟子居住，另有宅田10亩，粮地10顷，以供养学生。彼时的程颐，站立院中，该是满心欢喜，他见九皋山高耸入云，伊河水流淌不息，便将创办的书院取名为"伊皋书院"（元代改为伊川书院）。程颢来讲学时，不禁赞美："清溪流过碧山头，空水澄鲜一色秋，隔断红尘三十里，白云红叶两悠悠。"伊水岸边明丽的秋景，让他的脚步多了几分轻快。

伊川书院的大殿前，一株古柏树干挺拔，树高16米多，需三人合抱，枝条遒劲，主枝梢头干枯退枝，东部树梢似蛟龙腾空，西部树梢如凤正鸣，当地村民称之为"龙凤呈祥"。伊川县诗词协会会长杨明灿介绍，相传它是程颐手植的柏树，古柏冬夏常青，树根鳞鳞，爬满整个院子。经常有村民带着幼童，来这儿拜古柏做"干爹"。逢年过节，他们会在这里焚香、叩拜，很是虔诚。

古柏恬然自得，见证过往。

偃师人朱光庭，跟从程颢学习了一个月，如痴如狂，回去后，逢人便夸老师讲学精妙，他说："光庭在春风中坐了一月。"遂有了"如坐春风"这个成语。

还有一个著名的成语：程门立雪。讲的是宋代杨时和游酢在雪天拜谒著名学者程颐的故事。

杨时和游酢原本是程颢的弟子，程颢去世后，本已中进士的杨时和游酢，自感学力不足，又结伴去拜程颐为师。

公元1093年，一个深冬的午后，天空飘起了雪花，九皋山下的伊皋书院（一说嵩阳书院）一派洁白素雅。杨时和游酢顶风冒雪，自洛阳来到了书院，二人在书院后室的程颐住室前，敲响了门环。

侍者问："两位找谁？"

杨时说："我们是从南方来向程先生拜师的。"

侍者说："先生正在打盹，你们进屋来吧。"

天色渐晚，雪花飘落，书院门前的大树上，已披上厚厚的白雪。炉火温暖，程颐瞑目而坐。二人不敢惊动，在旁边站立等候。程颐从梦中醒来，门前积雪已经一尺深了。这个故事，打动了一代代读书人，漫天的白雪将尊师的虔诚渲染得淋漓尽致。

北宋时隶属河南府的嵩阳书院，是二程另一个主要的讲学地，嵩阳书院保留着二程祠。清代汤斌在《嵩阳书院记》中说："二程子曾讲学于此，后人因建祠焉。"

程颐往来于洛阳和鸣皋之间，著书立说长达20多年，世称伊川先生。二程所传之道，就是对后世产生深刻影响的"洛学"，它对宋代理学思想体系的建立，具有开创之功。清代河南知府汪楫在《重修伊川书院记》中感叹："且伊川者，万世之伊川；书院者，天下之书院。"后世学者评价："伊川书院是理学的策源地之一。"

两程故里

公元1102年，年已70岁的程颐《答杨时书》称："颐如常，自去冬来，多在伊川。"

不料第二年，程颐突然被列入"元祐奸党"。为了避免受迫害，他把全家迁居到伊皋书院，之后再次迁移。河南省社科院研究员卢连璋考证，公元1106年，程颐隐居陆浑耙耧山里，即今天的嵩县田湖镇程村。

程颐当年匆匆赶路的，或许是一条山间小道，早已无处寻觅。

伊川书院西南10公里处，就是程村，它背靠耙耧山，面向陆浑岭，南有九皋山，西有玳山，中有伊水环绕，远望沃野田畴，风景幽美。村东头一座白玉石坊，是明天顺四年（公元

1460年)所敕建,高约8米,石坊上书"圣旨",正中"两程故里"四个字,各"九寸见方",是明英宗朱祁镇御笔所题。河南省二程邵雍研究会副秘书长吴建设说,石坊立于当时的官道边,蔚为壮观,明清时期官吏到此,文官下轿,武官下马,步行而过,以遵旨敬程。

二程祠位于道路边,斗拱式的牌楼上,有朱光庭写的"棂星门"三个字,两侧墙壁上,分别是杨时、游酢写的"道接子舆""学贯濂溪"。二程祠坐北朝南,依山而建,三进院落分别为棂星门、诚敬门和道学堂,整体布局以中轴为线,对称严谨,与山体错落成美妙的图景。

地砖老旧,石刻古朴,走过一棵棵参天古柏、老槐,摩挲林立的石碑,沉浸在二程的故事里。

二程祖籍安徽徽县,他们的父亲程珦曾任湖北黄陂县尉,程颢与程颐先后在公元1032年、1033年生于父亲任上,二人拜周敦颐为师,学习孔孟之道,研读儒家经典。宋嘉祐元年(公元1056年),程珦定居在洛阳履道坊,二程成为洛阳人。

那时,鸣皋镇位于嵩(县)、洛(阳)、陕(州)、汝(州)的交通要道,土地肥沃,物产丰富,是一片膏腴之地。程颐如何能够来这里办起伊皋书院?二程祠内,一块宋绍兴二十六年(公元1156年)的"上文潞公求龙门庵地小简"碑,镌刻着程颐写给文彦博的一封信,此碑是程颐的孙子程晟刻立,最早镶嵌在二程祠启贤堂的墙壁上,后来存放在道学堂。细细看来,石碑字体工整，文字清晰，程颐与文彦博的一段斯文美事，跃然眼前。

《宋史·文彦博传》中说，太尉文彦博极其富贵，尊德乐善，与洛阳人邵雍、程颢、程颐十分要好。元丰五年（公元1082年），程颐给文彦博写了封信，表达想去洛阳城南的龙门山胜善寺旧址讲学的愿望。文彦博满口答应，却把地址改在了鸣皋镇，他将自己名下的一处庄园赠给程颐。文彦博在信中说："先生斯文己任，道尊海宇，著书立言，名重天下。从游之徒，归门甚盛……吾伊阙南鸣皋镇，小庄一址，粮地十顷，谨奉构堂以为著书讲道之所，不惟启后学之胜迹，亦当代斯文之美事。"

二程没有辜负文彦博的美意，他们"讲易学、授理学，求教者日夕盈门"，名儒杨时、游酢、张绎、邵伯温皆出其门下。二程祠内，有两块石碑分别镶嵌在东、西庑房的后墙上，刻录着90多位二程知名弟子的姓名，他们来自40多个府、州、县，有的远自福建、浙江、江西等地，后来做官的有30多人，有的官至监察御史、吏部尚书和宝文阁学士。

程颐晚年讲学之余，常扶杖外出散步，观耙耧山上苍苍虬柏，望陆浑岭上片片浮云，听伊水浅吟低唱，他在潜心构筑自己的思想体系。

程氏墓园

宋元丰八年（公元1085年），司马光任宰相时，朝廷召程颢为宗正丞，尚未到任即病逝，时年54岁。程颢死后，葬于伊川程氏墓园。

程颐的晚年，相当孤寂，官职悉被罢免，为了避免牵连别人，他婉拒了前来求教的四方学者，时常一个人徜徉在山水间。相传，一次外出返回时，他看到两个乡民在砍一棵高大的楸树，便说："树也有生命，为什么要砍掉它？"乡民叹了口气说："程夫子，俺也不想砍它，可家里断了顿，不砍不行啊。"程颐拿出几枚铜钱给乡民："我把这树买下了，钱你们拿走吧。"后来，当地人把这棵树叫千秋树，把这个村子改名为千秋村。

程颐在陆浑耙耧山生活一年，大观元年（公元1107年）秋病逝，享年75岁。当地人担心受到牵连，不敢为他送葬，只有弟子尹焞、张绎等四人助理丧事，把他葬于伊川程氏墓园。对此，朱熹不免感慨："知德者希，孰识其贵。"

来到伊川县城西侧，松柏苍郁的荆山脚下。冬日的程氏墓园略显冷清，数百棵柏树郁郁葱葱，墓园空旷，黄色的野菊花开了一地，有丝丝清香飘散。

墓冢高大，程氏父子的三座墓前，各有一个石供台。三座墓呈三角形，前方左右两侧为程颢、程颐之墓，后方为程珦之墓，意为父抱子。三墓立碑各一通，均为清代河南知府张汉题写的碑文。墓前有神道，分列着翁仲、石马、石羊、石虎。墓园祠堂内，明、清时期的石碑数十。墓园东侧，有寺院一座，曾有僧人守护墓园。清代，每年春秋大祭，河南府知府、嵩县知县等地方官吏必亲临主祭。

当年，二程的伯父程琳贵为宰相，墓地是他最早选中的，《欧阳修全集》中，收录有欧阳修为程琳父亲程元白所撰写的神道碑文。

二程生前虽然得到过一些达官显贵的支持，却很少得到皇帝的欣赏，程颢长期不见于朝廷，程颐昙花一现，仅在担任"帝师"的短短一年多时间里盛极一时。

程颐殚精竭虑写下的《伊川易传》，多次修订完善，临终前传授给学生尹焞、张绎。程颢、程颐师承周敦颐濂溪先生，共创洛学，奠定了理学基础，后来由朱熹集理学之大成，形成完整的程朱理学体系，亦称新儒学。朱熹在《观书有感》第一首中，隐喻他与二程理学的渊源："半亩方塘一鉴开，天光云影共徘徊，问渠那得清如许，为有源头活水来。"

后世尊崇

生前寂寞身后名。程颐去世129年后，公元1236年，南宋诏封程颢为河南伯、程颐为伊阳伯，"并从祀孔庙"，二程理学渐成官方哲学。宋理宗敕封"理学亢宗"匾额，送给程祠。

几乎历代皇帝都给二程加封晋爵，他们的地位也越来越高。元代初年，随宋室南迁的程颐后裔又回到陆浑，守先祖坟茔，子孙繁衍，形成村落，命名为程村，并在村中建立二程祠。元明宗晋封河南伯程颢为豫国公、伊阳伯程颐为洛国公。元代，《伊川易传》被列为科举必读书。

元代驻鸣皋镇总兵克烈士将军，倾其家资，重修残破的伊皋书院，十年乃成。元仁宗非常感动，延佑三年（公元1316年）敕名"伊川书院"，命翰林院直学士薛友谅撰文，集贤院学士赵孟頫书丹，参知政事郭贯撰额，刻石立碑。

此碑立在古柏树下。碑楼高7米，宽2.8米，额首上一行字"敕赐伊川书院碑"。历经风雨剥蚀，石碑中间有一道较大的裂痕，字迹依稀能辨，在赵孟頫秀逸圆润的字里行间，让人回首前尘，不胜唏嘘。

清代，康熙皇帝提倡二程理学，亲题"学达性天"的匾额给程祠，每年拨祭银40两，把二程第21代嫡孙召进宫里赐宴。乾隆皇帝两次拨给程祠学田64顷90亩，命二程第25代嫡孙随驾赴山东祭孔。光绪二十七年（公元1901年），光绪皇帝和慈禧太后由西安回北京路过洛阳时，分别给二程题赠"伊洛渊源""希踪颜孟"的匾额，派大臣到程祠致祭。

程颐第31代孙程国明讲述着先祖的往事，他指着道学堂悬挂的这三块匾额，回味昔日荣光，恍如情景再现。

清康熙、乾隆两代，朝廷数次役使程氏墓园附近14个乡的乡民，让他们自备物料对墓园进行维修。道光四年（公元1824

年),河南巡抚程祖略奉旨再修程村程祠,豫西十县群众捐银达4400两之多。

二程理学影响广泛。18世纪法国启蒙学者狄德罗认为,中国哲学的思辨性并不逊于西方哲学,理学论述与斯宾诺莎(近代西方哲学公认的三大理性主义者之一)的著作一样,对西方学者的思维能力具有挑战性。狄德罗肯定中国哲人把善意与道德的科学放在一切科学的首位,并预言这一原则有朝一日会得到西方学界的广泛认同。英国著名学者李约瑟在《中国科学技术史》中说:"理学的世界观和自然科学的观点极其一致……宋代理学本质上是科学的,伴随而来的,是纯粹科学和应用科学本身的各种活动的史无前例的繁荣。"

有学者把伊洛之滨比之于孔孟家乡的洙泗流域。每年清明、冬至的春秋大祭,程氏宗亲不远千里,寻根祭祖。

二程祠的诚敬门西侧,放置着一个约700公斤的石块,暗红色的纹理若隐若现。这石块来自遥远的南极洲。2012年2月,中国第28次南极科考队圆满完成任务从南极返航时,此石随科考队员乘上"雪龙"号科考船,于4月在上海登陆,当年7月,中国极地研究中心高级工程师、南极科考队员、程颐第30代孙程言峰,把它送到两程故里收藏。

2017年清明前夕,伊川程氏墓园东侧,占地360亩的二程文化园正式开园,它由程颐第31代孙程道兴投资3.2亿元、历经13年建成,园中分布着神道、祭坛、祖庙、圣殿、书院等建筑。著名文化学者许嘉璐撰文说:"为广大民众追思先哲圣贤、体验理学之圣地。庶几可为留住历史根脉、保护历史文化遗产做出些许贡献。"

初冬微寒,黄叶飘落,二程文化园宁静安详,"天下之治,治家为先;治家之道,以正身为本。"二程祖训,绵延相传……

河南大学，那些时光深处的建筑

2019年2月14日，一场瑞雪翩然而至，雪花轻舞飞扬，尤其让人感受到河南大学大礼堂的恬静，南大门的巍峨，雪松的从容。漫步在河大古色古香的百年校园，如同开启一场时空交错的穿越之旅，一幢幢厚重的典雅建筑，串联起了历史与现实、东方与西方、古典与现代。

一所氤氲着浓郁书香的大学，扎根在开封这座幽静的古城里，大师灿若星辰，学子纷至沓来，百年薪火相传，他们在此种桃种李种春风，流风余韵，至今不绝。

百年肇始六号楼

100多年前，八国联军侵占北京，清王朝将全国的科举考试由北京移到河南贡院，河南大学的这片土地，见证了中国1000多年科举制度的终结。

20世纪初，西风东渐，辛亥革命曙光在前，古老的中国孕育着一场新旧嬗变。1912年，在河南贡院的旧址上，创办了河南留学欧美预备学校，它与当时的清华学校（清华大学前身）、南洋公学（西安交通大学、上海交通大学前身）一起，成为当时中国的三大留学生基地。

彼时，清风爱抚着预校校门，摩挲着校长林伯襄查夜的马灯。到处是刻苦读书的身影，有的同学用香火灼烧手指来提神，有的自备烛灯，跑到贡院简陋的考棚里刻苦学习。

1919年，具有开创意义的教学中心建成并投入使用，它耗时4年，历经林伯襄、丁德合、李敬斋三位校长，被称为六号楼。

"以教育致国家于富强，以科学开发民智。"河南留学欧美预备学校，是中原大地第一个派遣留学生的桥梁与窗口，具有强烈的开放图强与融通中西文化的意识，这不仅体现在选派教师出国留学、引进外籍教师和外文原版教材上，还体现在了校园建筑上。

六号楼中间4层，两翼3层，6根爱奥尼柱头式巨柱贯通二、三两层，柱头左右各有一个秀逸纤巧的涡卷。六号楼顶部、墙体对称布局，中间高，两侧低，颇具中国传统建筑风格，而其平面布局、柱式、门窗楣饰、花瓶形栏杆、窗套等，又为西式建筑手法，中西合璧，稳重优雅，折射出河南大学建校之初的创新之光。

从破旧阴暗的房、低矮简易的平房，搬进宽敞明亮的大教室，师生们欢呼雀跃，学习热情空前高涨，校园里到处书声琅琅，开封市民戏称："留美学生处处蛙。"

站在青灰色的六号楼前，似乎能感受到百年前莘莘学子爱国的热情，他们为中华之崛起而读书，表达爱我中华、抵制外辱的决心。

各种思潮、各派学说在六号楼碰撞交锋，众多人物从这里粉墨登场，师生们为五四运动呐喊，为五卅惨案怒吼，为抗日救亡宣传……

河南大学校史馆馆长王学春讲述，1925年7月，中共北方区委总负责人李大钊，应邀来讲学。时值盛夏，穿一身白色长衫的李大钊，稳步登上六号楼三楼，从演讲厅左侧门走向讲台，发表《大英帝国主义侵略中国史》的演讲。在这里，他播下了马克思主义的火种。

大师青睐七号楼

1922年，冯玉祥任河南督军，力主创办大学，拨出专款作为筹备基金，同年底，在预校基础上创办中州大学，设立8个系9个专业，开启了坎坷的征程。

500亩校园是一张白纸，等待着最美的图画。坐在六号楼东南侧的办公室里，校务主任李敬斋激动不已，他是知名的建筑专家，留学美国密歇根大学，学习建筑工程，与杨廷宝、梁思成等人一样，他们就是要学成后报效国家。仅仅一个月，设计草图就奠定了校园的蓝图,打造出了河南大学近代建筑群的基本框架。

学校规划继承古代书院的基本布局,形成主体建筑居中、前门后堂、左右斋房的规划思想,所有建筑用地均有统一编号,路东为双号,路西为单号,整个建筑群由中轴线串联沟通。

1921年至1926年,6栋东斋房和2栋西斋房相继建成,作为学生宿舍。斋房4人一室,每人一桌一椅,一个书柜,与又窄又矮的贡院旧房有了天壤之别。

如今,绿树丛中的东西十二斋房,如同琴键一般,在河南大学明伦校区南大门至大礼堂轴线两侧井然排列。斋房屋面为横三道屋脊,屋面四周有城垛式的女儿墙相围,每个斋房入口,设有仿古式垂花门罩,两个垂柱之间,雕刻着形态各异的30块木雕花板,花板上或是梅兰竹菊,或是珍禽奇兽,让素净的斋房透露出了玲珑俊秀。

轻轻推开斋房的一扇门,迎面是经济学家罗章龙曾经的宿舍。罗章龙在河南大学任教期间,完成数百万字的《中国产业史》《中国国民经济史》,被誉为"中国经济史之佳构"。1936年4月,张学良来到斋房,秘密会晤罗章龙。罗章龙在《回忆片段——西安事变前与张学良的接触》中提到,张学良走后,两人多次设计磋商,初步拟定出一个改变时局的建议和实行方案。

顺着斋房望去,中轴线西侧的中部,七号楼色彩明丽,高大醒目。整栋楼平面呈"Ⅱ"字形,楼高三层,主入口处在楼中部东侧，3个出入口均有歇山卷棚屋顶式灰瓦门廊，四角红漆圆形木柱支撑，鼓形柱础，门廊屋顶下有木制透雕漏花挂落和雀替，轻巧通透，雅致明快。楼四周设西式木质门窗，玻璃窗上有西式折叠式遮阳装置，窗间扶壁是80根塔什干式柱，贯穿二、三层，直通檐下。青砖砌墙的七号楼，立面层次丰富，华丽典雅。1936年，梁思成、林徽因夫妇见到七号楼时，大加赞赏。

河南大学土木建筑学院教授张义忠说，1921年建成的七号楼，以西方古典柱式装饰墙面，中国的屋顶、门廊与西方的柱式、基座相融合，别具匠心，有强烈的时代特色，是中西建筑艺术密切结合的精品。

阳光正好，精雕细刻的高大木窗下，温柔出一片斑驳的光影，进入楼内，踏着厚厚的木地板，不觉放轻了脚步，好像看到了胡适、梁漱溟、梁思成、范文澜、董作宾等大师往来的身影。

1929年秋，安阳殷墟遗址第三次发掘结束后，北京大学代理校长、33岁的傅斯年，在七号楼作了数场专题演讲，时常是连讲2个多小时都毫无倦色，感染了每一位学子。台下听讲的尹达、石璋如、许敬参3位同学，很快加入到了殷墟漫长发掘的队伍中。后来，尹达被考古界称为"结合考古实物资料运用马克思主义来研究中国古代史的第一人"，1955年担任中国科学院哲学社会教学部学部委员；石璋如被誉为中国考古学泰斗，殷墟发掘的"活档案"。

曾经就读于经济学系的邓拓，3年发表10篇近10万字的社科论文，完成了国内具有开拓性的著作《中国救荒史》。他还担任开封抗日民族先锋队总队长，带领进步学生开展各种爱国抗日活动。1937年6月，邓拓刚刚在七号楼参加完毕业考试，就在大楼北门被蓝衣社特务秘密抓走。不到一个月，邓拓被保释出狱，8月，怀揣着河南大学的毕业证书，奔赴到了华北抗日战场。

追求学术独立与投身革命洪流，团结救国与刻苦读书，如同一页纸的两面，浓墨重彩写满了河南大学的百年。

大礼堂风雨沧桑

时代风云变幻，教育顺势而为。1930年，河南中山大学改名为河南大学，设立文、理、法、农、医五大学院，初具综合性大学规模，校园建设也在紧锣密鼓中推进。

1934年12月，在校园南北中轴线和东西中轴线的交会点上，一座占地3932平方米、总建筑面积4513平方米的规模宏大的大礼堂建成。大礼堂设计精美，质量之高国内罕见，其雄伟，在当时全国高校中首屈一指。

大礼堂分上下两层，设楼梯6座，观众席3000多个，南立面正中，设3个双扇平开大门，入口外立面两侧，设置4组8根爱奥尼巨柱。东、西、北有直通室外的疏散出入口，均为四柱卷棚歇山顶门廊，各面景色不同。据说，它在建成之初被评为"亚洲十大建筑"。

大礼堂耗时3年，花费20多万银元，落成典礼盛况空前，学校放假2天，在大礼堂和操场举行游艺活动。时任代理校长的杜俊鼓励学生"此伟大建筑，此我们求学之利器，我们当利用此堂，奋勉深造，为国家做栋梁，为社会造幸福。"

张义忠说，整座建筑分为门厅、观众厅、舞台三部分，沿南北中轴线布置，音质良好，采光充分，通风顺畅。大礼堂是中西建筑集合的典范，在建设中采用了许多西方新技术、新材料，同时辅以中式大屋顶、斗拱飞檐等传统精华，叠檐飞阁，雕梁画栋，既有西洋建筑的高大、坚固，又有传统中国建筑的俊秀、规制。建设者选用27米豪式英国进口钢屋架，八柱一梁支撑钢屋架和楼板重量，水泥加固地基，这在当时的条件下，具有较大的突破性。建成后的大礼堂，经历过5次5级以上地震，始终坚固如初。

历经80多年风雨洗礼，大礼堂依旧气宇轩昂，一砖一瓦都见证着河南大学筚路蓝缕的艰辛。有人说，河大的一缕魂魄，就在大礼堂的身躯上，河大的一条根基，就埋在大礼堂的地基里。

雅静的大礼堂空旷而深邃，环绕着它的内部，悄然走遍了每一个角落，半个世纪前的欢愉，仿佛触手可及。

1936年夏，河南大学接收南迁的东北大学师生，500余名学生晚上睡在大礼堂,白天和河大学生一起学习,安稳书桌和温暖床榻有了可置之地。

1937年9月,冼星海率领上海救亡演剧二队来到河南大学,与"怒吼歌咏队"联手,在大礼堂唱起抗日救亡的激昂悲歌。马可从大礼堂起步,走上了革命音乐救亡之路。

1945年抗战胜利,辗转流亡8年的河大学子重回开封,校园满地荆棘,看到巍峨的大礼堂时,他们百感交集,潸然泪下。

南大门铭记校训

一座四柱三开间的牌楼式建筑,在古城开封的平静街道上,吸引着人们关注的目光,它是河南大学明伦校区雄伟壮丽的南大门。

南大门中间部分屋顶高出,形成重檐之势,四角翘起,上置套兽,采用砖木和混凝土混合结构,古朴典雅之中不失威严。同时,国画、彩绘、浮雕、木雕、砖雕有机排列在建筑之上,特别是木雕,图案精美,刀工精细,栩栩如生。1936年10月,南大门落成,河南大学"明德新民,止于至善"的校训,用柳体金字镌刻在大门内侧的门楣之上,让师生时刻铭记于心。

由一个个单体构成的近代建筑群完美呈现,成为学子无法磨灭的神圣印迹,2006年,河南大学近代建筑群入选全国重点文物保护单位。

英国首相丘吉尔说过:"先是人创造了建筑,建筑反过来创造人。"

著名学者、开封籍作家鲁枢元回忆，12岁时，他牵着羊上了城墙，一转身，从半空中俯瞰到了河大校园：一座又一座巍峨的宫殿，飞梁画栋，绿树环抱；一排又一排别致的洋楼，鲜花遍地，曲径通幽；一些青年男女在散步、交谈、读书、打球。他立刻涌出一个强烈的愿望："我要上大学。"求学期间，鲁枢元最乐于在七号楼上看书，春天隔着花窗看槐花，似雪吹落一地，秋天伏案细听雨打梧桐，淅沥有声，不由得就进入一种"唐诗宋词"的境界。

著名画家、清华大学教授王宏剑的孩提时代，最爱在大礼堂外捉迷藏，喜欢踩着老式木地板，听咚咚的响声，也爱数房顶上的兽头和屋檐下的廊柱。他说，晚上回家，扭头看见晚霞中的大礼堂，突然会被它的巍峨与美丽惊呆了。他赞叹河南大学有一种与生俱来的神圣感，颇有"庙堂之气"，中西合璧的建筑，成为最生动的美学课堂。

著名学者，河南大学博士生导师王立群，是1978年走进河南大学校园的，他称自己"瞬间被打动了"，内心交织冲撞着一个声音："我要的就是这份古朴！"千年铁塔、沧桑城墙是她的外表，波澜不惊的铁塔湖水是她的内在气质，气势庄严的牌楼式大门，小巧别致的东十斋，稳重大气的大礼堂是她深厚底蕴的外化。在河大读书时，王立群品读着掩映于翠绿中的建筑，品味着历史的厚重和文学的绚美，"河南大学注定成了我生命中不可分割的一部分。"

大学之大，不在城大，不在楼高，不在喧嚣，在于大师，在于文化，在于底蕴。2008年，河南大学进入省部共建高校行列，2017年，河南大学入选"双一流"建设高校。

2017年，位于郑州市龙子湖校区的河南大学南校门，按照1∶1.3的比例复制了明伦校区南大门。河南大学党委常委、宣传部部长、文化传承与创新研究中心主任王明钦说，不事浮华与严谨朴实，百折不挠与自强不息，构成了河大人的精神气质，百年校训和文化积淀融入了新的发展中。

清晨，当河南大学开启古老的校门时，师生们穿行于新老校区，如同鸟儿飞翔林间，他们有千年古城墙为东围墙，千年铁塔为邻，满眼是充满神韵的古老建筑；入夜，清风乍起，有塔铃声声掠过梦乡……这育人的殿堂，怎能不吸引学子的眷恋和向往！

关林·关公·关云长

汉献帝建安二十四年（公元219年）腊月，已是天寒地冻，更让人心寒的，是关羽无法摆脱的困境。这时，关羽退守麦城。

他带领十多名士兵悄然逃走，一路上先后遭遇到朱然、潘璋的截击，只得沿山路而逃。走到夹石时，已是五更将尽，东方欲晓。突然，两山伏兵尽出，长钩套索并举，关羽被潘璋部将马忠所获。

没过多久，59岁的关羽就在湖北临沮被孙权下属斩首。

《三国志·武帝纪》记有："（建安）二十五年（公元220年）春，（操）至洛阳，权击斩羽，传其首。"

孙权担心刘备报杀弟之仇，便将关羽的首级送给了曹操。

相传，曹操追赠关羽为荆王，刻沉香木续以为躯，以王侯之礼，葬关羽于洛阳城南十五里，并建庙祭祀。

《河南府志》中说，关羽的墓地共有三处："一在洛阳，公葬元处；一在当阳玉泉山，公葬身处；一在都（成都）万里桥南,乃昭烈招魂葬公处。"

也就是说,关羽的首级埋葬在了洛阳,身子埋葬在了玉泉山,成都墓只是一个衣冠冢。民间这样说已故的关羽:头枕洛阳,身卧当阳,魂归故里。

为使圣灵有归,洛阳据冢建庙,遂有了关林。那里古柏葱茏,丰碑高冢,香火相续,无人不肃然起敬。

身后寂寞八百年

红墙环绕,围住了翠绿的柏林。

游人散去,暮色中的关林庄重肃穆。

明清时期保留下的这一建筑群,占地180亩,两重院落,三进殿宇,四座石坊,南北中轴线上,依次排列着舞楼、大门、仪门、大殿、二殿、三殿和墓冢,其他建筑沿中轴线左右对称,严谨有序,冢、庙、林三祀合一,层层递进,幽深威严。

四处无声,小心翼翼穿行其间,伴着弥漫的香烟,沉浸在关羽的世界里。

《三国志·蜀书》中的《关羽传》只有900多字,令人印象深刻的,是他过人的勇武。陈寿说,"关羽、张飞,皆称万人之敌,为世虎臣",赫然留下了"威震华夏"的四字评语。

曹操曾封关羽为"汉寿亭侯",刘禅追谥关羽"壮缪侯",此后大约八百多年间,关羽无人问津。

北宋末年,金兵不断南进,江山岌岌可危,宋徽宗赵佶三次追封关羽,表彰他的"忠勇义气",敕封为"义勇武安王"。

南宋建炎二年(公元1128年)正月,关陕的民众在关羽庙前集结抗金,河东一带组织"忠义社"等民间组织,抗击金兵。

随后,高宗赵构颁诏,加封关羽为"壮缪义勇武安王",那是关羽第一次被作为抵抗外侮、力战不屈的好榜样。岳飞抗金时,也是以关羽、张飞的兴复汉室为楷模。

在元末明初的小说《三国演义》中,关羽的故事脍炙人口,桃园三结义、保皇嫂、辞曹挑袍、过五关斩六将、捉放曹、单刀赴会、大意失荆州、败走麦城……一个个故事勾勒出关云长鲜活的人物形象。

历代的传说、笔记、戏剧、小说等,与民俗、宗教、伦理、哲学、制度一起作用,美化关羽,奉他为忠义的样板。

帝王们也先后追封关羽,"侯而王,王而帝,帝而圣,圣而天,褒封不尽,庙祀无限"。

明万历年间,危机重重,万历皇帝把帝国的命运寄托在关羽身上,屡次加封,万历十年(公元1582年)封他为"协天大帝",万历十八年(公元1590年)加封为"协天大帝护国真君"。

彼时,洛阳城南,留一座"关王大冢",汉代有庙,但年久失修。洛阳藩王上行下效,率领商人和民众,掀起了一场声势浩大的修关庙、敬关羽热潮。

万历二十四年(公元1596年)的"重建关王冢庙记"石碑,镶嵌在大殿后墙的西侧,高1.35米,宽0.66米;万历二十五年

（公元 1597 年）的"创塑神像壁记"石碑，镶嵌在二殿前墙的西南角，高 1.23 米，宽 0.575 米。两块青石被摩挲得如同油脂一般滑润，在夕阳余晖中泛着微光，仔细看来，400 多年前那一幕幕热火朝天的景象，仿佛被一点点还原。

碑文说，关王冢庙依照传统的庙制而建，历时三年，占地 69 亩，初具规模，近千名百姓捐资施财。他们中不仅有洛阳县的，还有河南府属嵩县、陕州等州县，以及怀庆府、开封府、鲁山等其他府县的。关庙辐射广泛，作为民间神灵的关羽，寄托着民众的信仰和祈望。

清代尊崇达极致

清代，关公崇拜达到了顶点，九位皇帝都对关羽"宠爱有加"，每一次加封，都会恩及关林。关林重建及添建多达 25 次。

清顺治九年（公元 1652 年），皇帝敕封关羽为"忠义神武关圣大帝"，三年后，亲自撰写一篇简短的《皇帝御制重建忠义庙碑记》。

康熙五年（公元 1666 年），13 岁的康熙在关庙立碑，写下《敕封碑记》（全名《忠义神武灵佑仁勇威显关圣大帝林》，又名《关圣帝君行实封号碑记》）。

这通碑立在墓冢前的八角亭内，通高 4.7 米，宽 1.03 米，厚 0.3 米，体量宏大，引人注目。碑文颜色灰黑，字体清晰，洋洋洒洒 4500 多字，是关林碑石中的"巨无霸"。加上碑亭的规格和碑后具衔列名的 10 多名官员，被称为关庙"第一碑"。

也就是在这块碑额上，康熙宣布加谥关羽"灵佑、仁勇、威显"六字，并正式将关庙命名为"关林"，比配曲阜的孔林。从此，开启了官方、民间崇尚关羽的又一轮高潮。

雍正年间，官方重新厘定关羽诞辰日为五月十三。解州关庙、当阳关陵、洛阳关林与孔庙、孔墓、孔林的"三孔"一样，成为国家重要的祀典场所，"武圣""关圣人"由此而起。正是有了儒家礼仪的正式参与，关羽登上中华民族的圣坛。

乾隆十五年（公元 1750 年），皇帝巡行河南时，派人去关林祭祀。拜殿的檐下，留有乾隆书写的"声灵于铄"匾额，殿内有联："翼汉表神功龙门并峻，扶纲伸浩气伊水同流。"

到了光绪五年（公元 1879 年），关羽被加封的谥号长达 22 个字，为："忠义神武灵佑仁勇威显护国保民精诚绥靖翊赞宣德（关圣大帝）"。那一年发生的大事件是：日本侵吞琉球岛。清廷设立海军事务衙门，李鸿章筹办北洋水师，

光绪二十六年（公元 1900 年），八国联军入侵北京，慈禧带领光绪仓皇西行逃亡。风雨飘摇之日，她更祈求"关圣大帝"的护佑，途中拜祷了关林，第二年从西安转回北京时，第二次拜谒关林。关林至今还悬有慈禧当时的题匾"气壮嵩高""威扬六合"，光绪的题匾"光昭日月"。

抵御外侮励人心

1936年,国民党将领张学良、刘峙看到关林墓冢围墙废毁,便"倡议集资,培而新之",即在冢周围用每块长0.32米、宽14.5米的小条砖,砌成八角形围墙,墙的下部有48个方形排水口,以便雨水下泻。之后刻碑纪念,如今,该碑立在大殿月台的西南角。

暮色暗淡,这通碑看上去斑斑驳驳,有不少破损,七八处拼接,碑文中有:"其忠义之气,诚有以深入乎……天则之,终莫可泯。即公之风,概可想矣。"落款为"民国二十五年(公元1936年)榖旦立"。

就在那一年的12月12日,发生了震惊中外的西安事变。有人说,刘峙可能担心遭受株连,铲掉了部分文字,砸断碑刻,埋在了地下。30多年前,这一碑刻重见天日,拼接后重新竖立。

人事已非,遗迹尚在,慢慢解读这通碑,张学良彼时的一丝心迹,约略可见。

抗日战争时期,民众抵御外辱,团结一心,意志坚定,关羽勇烈的精神再次激励人心。

1940年,国民党上将张自忠在襄阳与日军战斗中不幸牺牲,被中日双方同时赞誉为"活关公"。张自忠的女儿还曾说过:"父亲最崇敬关公、岳飞、文天祥。"

80多年前修葺的八角形围墙,至今仍紧紧护佑着高大的关冢。半球形的土冢高大壮阔，高10米，直径52米，占地250平方米，冢上绿草如盖，翠柏葱郁。

关林的柏树，成排成行，古朴壮观，从明代修庙植树以来，历代增种，如今达到800多株。其中有几株格外抢眼。大殿前月台的左右，有两棵古柏，左为"龙头"，右为"凤尾"。龙头，是柏树顶向下勾曲，犹如经过巧匠雕刻一般，龙头和颈部早已枯干，其余则枝繁叶茂，好似一条巨龙在绿叶的烟云中向下俯视；凤尾，是柏树根在砖铺的地面上顽强生长，形成了如同凤尾羽毛散开一样的奇观。三殿前大门东边，有一棵旋柏，像螺旋一样生长，不仅树干旋生，连大小树枝都呈旋转状；大门西边，有一棵三杈柏，在一人多高处，均分三杈，大小相若。

古柏郁郁葱葱，殿借柏之翠，柏助庙之幽。关林管理处负责人周海涛说，每当雨后乍晴，云气飘忽，森森柏林就会雾霭升腾，成为洛阳一景。

忠义仁勇越时空

关羽忠义精神的影响力，早在宋金元时代，已经远及他乡。一个有意思的现象是，宋、金虽然水火不容，金朝却同宋朝一样，崇拜关羽。

中国社科院文学研究所的研究员胡小伟考证，关羽崇拜跨越民族，金人敬奉，蒙人尊拜，藏族信仰，满人呼为"关玛法"（玛法在满语中为爷爷之意），藏传佛教中也有关公信仰。元代为关帝庙立碑的,有蒙、汉官员,还有女真、维吾尔族官员,就连西南少数民族地区,也建有关庙,所有的碑刻都会颂扬关羽"忠""义""仁""勇"的精神。

关羽的角色很微妙,也很"全能","儒称圣,释称佛,道称天尊,三教尽皈依",还被敬奉为财富神、军队神、治安神、农业神、乡里神、漕运神、行业神、会馆神、考试神、江汉神、移民神……

台湾学者黄华节曾说过,关羽信仰走西口、闯关东,过台湾、下南洋,凝聚起了一代代的华人华侨。

西方学者对关羽颇感兴趣,美国学者鲁尔曼在《中国通俗小说与戏剧中的传统英雄人物》专章论述关羽。芝加哥大学历史系教授杜赞奇"从历史的角度"去思考乡村的关羽崇拜:"乡村精英通过参与修建或修葺关帝庙,使关帝越来越摆脱社区守护神的形象,而成为国家、皇朝和正统的象征……关帝圣像不仅将乡村与更大一级社会(或官府)在教义上,而且在组织上连接起来。"

胡小伟历时20多年,一路探寻关羽崇拜文化的曲折幽微。他在《关公崇拜溯源》书中认为,"关羽成神"的漫长过程,提供着前贤构建价值体系的线索,隐藏着中华民族精神建构的密码。

10月28日,农历九月初九重阳节,关林人潮涌动。

大殿前的甬道两侧,有左、右两樽6米多高的焚香炉,许多人在排队投掷香火纸箔。

清代香炉以绿色琉璃瓦覆盖，四周有大山叠峦，松、竹、梅傲立，枝间鸟雀飞舞，下面海水奔腾，海中有麒麟、寿龟，造型生动。

香火正旺，香烟在四处弥漫，那被熏黑的砖壁上，细细密密留存着几百年来人们的虔诚和信仰。

"丹凤眼，卧蚕眉，五绺长髯；青龙刀，赤兔马，周仓关平"。相貌堂堂威风凛凛的关羽，一直就在中国人的心里，不曾远离。

踏访"许昌人"留在灵井的印迹

自从卡恩的人类"非洲起源"说成为学界主流观点以来，世界各国的古人类学者都盼望能够亲手找到非洲之外的、距今10万—5万年的重要人类化石，来证实或证伪这一假说。幸运之神光顾了灵井遗址。

灵井遗址是许昌市灵井镇西侧的一处池塘。谁也没有想到，在这种中原农村司空见惯的浅坑里，竟然发现了包括2颗头骨在内的7个10万年前的古人类个体化石和数万件石器，世界为之瞩目，成为全球最重要的古人类遗址之一。

"许昌人"头骨化石，在世界古人类学界产生了巨大冲击波，续补了中国现代人起源研究的重要"缺环"，挑战了现代人起源于非洲这一世界主流观点。

我们的祖先来自哪里

2016年7月14日，世界权威学术期刊《自然》（Nature）刊登英国学者JaneQiu撰写的《中国正在改写人类起源学说》一文，文章提出，随着越来越多的人类化石在亚洲出土，亚洲在人类进化史中所扮演的角色将越发清晰。牛津大学的人类学家迈克·彼德拉戈利亚（MichaelPetraglia）认为："我们的研究重心，渐行渐东。"

该文被国内媒体竞相转载，再次引发公众关于现代人起源的讨论，更在学界引起热议。它涉及当今世界古人类学研究的两大热门课题：一为人类起源，另一为现代人起源。

人类起源，是指古猿到人的演变过程，指的是从猿到人。

现代人类起源，是指早期人类怎样演变成为现在生活在世界各地的人的问题，指的是从人到人，它只是人类演化过程中的最近的一段。

现代人起源有两种理论，一种叫做"单一地区起源说"，这种理论认为，现代人是某一地区的现代人侵入世界各地而形成的，这个地区就是非洲。另一种理论是"多地区起源说"，这种理论认为，亚、非、欧各洲的现代人，是由当地的早期智人以至猿人演化而来的。

1987年，美国加州大学遗传学家卡恩等人提出"夏娃理论"。他们通过研究来自非洲、欧洲、亚洲和巴布亚新几内亚等地 148 位妇女身上的线粒体 DNA，追溯到大约 20 万年前生活在非洲的一个女性，认为这个女性就是现今全世界人的祖先（可理解为是众多群体中的一个）。大约在 13 万年前，她的一群后裔离开了非洲家乡，分散到世界各地，取代了当地的土著民，最后在全球定居下来。美其名曰：走出非洲。

已知的、最早的现代人化石来自南非，无论是在亚洲和欧洲的任何地方，都还没有发现早于非洲的现代人化石。现代人的两种起源学说激烈交锋，"非洲起源说"在世界主流学界中占据上风。

与此同时，世界各国的古人类学者，也都盼望能够亲手找到距今 10 万—5 万年的重要人类化石，来证实或证伪这一假说。

从 1998 年开始，中国遗传学家分析了中国现代人的基因突变，得出结论，中国的现代人最早出现在 6 万年前。换言之，就是说如果中国的现代人来自非洲，也是 6 万年前就来到了中国，并完全取代了当时生活在中国的古人类。

我们的祖先究竟在哪里？中国科学家没有停止探求的脚步。

2007 年，"许昌人"头骨化石横空出世，全世界考古界的目光骤然聚焦于此。

中国科学院古脊椎动物与古人类研究所客座研究员、河南省文物考古研究院研究员、"许昌人"头骨化石发现者李占扬说，16 个断块的头骨化石，可以复原成为一个完整的人类头盖骨化石，在许昌灵井发现的这些古人类化石，是中国考古学和古人类学研究令人振奋的重大发现。2008年1月22日，国家文物局在北京召开新闻发布会，宣布："许昌人"头骨化石的发现，对于研究东亚古人类演化、中国现代人的起源具有重大的学术价值。

英国《卫报》、日本共同通讯社、新加坡《联合早报》等境外媒体纷纷报道称，十分珍贵的"许昌人"，无疑将对"非洲起源说"构成不可回避的冲击。

偶然"遇见"祖先的化石

2016年9月13日，细雨。记者来到许昌市西约15公里处，灵井镇与王井村之间的灵井遗址。

一处坑塘被围栏圈成了一个大园子，园内地势起伏，低洼处是深可及腰的芦苇和蒿草，高处是杨树和泡桐。秋雨中，这里泥泞不堪，一处发掘时的探方，仍能够辨认，剖面上有一层厚厚的红土层，格外显眼。

李占扬说，遗址大约有3万平方米，红土层是10万年前温暖时期形成的土层，适合古人类生存。红土之下，就是"许昌人"时期的文化层，是一层灰绿色的湖相沉积层，经过夏季雨水的冲刷，有的化石仍然挂在探方的土壁上。

望着细雨蒙蒙中的遗址，李占扬陷入回忆。他向记者讲述了那些纯属偶然却又似冥冥之中早已安排好的发现。

那是1965年的春天，一个雨后初晴的早晨。下放到灵井的中国科学院古脊椎动物与古人类研究所的研究人员周国兴正在田野挖坑栽树。突然，他的铁锹遭遇了硬物。他弯下腰，扒开了松软的泥土：一块乳白色的石英石脱颖而出。仔细察看，白色石英石的周围尽是灰黄色的粉砂土。职业的敏感让他产生了极大的兴趣，他欣喜若狂地扩大发掘面，竟在这个地区采集到了 1000 余块古人制作的石英石和不少动物化石。回到北京后，他仔细研究整理了这些遗存，将研究成果的论文发表在《考古》杂志上。

从此，考古学家记住了这处史前遗址。

历史，又重回静寂。默默地，这处重要的史前遗址几乎又尘封了 40 年，一如它此前在浅浅的黄土下十万年的苦苦等待。2005 年 6 月，河南省文物考古研究院许昌灵井遗址考古队进驻，一"掘"惊人。

野猪、原始牛、披毛犀等动物化石相继出现；出土的石器上，打击和使用的痕迹清晰可辨。仅当年，就发掘出石器 2000 多件，动物化石 3000 多件。

2007 年 12 月 17 日，一个本该是考古队结束年度工作的日子，却因为更为偶然的"遇见"，被永远铭刻在了考古发掘史上。

那天早上，李占扬正在写年度总结，突然被仓促的电话铃声打断。电话那头，是负责 9 号探方的技工曹秀梅。年轻的女技工说话有些语无伦次，声音带着颤抖："发现了一块圆圆的骨头，边缘有骨缝，很像是人头的顶部。"

李占扬一下子跳了起来，大声说："全体——停下！给我看好化石，我马上就到。"

上午11点赶到工地，他看到了埋藏在灰绿色的湖相沉积物中的头骨，尽管骨片有些破碎。李占扬激动异常。毫无悬念，那就是古人类的头骨化石！

这激动，与发生在78年前和71年前的那两幕何其相似！1929年12月2日，中国第一个"北京人"头骨发现后，25岁的裴文中博士（史前考古学、古生物学家、中科院院士）一路飞奔，异常兴奋地告诉中国地质调查研究所新生代研究室名誉主任、加拿大步达生教授时，对方竟然不相信这是真的。7年后，1936年的一个早晨，当贾兰坡（旧石器考古学、古人类学家、中科院院士）将发现另一个猿人头骨化石的消息告诉法国古生物学家德日进教授时，教授激动得竟然穿错了裤子。

这一次，是幸运之神光顾了灵井遗址。

2天后，中国科学院古脊椎动物与古人类研究所的3位专家风尘仆仆赶到灵井；数天后，头骨化石运抵北京。李占扬说，汽车沿着北京西三环向北行驶，与当年裴文中将第一个"北京人"头骨化石用马车从百里外的周口店运往城里时走的几乎是同一条路线！

之后，考古发掘工作几年持续不断，2008年至2012年，遗址上部第5层（距今1.35万年），出土大量精美的细石器，在第

5层发现数十片中原地区最早的陶片。同时，发掘出我国迄今最早、最精美的用骨头雕刻的小鸟雕像，以及一些制作雕像的半成品。

2013年，发现一批距今10万年前在动物骨头表面刻画的图案。这"可能是世界上最早的人类艺术行为"，在此之前，在南非南部沿海山洞里发现了距今7万前的原始行为艺术。

尤其是古人类化石的集体出现，使灵井"许昌人"遗址成为建国60多年来，我国境内发现古人类化石最多的遗址。

泉水养育了无数生灵

灵井曾是"许昌十景"之一，被誉为"灵泉瑞溢"。清《许州志》绘有《灵泉瑞溢图》，因原在卫灵公庙内，故简称灵井。当地人说，此井年深日久，水质甘纯，且旱不涸、涝不溢，十分宜人。

中国科学院地球物理研究所研究员周昆叔考察后认为，灵井泉水群的形成、发育期，可能在距今12.8万—7.5万年，"许昌人"或许就是在那一时期，奔着泉水而来的。

同时奔泉水而来的，还有无数生灵。

这里曾经轮番上演过数不清的悲喜剧。灵井的猎人，是利用动物黎明前来饮水之际，对其发起突然攻击。

猎人使用过的石器，动物的骨骼，早已随着日月更迭，尘封地下，但土层中的每一块碎片，都会记得它经历过的温馨与激烈、平静与搏斗。

李占扬说，灵井遗址10年来出土了数以万计的石器和哺乳动物化石，动物化石包括中国硕鬣狗、古菱齿象、河套大角鹿、马鹿、灵井轴鹿新种、许昌三叉鹿新属新种、安氏鸵鸟、蒙古野马、野驴、獾、牡蛎等数十种。

开创先河的"许昌人"研究攻关团队，也吸引着国际著名古人类学家的关注，美国科学院院士、美国华盛顿大学（圣路易斯）教授、中国科学院杰出访问学者埃里克·特林库斯（ErikTrinkaus）和南非开普敦大学考古学系研究员爱丽克斯·苏娜（AiexSumner）前来加盟。

爱丽克斯在考古现场说："这真是一个完美的考古遗址，有古人类化石、精美的石器，上层出土有早期陶器、艺术品和典型细石器，是一群聪明人占据了灵井优质的泉水。这是世界上独一无二的遗产。"

由中国科学院、美国科学院等国内外知名专家组成这样强大的研究阵容，共同研究一个古人类文化遗址，这在中国是罕见的。

"许昌人"离现代人还有多远

在非洲以外的其他大陆，距今10万年左右的人类化石几无发现，这直接影响着现代人类起源的研究。而这一时期，恰恰是现代人起源的关键时期。"许昌人"头骨被断代为距今10万年左右，续补了中国现代人起源研究最重要的"缺环"。

关于"许昌人"的研究,团队已发表了30多篇论文,涉及石器、动物、地层等方面。团队认为,"许昌人"能够猎获原始牛、普通马等大块头儿的动物,说明他们掌握了专业化的狩猎技术、会使用工具、具有行为能力,而这一特点,也是讨论现代人类起源的、除人类化石本身以外的另一个关键因素。

许多的疑问,也随着发掘的深入而浮出水面:在中国中部地区,现代人的形成是突变还是渐变?是环境使然,还是人类本身内因转变抑或内外因共同作用的结果?"许昌人"是早期智人向晚期智人(现代人)过渡的代表,还是已形成了的现代人?是承前启后为现代中国或东亚地区现代人的祖先,或是被"入侵者"所取代?这一切,都有望在近期揭开谜底,人类进化史的亚洲舞台或比预想的更精彩。

记者问李占扬:"许昌人"是"北京人"的后代吗,是中国最早的现代人吗?

他笑而不答,随手打开了笔记本电脑,只见一篇长长的英文论文正在进行最后的审校。这正是最新的、有关"许昌人"研究的国际论文清样。

这篇论文就是河南、北京以及国外科学家所组成"许昌人"研究团队的最新成果,不久将刊登在国际重要学术期刊上。

或许那又将是一枚重磅"炸弹",将在世界古人类学界激起一次强烈震荡。

一别世间九百年　欧阳寺村眠"醉翁"

自新郑市西行 13 公里，有辛店镇欧阳寺村，在一片青葱麦田和粉红桃林间，长眠着一代文宗欧阳修。那个在乎山水之间，也在乎"庭院深深深几许"的人，来时该是"星月皎洁，明河在天"。

900 多年来，无数人前来拜谒，一束花，一壶酒，香烟袅袅不绝。

江西"醉翁"埋骨河南

北宋熙宁四年（公元 1071 年）六月，欧阳修以太子少师的身份辞职，第二年，66 岁的他在颍州（今安徽阜阳）家中逝世，皇帝赐欧阳修为太子太师，谥号文忠，追封兖国公。

熙宁八年（公元 1075 年）九月，欧阳修安葬在开封府新郑县旌贤乡刘村（今新郑市辛店镇欧阳寺村）。

"为爱江西物物佳，作诗尝向北人夸。"祖籍江西吉州永丰

（古属庐陵郡）的欧公，常自称"庐陵欧阳修"，思乡之情溢于言表，然而他故后，为什么没有归葬故土？

福建学者徐荣晖考证，生于绵州（今四川绵阳），长于随州（今湖北随县），科举、仕宦都不在江西的欧阳修，一生中仅仅回乡两次。

欧阳修4岁时，母亲带他回乡葬父，这是他第一次回乡。之后由于生活所迫，他和母亲流落他乡。42年后，皇祐四年（公元1052年），他在应天府（今河南商丘）任职时，母亲去世。46岁的欧阳修扶着母亲的棺柩，一路南下，跋山涉水，历尽艰辛，终于把母亲归葬到父亲的身边。

他把父母合葬在泷冈的蟠龙形墓地，又把早年故去的、自己的两位夫人胥氏、杨氏葬在父母的不远处。事毕，欧阳修舒目细观，眼前的泷冈凤凰山，远山近水环抱，翠林荻花相绕，便触景生情，手指山中一地说："此处他日当葬老夫。"

欧阳修原计划在故里多住些日子，为父母修建墓园，却接到了岳母去世的噩耗，他心急如焚，只得提前北返。谁知这一去，他与故乡只有梦里相见。

嘉祐年间，欧阳修惦念父母坟茔，七次向皇帝上奏，言辞恳切，请知洪州（今江西南昌），想到故乡任职，皇帝却一直不放他出远郡。

熙宁三年（公元1070年），欧阳修在山东青州（今山东益都）为官时，体弱多病，更加怀念父母，思念家乡，就把早年撰写的《先君墓表》精心改为《泷冈阡表》。其文情真意切,读来让人潸然泪下,被誉为"千古至文"。欧阳修寻得一块墨绿色大青石,自撰其书,一碑双表,正面刻成《泷冈阡表》,碑阴刻上《欧阳氏世次》,派官吏送碑回乡,立在父母墓地的侧旁。

两年后,欧阳修与世长辞。有人说,按照北宋朝廷的规制,天子近臣的墓葬必须在京城300里以内,欧公葬在新郑,距离开封不足200里。

《欧阳志》家谱中的说法是,欧阳修去世后,是皇帝划出了一块地,"赐葬"在新郑。

家谱中记载:"其坟山地,东至山冈,西至山冈,南至大路,北至山冈,封高冢为记。"高冢周围,是赐给保护坟茔的土地,坟地连着土地,共有10顷(1000亩),土地免除所有的赋税、徭役。之后,敕修享堂,东西为庑殿,头殿和门殿各有三间,又批了18亩地,建立寺院,名为"欧坟寺"。

大臣赐葬在京畿之内,朝廷担心他们的子孙仍然留在原籍,或是迁徙到了其他地方,无人祭拜,因此下令建立寺庙,招募僧人,留下一处祭祀、守墓的居住地。

欧公一脉延续至今

"泪眼问花花不语,乱红飞过秋千去",欧公笔下的暮春景象,不免有几分孤寂。

落花深处,拜谒先贤。

一条窄窄的乡级公路延伸到一个小村落,公路北侧,就是陵园,公路南面,是大片翠绿的麦田,欧阳寺村气定神闲,立于广阔田野间。

陵园大门颇为醒目,绿色琉璃瓦间,浮现出一丝华丽的味道。大门上方,有欧阳修后裔、欧阳中石题写的"欧阳文忠公陵园"七个大字。

陵园坐北朝南,在南北中轴线上,依次为山门、中殿、拜殿,殿两侧有东、西配殿。殿内分别陈列着欧阳修塑像、生平,祠堂内设有北宋王安石、苏轼、苏辙和曾巩等人祭欧阳文忠公碑,元、明、清重修欧阳文忠公墓及祠碑10多通。

穿过拜殿,就是欧阳修的家族墓群,竹林掩映,树影婆娑,墓冢累累。

两座高约5米的土冢并排而立,东侧为欧阳修之墓,西侧为其夫人薛氏之墓。欧阳修一生三娶,原配夫人胥氏17岁去世,二任夫人杨氏18岁去世,他31岁时在河南许昌娶了已故宰相薛奎之女,两人白头到老,生死相依。

欧公在此,陆续来陪伴的,有他的祖母李氏、长子欧阳发,次子欧阳奕,三子欧阳棐,四子欧阳辩,孙子欧阳愬等人。

《新郑县志》中说,原来的陵园,北依岗阜,丘陵起伏,东临溪谷,溪流淙淙,风景秀丽。墓地曾经古柏参天,郁郁葱葱,每当出现烟雾升腾的景象,不出三天,就会下起绵绵细雨,如烟如雾,蔚为神奇,清代称它"欧坟烟雨"。墓前原有韩琦撰写的墓志，苏辙撰写的神道碑，早已遗失。

旧时的陵园，碑碣林立，可惜在近代历次政治运动中惨遭破坏，40多通碑碣流失，900株古柏尽毁，仅存一株，守护至今。

陵园西南方向有座寺，就是欧阳寺，小村的名字由此而来。欧阳修的后代留居于此，祭扫墓地，之后发展为当地一个旺族，形成一个村庄。81岁的村民欧阳铁梁说，村子里有3000多口人，其中欧姓近200人。

欧阳修第34世孙、47岁的欧阳辉说，欧阳修的后裔主要分布在河南、安徽、河北等北方地区，大概有40多世，而在欧阳修的故里永丰沙溪，只留存了一家人，一个嫡系子孙。

墓祠遭劫累圮累修

午后的陵园，一片寂静，树林阴翳，鸣声上下，樱花幽幽落满地。

欧阳修是"唐宋八大家"之一，北宋当之无愧的文坛领袖，苏轼赞他的文章："论大道似韩愈，议论政事似陆贽，记事似司马迁，诗赋似李白。"朱熹称他为"文宗"。

欧阳修说过"生而为英，死而为灵"，他的影响力颇为深远。陵园颓而复修，从未间断。一页页翻阅厚厚5卷的《欧阳志》，看到后人对他的种种怀念与敬仰。

明嘉靖三十二年（公元1553年），户部员外郎方瑜，又给欧阳修的后人增加 20 亩田产，地产所得，全部用于祭祀之需。

清道光七年（公元 1827 年），巡抚程祖洛等人复修陵园，在祠墓的东南角，增建 8 间瓦房，"令族人居此看守坟祠"、又捐出白银 300 两，在文忠公祠内建立义学，让欧阳修后代中那些没钱读书的孩子们，能够免费上学。

20 世纪五六十年代，陵园突遭破坏，有人掘墓砸碑，照壁、垣墙倒塌，暖阁、牌位、祭台等设施和石人、石猪、石羊等石雕，大量被毁，仅存大殿、大门和东西厢房。庙祠破烂不堪，几成废墟。

陵园工作人员冯飞说，当年，有人打开欧阳修的墓地，掘进 40 米，看到的仍然是青砖严砌的隧道，不见墓室。这正应了司马光所说的，北宋安葬方式是凿隧式，隧道深而窄。掘墓者怕有不测，才停了下来。

欧公曾经在《祭石曼卿》一文中，感伤亡友的墓地"荒烟野蔓，荆棘纵横"，不料 800 多年后，他也惨遭此景，地下欧公若有知，又该是何等的悲凉凄怆！

1982 年，陵园分批进行修复；2006 年，被列为全国重点文物保护单位。

文书双绝《醉翁亭记》

欧阳修的《秋声赋》中有"草木无情，有时飘零"，认为人生的春天更不可能长驻。他是北宋著名的政治家、改革家，屡遭诬蔑贬谪，却刚直不阿，不改其志。

北宋庆历五年（公元1045年），欧阳修被贬滁州，政治革新的失败反而成就了文学经典，第二年，40岁的他写下千古名篇《醉翁亭记》。

凝聚他丰富人生感悟和人格理想的《醉翁亭记》，打动人心，一问世便广为流传。朱熹在《考欧阳文忠公事迹》中说，《醉翁亭记》的石刻拓本"远近争传，疲于模打"，人们"过关"时拿着拓本送给监官，甚至"可以免税"。

欧阳修去世19年后，滁州太守王诏，委托苏轼的挚友刘季孙，想请苏轼书丹重刻《醉翁亭记》。苏轼小欧阳修30岁，是他的学生，自然慷慨应允，说自己"不可以辞"。苏轼先后书写了两体《醉翁亭记》：一是楷、行、草兼用字体写成的长卷，被称为草书《醉翁亭记》；另用大字楷书誊写，世称大字楷书《醉翁亭记》。大字楷书写成后，王诏请人刻石，立在了琅琊山间。楷书体流传甚广，其碑刻，人称"滁州碑"。

让人尤为惊喜的是，草书《醉翁亭记》长卷的碑刻，被保存在新郑的高拱祠堂内，与欧阳修墓地相距10公里，默默相望300年，真是冥冥之中有安排。

郑州博物馆陈列部主任汤威讲述，草书长卷写成后，长期被人秘藏，得之者不轻易示人。元代赵孟頫，明代宋广、沈周、吴宽等先后为它题跋。明隆庆五年（公元1571年），长卷为文渊阁大学士高拱所得。高拱如获至宝，立刻命其婿刘巡主持刻石永存。后来，刘巡携刻石回到鄢陵老家，立在刘氏家祠内。而高拱所得的长卷，又辗转到了内阁首辅张居正的手中。张氏家族败落后，书卷转入宫中，不久在一场大火中消失。

清康熙三十一年（公元1692年），新郑高拱的后代高有闻，看到鄢陵刻石磨损不清，就拿出家中珍藏的原拓本和自己写的一篇记事文，请工匠重新刻石，立在新郑的高氏家祠内，人称"新郑碑"。

鄢陵苏轼草书本《醉翁亭记》碑，人称"鄢陵碑"，早已不知所踪，仅存的孤品拓本，目前收藏在鄢陵档案馆。

1959年，郑州博物馆从新郑高拱祠堂内征集到这一刻石，作为镇馆之宝，珍藏展示。

细细观看，"新郑碑"共用长60厘米—90厘米、宽40厘米的24块青石所刻，包括《醉翁亭记》正文、苏轼自述、名人题跋三部分，刻工精湛，保存完整。苏轼所书，真、行、草诸体相间，字迹洒脱，浑然天成。赵孟頫在尾跋中赞曰："潇洒纵横，外柔内刚，真所谓'绵裹铁'。"

《醉翁亭记》一唱三叹，炉火纯青；苏轼书法跌宕起伏，气势如虹。两者珠联璧合，书文双绝。

欧公把坦荡和豪情，种植在山水深处，让它们长出了思想和灵魂，每一吟唱，每一感动，《醉翁亭记》也深深打上了中华文化的烙印，历久弥新。

仰韶·彩陶·黄土地

97年前的1921年春天，43岁的瑞典地质学家安特生一路找寻，来到三门峡渑池县仰韶村。

小村的南部，历经千万年风雨沧桑，大地被切割出许多深浅不一的沟壑。在村南的一片断崖上，安特生意外发现了含有石器和彩陶片的地层。他在书中写道："红色的第三纪泥土显露着，它清晰地被一层满含灰土和陶片的特有的松土覆盖着。可以肯定，这是石器时代的堆积。"

当年10月，安特生一行到这里首次进行发掘，证明了在这个中原村庄的地下，存在着史前文化。从此，默默无闻的仰韶村走入中国考古学的史册中，并闻名中外。仰韶文化得到了几代考古学家的持续关注。

仰韶遗址的发掘，标志着现代中国考古学的诞生，开启了以科学方法探索和重建中国古史的历程。仰韶文化是第一个依据翔实的考古资料命名的中国史前文化，第一次证明中国在夏商周三代之前,就有了更早的灿烂文化,从而引发了中国文明起源的热烈讨论。

中国社科院考古研究所所长、研究员陈星灿说:"比较而言,仰韶文化是生命力最强、影响力最大的中国史前文化之一,它分布在以黄河中游为中心的广大地区内,在不同的时期,特别是在它的早中期,对黄河上下游及南北邻近地区诸文化都施加了强烈的影响,同时又吸收了周围诸文化的许多因素,建立起不可分割的联系。仰韶文化是中国古代文明的主根。"

安特生命名仰韶文化

渑池县城北20公里处的韶山,海拔1943米,韶峰叠翠,奇石满目。山脚下的小村庄,以仰望韶山而得名仰韶村。

仰韶遗址北依韶山,地势北高南低呈缓坡状,东、西、南三面环水,从东北至西南长900余米,从西北到东南宽300余米,总面积30万平方米。站在这里,北望韶峰,青翠山峦若隐若现,山间沟壑树木茂盛,流水潺潺,沟壑间是几十米的高度差;西望村庄,自然冲沟起伏有致,曲曲折折,有牛羊在其间觅食。

1917年春天,受聘于北洋政府农商部地质调查所的矿政顾问、瑞典地质学家安特生,乘火车去洛阳。在安特生后来写的《巨龙和洋鬼子》一书中,他记述了当年的一幕场景:"在火车厢的尽头,坐着一位衣着简朴的西方妇女,她有着一双闪耀着善良和智慧的眼睛。"安特生和这位名叫玛利亚的瑞典女传教士聊了很久,直到玛利亚到达工作的地方新安县,他们互留地址告别。1918年11月29日,安特生第一次去到新安县,身材娇小的玛利亚陪着他,穿越村庄和山岭,最终在渑池北部找到了更多的古生物化石。

1921年4月,安特生第二次来到渑池,又发现了许多容器碎片、磨光彩陶等一些非同寻常的重要堆积和丰富遗存。安特生兴奋至极,立即给农商部写信,报告仰韶村的发现。6个月后,他邀请刚从美国归来的地质学家袁复礼、奥地利生物学家丹斯基和中国地质调查所的5位助手,携带一套欧洲当时较先进的田野考古发掘工具,在当地警察护卫下,再次走进仰韶村。

这一次,他们一住就是35天,成果也意外地丰厚。

按照国际考古界的惯例,安特生用首次发现地仰韶村,为这个新石器时代遗址命名为"仰韶文化"。距今7000—5000年间的仰韶文化,成为中国考古学的第一个考古专业词汇。他们当时使用的手铲、铁钩、毛刷、皮尺等工具,测量、绘图、记录、采集标本以及对发掘资料进行地质地貌和陶器质地的多学科技术鉴定方法,被我国的考古工作者沿用至今。

黄土地上丰富而独特的文化遗存,令这位地质学家沉醉其中,转身为考古学家。1926年返回瑞典时,安特生受到隆重的接待,并被任命为瑞典东方博物馆第一任馆长、斯德哥尔摩大学东亚考古学教授。之后多年,安特生把精力集中在对中国史前考古材料的整理和研究上,他的许多著作产生过极大的影响,让世界认识了中国和古老的中华文化。1943年,安特生深有感触地写道:"当我们欧洲人在缺乏轻重比例和正确观点的偏见下,动辄就宣称把一种优越文化带给中国的时候,那不仅是没有根据的,而且是丢脸的。"

中国古代文明的主根

仰韶村西南的遗址旁,一条灰色青砖铺就的200多米长的小道,掩映在一人多高的杂草间。渑池县文广新局副局长贺晓鹏介绍说,安特生当年就是沿着这条小路,发现了仰韶遗址。走在沟壑间的小路上,两侧是地质年代形成的冲沟和断崖,黄土层层叠叠,随处可见包含着石器和彩陶片的文化断层,众多的房基遗址和灰坑。

仰韶村南2公里处的遗址保护房内,有一个总长230米的文化断代层剖面,厚度2至4米。贺晓鹏说,它展示的是灰坑和仰韶时期的房基遗址,灰坑的坑壁用草土泥涂抹得很平整,其中的陶片,含有仰韶和龙山两种文化层的元素。

中国社科院考古研究所外国考古研究中心常务副主任、研究员李新伟说:"仰韶遗址的发掘,激励了中国第一代考古学家走向田野,开始了一系列对中国考古学发展具有重要意义的发掘。他们上穷碧落下黄泉,动手动脚找东西,以考古资料搭建起了中国文明的史前基础。"

仰韶遗迹历经三次发掘，出土了一批批令人惊喜的彩陶、石器、骨器、贝器，有用于农耕的斧、铲、凿、镑等石器，用于狩猎的石球、弹丸、石饼等，还有用于纺织的线坠、纺轮、骨针、骨锥等工具。捡拾起沧海桑田中的历史碎片，眼前好似呈现出一幅鲜活的画卷：黄河岸边，我们的祖先在一片布局规整的村落中过着定居生活，他们用石质的工具耕作、狩猎、捕鱼，闲暇时会用附近的陶土烧制陶器，然后绘上精美的图案。他们用这些烧制的粗陶盛装谷物和水。他们白天劳作，夜晚在星空下篝火旁欢快舞蹈……

经过几代考古学家的野外考古和潜心研究，90年前黄河流域晨星稀疏的仰韶文化，已经蝶变为满天星斗的仰韶时代，全国先后发现所属遗址达5000多处。陈星灿说，仰韶文化长达2000年，主要分布在河南、陕西、山西三省，内蒙古、甘肃、青海、河北、湖北甚至四川等临近中原的省区也有分布。仰韶文化的研究，经历了从"仰韶文化"到"仰韶文化群"的变化过程，原来被视为仰韶文化的遗址，现在可能被划入不同的文化，给予不同的命名，比如半坡文化、庙底沟文化、西王村文化，等等，不一而足。原来单一命名的仰韶文化，现在成了既有联系又有区别，且名字各不相同的仰韶文化群。不同地区的仰韶文化，5000年后大致演变成了龙山文化，而龙山文化则是夏商文明或者华夏文明形成的基础。所以说，仰韶文化是中国古代文明的主根，这也是仰韶文化的关键所在。中国史前文化有多个文化圈，以仰韶文化为代表的中原文化圈只是其中之一，一方面各个文化圈的交往越来越紧密，文化越来越趋同；另一方面社会却越来越分化，越来越分层，中国古代文明就是形成于文化的不断交互作用。

彩陶之路早于丝绸之路

黏稠的陶泥在十指间揉捏，搓磨成一具具缶、碗、盆等模型，日月星辰变幻无穷，鲜活于器具的表面，窑口腾起熊熊烈焰——彩陶诞生了。

月牙纹、花瓣纹、鱼纹、波折纹和几何图形纹……仰韶的红陶，浮现出神秘的纹饰，好似文明的密语，传递中华灿烂文明悠远的信息，一切只在轻描淡写间，文明的曙光便冉冉升起，范曾说过："彩陶在中国美术史上是开宗明义的第一章。"彩陶上的人形，像是一群孩子，天真稚气，他们奔跑追逐，他们载歌载舞。红陶与黑彩的迷人结合，是仰韶彩陶最显著的特点，纵然沉睡在时间的摇篮里，7000年后醒来时，依旧神采飞扬，绽放出迷人的光彩，仿佛远古的欢声笑语扑面而来，文化血脉触手可及。

安特生第一次见到仰韶彩陶时，惊叹于它的瑰丽，发现它们和中亚出土的陶器有着惊人的相似之处，他百思不得其解，提出了中国文化西来的假说。经过考古学家90多年的艰苦探索，中国文化的本土起源已经成为不争的事实，大量实物证明，早期中国的彩陶文化，并不是西来的，而是东风西渐，影响了中亚地区。

2017年5月24日，北京罗马尼亚文化中心。当来自罗马尼亚库库特尼文化遗址的彩陶与中国仰韶出土的彩陶相对而列时，两者间诸多的相似性，再次引发了学界的热切关注。

李新伟说，7000年—5000年前，辽阔的欧亚大陆东、西两端，两个灿烂的农业文明蓬勃发展。东面是以黄河流域中上游为中心的仰韶文化；西面是以黑海西部和西北部为中心的库库特尼—特里波利文化。两者都是以发达的农业为基础，经济和社会组织高度发达，出现了面积达100万平方米以上的大型聚落、大型公共建筑和绚丽的彩陶。尤其引人注目的是，两种相隔万里的文化彩陶，在质地和纹样上，有着高度的相似性。他认为，丝绸之路是中外经济文化交流的一个通道，其实在丝绸之路之前，中西方已经有了密切的交流，一条比丝绸之路更为久远的"彩陶之路"依稀存在。这是一条从5000多年前开始形成的中、西农业文化交流通道，在其传播过程中经四个波次自东向西扩张渗透，时间跨度约为3000年。它并无十分确定的"道路"，主要表现为人群的迁徙和交融，虽然贸易在其中所占的比重可能很小，却是东、西方之间交流生产技术和意识形态的重要通道。

仰韶人的自觉和骄傲

远处的山脉起起伏伏，行走在仰韶遗址厚重的土地上，不经意间就能踢出几块彩陶残片，让人感受到数千年的历史正在脚下流淌。

为了保护这一方圣土，从 20 世纪 60 年代初，村里就成立了由 7 人组成的"仰韶村遗址保护小组"，制定规矩：不准私自盖房，不准建高层建筑，不准深耕，不准随意埋葬，遗址保护区内不准有坟。近 60 年来，保护小组雷打不动，风吹不散，制度执行至今，村民无一违反。仰韶村民不起坟，不打窑，不深翻土地，不挖沟挑壕，不打井修渠。虽然这一切给生产、生活带来了诸多不便，却使一个闻名遐迩的文化遗址得以完整保存。64 岁的村民王书军说：我们是为国家守宝的，难点儿、苦点儿也心甘情愿。

几年前，一位 20 世纪 50 年代曾跟随夏鼐先生参加仰韶遗址发掘的考古研究员，重返仰韶。他惊奇地发现，这里几乎与 60 多年前的场景没有变化，遗址地面、灰坑保持完好。老人不无感慨地说："自开始发掘到现在，仰韶遗址经历了中国历史的剧变和风雨的剥蚀，但遗址的面貌基本没有变化。这不能不归功于仰韶村民强烈的文物保护意识和牺牲精神。"

曾经，仰韶文化被称为"彩陶文化"，彩陶在当地人心中格外有分量。49 岁的河南省工艺美术大师杨拴朝，迷恋彩陶 20

多年。他留意到，在出土的仰韶彩陶纹饰上，经常有一些椭圆形的大小不一的点，与整体画面协调统一。它们是怎么画上去的？杨拴朝用4年的时间反复推敲考证，认定这些圆点就是仰韶先民留下的指印。我国著名考古学家石兴邦说："杨拴朝的这个研究发现，把华夏民族的指纹运用术向前推进了2000多年，指印文化在仰韶时代找到了源头。"这位土生土长的当地人，2012年被中国社科院仰韶文化研究中心聘为研究员，中国社科院考古研究所以他的仰韶彩陶坊为依托，联合建立起陶器实验考古科研基地。

30万平方米的仰韶遗址地层下，究竟还隐藏着多少古代文明的密码，有待更多的探索。地表上紫色的薰衣草低矮紧凑，枝叶茂密，怒放为一地花海，浪漫而执着地保护着这片沉寂数千年的土地；大片裸露的灰土层截面上，杂草和野花张扬着独特的生命力。田野里，风吹过庄稼，吹过农人和老牛，吹过这片黄土地上生生不息的万物……

马氏庄园觅青霞　感怀北国奇女子

1894年,一个春风沉醉的晚上,河南安阳一个深深的庄园内,烛光明亮,喜气洋洋。即将上任广东巡抚的马丕瑶,正在做临行前的准备,他牵挂着即将出嫁的女儿马青霞,把17岁的女儿唤到自己的书房"修身堂"内嘱咐一番。

望着聪慧懂事的马青霞,马丕瑶十分欣慰,挥毫写下16个字:静以修身,俭以养性;入则笃行,出则友贤。这是父亲对女儿的寄语,浓缩了马氏家族历代恪守的为人处世原则。

月光如水,夜阑无声。他们不曾想到,故园一别,父女从此无缘再见。然而,马氏家族的家风家训,早已深植马青霞内心,她牢记着、践行着,最终冲出封建藩篱,踏上民主与革命的道路,成为中国近代风云际会中的一位传奇女子。

庄园里的显赫家族

出安阳市西行20公里，到达西蒋村。这里的一座占地面积2万多平方米的建筑群，就是声名远播的马氏庄园。

庄园大门上，悬挂着"进士第"的匾额，进入庄园，可见到"太史第"牌匾，光绪御赐的"百官楷模"匾额和左宗棠撰写的"清节皎然"匾额，这些都在告诉访客，当年庄园主人的显赫与尊贵。马氏庄园的主人正是马丕瑶，曾是清代头品顶戴、兵部侍郎、左都御史，并出任过广西巡抚和广东巡抚。

冬阳温暖，院落中交织着玉庭紫梁和苍松翠柏的疏影。

庄园"北倚寿安山，南临珠泉河，西近巍巍太行，东连华北平原，辉映于行山洹水间"。如果站在高处俯瞰，可观览到庄园的形貌：它由南、中、北三个建筑群组成，共分六路22个院落，每路均建四个庭院，每条中轴线上各开九道门，俗称"九门相照"。院落布局严谨，古朴典雅，既有北京四合院的宽敞明亮，又有晋商大院的深邃富丽，兼容并突出了中原的地域特色，蓝砖灰瓦、五脊六兽、挂连走廊……

徜徉于庄园内，发现每个庭院既相互独立又相互映衬，走廊通透，廊廊环绕，院院相通。每路建筑由南向北逐渐抬高，逐渐增大，喻义"前低后高世出英豪，前窄后宽富贵如山"。屋宇多为硬山顶式，一条正脊和四条垂脊，屋脊上有兽头石刻，檐下、柱头与梁枋交界处的雀替为木雕，梅、竹、葫芦、寿桃、石榴等花鸟、植物的图案，玲珑剔透。石狮、青砖、木窗之上，精雕细刻的图案栩栩如生，肃穆庄严的御赐金匾，刚劲有力的诗词文联，相得益彰，相互辉映。

资料显示，庄园建于清光绪至民国初年，前后营建近50年，形成了豫北地区最大的民居建筑群，被称为"中原第一大宅"。

斗转星移，世事如烟。如今，这里已见不到马丕瑶笔下"几叠青山烟树外，一湾流水，小小桥东"的田园景象，却依然宁静朗阔，花木荣茂，别有情致。

一切好似停留在从前，院落的主人们，正在回家的路上。

"女正位于内，男正位于外，君子以言有物而行有恒。"家训，被镌刻在进门处黄色的屏风上，随时提醒着进出的人们。文字取自《易经》，说的是君子要特别注意自己的一言一行，说话要有理有据有节，行动要有准则有规矩。这不仅是马丕瑶自己的行为规范，更承载着他对子女们成为国家栋梁的殷切期望。

"不爱钱不徇情我这里空空洞洞，凭国法凭天理你何须曲曲弯弯"；"一等人忠臣孝子，两件事读书耕田"。这分别是马丕瑶家的厅堂和他的起居室的楹联，透露着儒学深厚的他执政为官、修身齐家的原则与心得。

马丕瑶膝下有四男三女，最疼爱的是小女儿马青霞。她承载了父亲与马氏家族修身、齐家、治国、平天下的梦想。

家国情怀奇女子

马氏庄园比较特别的建筑，就是家庙内位置最高的读书楼。可以想见，100多年前，每个黎明，当人们还沉浸在睡梦中时，马家男孩郎朗的读书声，就是从这里传出的。

二层高的读书楼，青砖灰瓦，装饰简洁，冬日里显得分外安静，只有房檐上的枯草在风中摇曳。今天的人们，可以沿着读书楼西侧新修的水泥石阶从容而上，而当年的马家男孩们，则是每早从木梯爬上楼去，只有读完了当天的功课，家人才会再把木梯支上，让他们下来。

读书楼下不远处，是马丕瑶开办的女学堂，马家的女孩子们也可以像男孩子一样读书识字，这在当时的社会环境中尤其难得。

马青霞熟读经书，出嫁后秉持的依然是马氏家族的传统和教养，所追求的依然是马氏家族所追求的家国情怀。

1894年春末，马青霞出嫁到尉氏县刘家。按照礼制，从走出门厅显赫的安阳马氏庄园迈进豪门巨贾刘家大门的那一刻起，刘马氏就成了马青霞的官方称谓，许多记载里也称她为刘青霞。

河南大学历史文化学院教授李玉洁说，婚后第二年，马青霞就接到了父亲卒于广东任上的消息，这让她异常伤悲。婚后七年，经商的丈夫因病而逝，其家产就掌握在了马青霞手里。但她和丈夫膝下无子，有人在觊觎她家的财产。

据尉氏县文史资料记载，刘家"开设了 150 多个钱庄、当铺和数以百计的生意铺面，遍布开封、南京、北京几十个府州县镇，成为当时河南第一富户"。

此时，24 岁的她如何应对？她和婆婆心生一计，抱养了丈夫刘耀德胞姐的儿子，谎称是遗腹子，起名刘鼎元。马青霞与年幼的"儿子"相依为命，"综理家务，寝食不遑，苦心经营"，产业井然有序，"有盈无绌"。

她不是一个目光短浅的女人，更不愿做一个坐拥家财的富人，她要兼济天下。

1905 年，马青霞在尉氏县创办高等学堂，"捐银 3000 两"，又在开封捐银 3000 两创办小学堂、中州公学和中州女学堂。这些学堂，都是河南省近代史上创立时间较早的学校。

在今天北京的新文化街上，隐藏着一个融西欧古典风格与中国园林特色于一体的建筑群，那是有着百年历史的鲁迅中学。这所学校，就是当年由马青霞捐资修建的。

安阳师范学院副教授杨涛告诉记者，1908 年，马青霞在其二兄马吉樟的介绍下，与袁世凯共同创办北京豫学堂，并捐银 3 万两助学。同时她还向京师女子师范学堂和北京女子法政学校给予巨额捐款，深得好评。光绪皇帝特封她为"一品命妇"，赐予"一品夫人"服饰，并"准给、乐善好施'字样，自行制匾悬挂，以昭激励。"

走出庄园投身革命

马氏庄园3号四合院的东侧,是马青霞的"绣楼",三开间的两层楼的门楣上,有"思无邪斋"四个字的匾额。

沿着窄窄的木楼梯拾级而上,似乎能听见青霞小姐轻轻的脚步声。二楼的起居室仍保持着原来的模样:深褐色的梳妆台、简单的书桌、精致的木质小床……那些伴随了她17年的物品,该记录下她多少读书习字的旧日时光。

1907年年初,马青霞携子,随哥哥马吉樟一同赴日考察实业,开阔眼界。

初春的东京,阳光透露着暖意,处处散发着湿润的气息,马青霞在一个个朝气蓬勃的中国留学生的脸上,看到了国家的光明与未来。

很快,马青霞在留学生张钟瑞等人的介绍下,加入同盟会。那时,河南籍的会员只有30多人,她是第一批女会员。

1907年2月,她捐银2万两,创办《河南》杂志。当年,杂志的主要撰稿人鲁迅,用"才貌双全"描述有过一面之缘的马青霞。《鲁迅全集》(15卷本)第一卷的第一、二、三篇《人之历史》《科学史教篇》《文化偏至论》都是在《河南》上发表的。鲁迅在这本杂志上先后发表七篇文章,周作人、许寿裳等人也相继发文。这本杂志提倡新文化,宣传新思想,在国内外产生极大的影响。

创办《河南》杂志的同时,她捐银1.8万两,在日本创办《中国新女界》月刊,成为当时女权运动的一面旗帜。

几个月后,马青霞回国,全身心投入到革命浪潮中。《尉氏县志》记载:"马青霞捐4000银洋创办《女界》杂志,又出洋数千元在开封创办'大河书社',成为河南革命运动机关。"

辛亥革命后,马青霞捐资2000银圆,在开封创办《自由报》,并撰文讲述喜悦与激动:"自由好,中夏少萌芽。岳色河声飞笔底,洛阳纸贵泄春华,开遍自由花……"

在尉氏县的自家花园内,她创办河南第一所私立女校——"华英女校",后又设置师范学校,推广女子教育,宣传女权和男女平等的思想,为革命输送了一大批革命女志士。随后她捐地30亩,创办了一所桑蚕学校,培育农桑人才。

天下为公魂归故里

翻阅厚厚的《孙中山全集》,第二册第543页,记述了孙中山与马青霞的一段往事。

1912年11月19日,被袁世凯授权筹办铁路的孙中山,在致袁世凯总统府秘书长梁士诒的密电中写道:"兹有河南尉氏县刘马氏青霞认缴本处股银20万元。据称家藏金1300两,银9万两,欲设法运出。但路途危险,族人眈视,愿得汴督饬地方官护送。可否由公转恳总统知照豫督,准予保护?此人现在上海,专候复示……孙文,皓。"

正在筹措资金的孙中山遇到马青霞，一见如故，十分欣赏，为她题写"巾帼英雄"的匾额。然而，二次革命遽起，一年后，孙中山流亡海外，捐资未果，国内战乱。

1921年，在刘氏族人挑唆下，养子和她脱离关系。这让她倍感凄凉。

1922年冯玉祥来到河南，担任督军。马青霞当面拜见，提出捐献财产，报效国家。数日后，她将所有家产400多万大洋（相当于280多万两白银）捐赠给了地方国民政府，用于教育和慈善事业，抛家舍业，天下为公。

很快，孑然一身的马青霞又回到阔别29年、朝思暮想的马氏庄园。眼前的一草一木，熟悉又陌生，往事历历在目，却又物是人非。想起父亲，想起童年，想起多年的奔波与离乱，这一切，让她好不伤感。

她累了，她想在故园里休息片刻，然后再出发，向着她一生追求的革命理想。怎奈，天妒英才不假年，1923年早春，在料峭的寒风里，马青霞在她少女时期生活的绣楼上去世，年仅46岁。她的生命从这里开始，也在这里结束，看似原地未动，却是惊鸿一瞥万里天。

虽然没有马革裹尸的悲凉、英勇赴死的壮举，但北青霞仍然能够与南秋瑾齐眉比肩，留下一段天下赞佩的侠女传奇。

庄园里那些高起的屋脊，依旧庄严肃穆，讲述着这个家族曾经的显赫与辉煌，而那些从楹联中生长出的对家国梦想最朴实的注解，今天仍然被后世记取。

　　云淡天高，梧桐疏阔，历尽雨打风吹，庄园马氏风采依旧；烟霭如昨，绣楼沉静，说你时你在天边，说你时你在眼前……

郑州晋王庙，唤醒历史记忆

2014年10月以来，随着郑州市管城区杨庄村片区的拆迁，地处这一区域的晋王庙历史遗存的命运，被当地群众和媒体屡屡关注。

记者了解到，抗日期间被毁的晋王庙将要被修复，在原址附近还会扩建古建筑群，还原唐文化生活民俗古街生活区。修复方案目前已经通过论证。

此外，羊年农历二月二，在晋王庙附近还要举办一场庙会，光大多年延续的庙会民俗。举办方正在紧锣密鼓地筹备中。

有学者提出，晋王庙和庙会，应该成为郑州市城市文化的乡愁记忆，成为城市发展的新名片。

晋王庙千年往事

乡愁，是一缕牵挂，一份情思，一段往昔的记忆。在城中村改造日益推进的今天，城市的乡愁在哪里？也许是一棵老树、一条河流、一座庙宇，是庙会上一幕场景……

晋王庙，这个即将被河南省中博股份有限公司筹资修复的庙宇，正是郑州市往昔记忆中的那一份乡愁。

2015年2月3日，在郑州市管城区晋王庙村的一片废墟上。

石碑和拴马石依然挺立。两块石碑被铁栅栏圈起，井字形钢架将其紧紧固定。村北的石碑碑额上"灵显王之赞"五个篆字，笔力遒劲，碑身虽然残破，碑文却依稀可辨；村西的石碑则安然倚靠在一个水泥墩上。

文物保护标牌显示，两块碑是1964年被郑州市列为第一批文物保护单位的"灵显王庙赞碑"。

村民介绍其历史："这里原来是晋王庙，石碑和拴马石都是遗存遗迹。"

晋王庙始建于唐代，又称仆射庙、李卫公庙、灵显王庙，纪念的是唐初名将、后被封为晋王的李靖。

公元960年，宋太祖赵匡胤拜谒晋王庙，派遣官吏修缮庙宇，并规定每年春秋两次祭祀。

公元1011年，宋真宗赵恒路过郑州，拜谒晋王庙，对屡建战功的李靖大加赞扬，著文纪念，在庙内竖起了《灵显王庙之赞》御制碑（碑高2.6米，宽1米，厚0.3米），文前有"御制御书并篆"，碑文称赞李靖"存功于国，惠浃于民"。

晋王庙经历过后世的多次修葺和扩建，名气越来越大，居住的村民也越来越多，慢慢形成了晋王庙村。

公元 1190 年，郑州郭知州动员当地绅民重修晋王庙，使之殿阁辉煌，雕梁画栋，市民多聚于此。明清直至民国中期，晋王庙一直是郑州市的主要庙宇之一，多次得到修葺和保护。

1944 年日军攻占郑州后，晋王庙惨遭火焚，建筑尽毁，仅留下宋真宗御制碑和金代《郑州重修唐忠臣李卫公庙记》碑。

金代碑是金明昌二年（公元 1191 年）立（碑高 2 米，宽 1 米，厚 0.2 米），碑文完整，字迹清晰。碑正面刻有细致的图案，碑额文为"有唐忠臣李卫公庙碑"九个大字。

庙宇虽然被毁，但是每年农历二月二十四的庙会民俗仍存，始终是当地村民一年一度的盛事。

李靖与郑州的故事

李靖才兼文武，出将入相，曾为唐朝的统一与巩固立下过赫赫战功。

公元 620 年李靖随从秦王李世民东进，先后平定萧铣、安抚岭南、平定辅公祏，身经百战，无往不胜，唐高祖授任他为行台兵部尚书。

公元 626 年唐太宗登基，突厥颉利可汗率十几万精锐骑兵再次进犯泾州（今甘肃泾川西北），兵临渭水便桥之北。李靖出兵，一举歼灭东突厥，不仅解除了唐朝西北边境的祸患，也洗刷了唐高祖与太宗向突厥屈尊的耻辱。

公元 635 年少数民族吐谷浑进犯凉州，李靖不顾足疾与年事已高，亲自远征，历经两个月的浴血奋战，攻灭了吐谷浑，向京师告捷。

公元760年唐肃宗把李靖列为历史上十大名将之一，并配享于武成王姜太公庙。

同时，李靖治军、作战又积累了一套成功的经验，进一步丰富和发展了中国的军事思想和理论。他写有《李靖六军镜》等多部兵书，后人编辑了《唐太宗李卫公问对》，在北宋时期列入《武经七书》，是古代兵学的代表著作。

因为战功显赫，传说他死后经常显灵，为百姓救危解厄，百姓为其建庙供奉，到晚唐时代，李靖渐渐被神化了。

在明代吴承恩的名著《西游记》中，更是把李靖附会成了托塔天王的神化，流传至今。

郑州人对李靖的纪念在史料中多有记载。

（五代）翰林学士王仁裕根据公元935年所见，在《玉堂闲话》卷三中记录："乙未岁，契丹拒于河朔，晋师拒于澶渊。天下骚然，疲于战伐……路过郑州，见州民及军营妇女填咽于道路，皆执错彩小旗子，插于陂中……皆曰郑人比家梦李卫公云……"

战乱时期，李靖托梦给郑州军民，说他已经率部队准备御寇，但缺少旌旗，请在仆射陂献旌旗以助杀敌，郑州军民照办，后唐果然打败了入侵的契丹人。

为北宋统一做出突出贡献的名将呼延赞，因为母亲姓李，就"拜郑州灵显王像为舅,自称甥以祭",对抗御突厥、巩固大唐江山的李靖顶礼膜拜。

宋神宗时期,远道而来的日本高僧成寻,在灵显王庙中"八百八文买纸幡一百连,香一裹,供奉烧香"。

北宋末年,宋军在仆射陂周围大败金军,取得宋金交战以来少有的胜利,郑州人将这次战役的指挥者——宇文虚中、马忠两位官员的画像放入庙中参拜。

李靖是历史英雄,文学作品中的主角,自李唐以来的群众都能从他的身上寻找到历史和现实的契合点。

在晋王庙前挥毫提笔刻石立碑的宋神宗,历经战乱,渴望江山的稳固,他在盛赞李靖时,又何尝不是对李靖那样战功显赫的将军的呼唤。

郑州当地群众对晋王庙数次的修复、朝拜,又何尝不是对英雄的敬仰,对和平的追求和对盛世的期盼!

河南博物院副院长李红教授说,郑州市管城区和二七区一带,有占地约25平方公里的商代早期遗址,是公元前16世纪世界最大的城市,也是中国八大古都中市区内最早的都城遗址。

除了古城墙,郑州市的文化历史,或许应该去打捞一些历史人物的动人故事,挖掘出更多的历史元素,让城市增加几多回味。

李靖的故事深入人心,1000多年来,已经给郑州留下了宝贵的文化遗产,他在唐初开疆扩土战争中的传奇故事,即使在今天也依然能够感染人、鼓舞人。

修复晋王庙，复原李靖骁勇善战的英雄故事，将为市民的生活增加几许文化积淀。

让晋王庙成为文化新名片

作为一个载体，晋王庙以及一年一度的庙会，唤起的是一种理想，也是一份无法割舍的乡愁。

近10年来，都市村庄不断被吞噬，城市规模越来越大，乡村文明承载的宝贵文化遗产、蕴含的深厚历史信息，能够被完整保存下来的寥若晨星。而恰恰是那些对乡村文化遗产的挖掘，对保护文化多样性的坚守，才是乡愁得以附着的根据。

"记得住乡愁"的城市化进程，怎样才能实现与旧环境的契合，保留下来地域的历史感？

欧洲国家给了我们一些启示，他们对于传统文化和历史文脉的善待，可视作对"乡愁"的无比珍视。例如巴黎，在城市规划与建设上，其主管部门不是建设部，而是文化部。去过欧洲的中国人都会感叹，不同的城市，都保存着自己独特的历史风貌。虽然历经两次世界大战的摧残，巴黎、伦敦、维也纳等城市仍保留着远古风韵。穿行在城市中，你会真切感到历史与现实的亲密融合。

郑州市城中村建设中历史遗迹的修复工作，可以借鉴他山之石。

负责杨庄村改造工作的河南中博股份有限公司总经理秦晓杰提出,他们即将修复晋王庙古建筑,还原唐文化生活民俗古街生活区,保护其中原特色的非物质文化遗产,延续民俗传统,保留民间记忆。

同时,还将中国传统文化的庙会组织起来,在古色古韵的建筑内,汇集民间艺人、特色小吃、手工艺品,让晋王庙庙会成为郑州市的新名片。

目前,晋王庙的修复方案已经通过论证,晋王庙原址的可用地面积为30亩,这一遗址和附近占地192亩的中原国际博览中心如果能够连为一体,扩建成为仿古建筑群,将会形成郑州市独特的区域性文化氛围聚集地,使郑州更具有文化竞争优势。

专家提出,对于这一建筑群的修建和维护,应当注重提升传统文化对现代人的影响力,提升其文化含量,使古老的文化意蕴同现代的城市发展融为一体,赋予城市浓郁的人文气息,让那些久远的习俗、慢节奏的生活,在郑州市中心城区也有一个稍作停留的诗意去处。

空相寺里识达摩

2500年前,印度圣人佛陀在灵鹫山为大众说法,他拿出一朵莲花示众,一言不发。众人皆困惑不解,只有迦叶尊者会心微笑。迦叶与佛陀有了共鸣,佛陀将禅心传给了他。

于是迦叶成为禅宗的初祖,禅宗在拈花微笑的一花一笑间诞生了。

虽然2300多年前,庄子的著作中便有一篇"颜回忘坐",描述颜回的打坐境界,但是中国的禅起源于印度的禅那,是在北魏孝昌二年(公元526年)由菩提达摩带到了中国。

达摩在少林寺面壁九年,悟出禅宗,开始"随其所止,诲以禅教"的弘法,便有了血脉论、悟性论、破相论、二入四行论等达摩禅法语录,后世合称为《达摩四论》。

禅宗成为中国佛教最大的门派,后人尊达摩为中国禅宗初祖,尊少林寺为中国禅宗祖庭。

有一天达摩在嵩山五乳峰的那个山洞中轻轻坐下,面对石壁，盘腿闭目，五心朝天……张开眼时，已是"九年面壁祖佛成"，石壁上留下清晰身影。他站起身，活动了一下筋骨，飘然而去。他去了哪里？

熊耳留只履

空相寺，古称定林寺，位于陕州西李村乡的熊耳山下，距三门峡市53公里。熊耳山南、北两峰并列，《水经注·洛水》记载它："洛水之北，有熊耳山，双峦竞举，状同熊耳……昔汉光武破赤眉樊崇，积甲仗与熊耳平，即是山也。"

2016年8月29日，拜谒空相寺，此时，天空湛蓝，白云朵朵，鸟语如歌，寺院格外宁静。

空相寺在熊耳山西峰脚下，坐北向西，依山势而建。寺院有高大的牌楼、山门、达摩殿、僧房宽敞阔大，白墙灰瓦，清新素雅。

一踏入那隋唐风韵的楼阁式山门，便行走在了达摩的故事里。

迎面的古塔，古朴高大。塔为连体青砖结构，两层方形基座，塔身为七级八角形，每层均系风铃，顶部有莲花聚宝盆，第二级腰部有砖雕花卉图案，每面有两幅，共16幅。蓝天下的古塔看上去格外庄严大气。

释延慈法师望向古塔，娓娓道来。史籍记载，达摩祖师在少林寺传法慧可，之后又到熊耳山下的定林寺传法，梁大同二年（公元536年）十二月在禹门千圣寺讲学时圆寂，终年150岁。众僧徒悲痛至极，依佛礼将初祖大师葬于定林寺内。两年后，积庵禅师修建了达摩塔。

禅祖深入人心，古塔多次修补，现存的这座塔，是明洪武二十八年（公元1395年）重建，2004年又进行了修缮。

少林寺称禅宗祖庭，空相寺为初祖葬地，可谓"禅宗初祖连双寺，空相圣地系两国"。

达摩的圆寂，有一个神奇的传说。宋代释道原撰写的《景德传灯录》记载，达摩逝后三年，北魏使臣宋云从西域取经返回，在葱岭遇到达摩，见他杖挑只履，翩翩西归，就立即报给皇帝。皇帝听说后，命人挖开了达摩墓葬，只见只履空箱，方知大师已脱化成佛。

这个传说，也刻录在少林寺碑廊内的一通《达摩只履西归相》碑上，它立于金代大安元年（公元1209年），碑顶部记："达摩入灭太和年，熊耳山中塔庙全，不是宋云葱岭见，谁知只履去西天。"

胡适先生评价这个传说为"后起的神话"。吉林大学教授邱高兴认为，复活的达摩，标志着他从历史人物向一个宗教象征的转变，而这个转变，让达摩有了一个不朽的、永恒的人格形象。

达摩的圆寂，史书也有不同的记载。道宣《续高僧传》说他"灭化洛滨"，《旧唐书》则记述为"遇毒而卒"，说法不一。

但达摩葬在熊耳山，起塔定林寺之说，却是史上统一的，这也应了达摩大师自己的话（梁武帝所传的达摩"自言"）："我则何有？熊耳山下一塔岿然，骸葬翠形游！"

金陵语不契

相传，达摩的圆寂，还让一位皇帝忧伤不已，他就是南朝梁武帝萧衍。梁武帝亲自撰文，赞颂达摩聪慧博闻、广见多识、能言善辩的才华，颂扬他不辞艰辛、天竺东来、誓传师化的决心，以及理论之博大精深，行动之神秘莫测。

一段内容丰富、文辞优美的追忆，刻录成碑，留在了空相寺内。

站立在寺院内，仔细端详这通古碑，它由青石制成，长方形，碑首雕有二龙戏珠图，气势雄伟。虽经风雨剥蚀，碑文仍依稀可辨，碑题单独一行，其文为《菩提达摩大师颂并序》，碑文楷书书写，字体瘦削，章法严谨，注明"梁大同二年（公元536年）岁次丙辰十二月十五日御制"。

这篇感人至深的碑文，也表达了作者与达摩见之不见、逢之不逢，对其理论不理解的悔恨心情。

一切的悔恨源于一件往事。

传说达摩来到中国，梁武帝请他到金陵（今南京）问道。

梁武帝问达摩："我造寺庙、抄佛经、度和尚无数，请问我有多少功德？"

达摩回答:"没有功德。"

梁武帝又问:"佛法圣教的第一义谛是什么?"

达摩回答:"廓然无圣。"

梁武帝又问:"在我面前者是谁?"

达摩说:"不识。"

两人言语不契,话不投机,达摩离开了南京。

这件事最早记载在《菩提达摩南宗定是非论》中,到《景德传灯录》时,谈话内容变得更加丰富。

胡适先生在《菩提达摩考》中谈到这个故事说:"这一件故事的演变可以表示菩提达摩的传说如何逐渐加详,逐渐由唐初的朴素的实际变成宋代的荒诞的神话。"

如果两人的谈话内容属于"逐渐加详",那么空相寺的这个颂碑,还是梁武帝所立吗?

中国社科院世界宗教研究所博士纪华传在《菩提达摩碑文考释》中说,菩提达摩碑文署名为梁武帝撰述,从 20 世纪 30 年代以来,陆续在河北磁县的二祖山元符寺、河南的少林寺和熊耳山等处被发现,三块碑除个别字句有所差异之外,内容高度一致,碑文在历史上曾经产生过较大的影响。

但是学界一致认为,达摩碑不是"真正的原石原碑",碑文也不可能是梁武帝撰写的。

专家认为,碑文大致产生在唐开元十六年至二十年间(公元 728 年至 732 年),撰写的目的,是要提高禅宗的地位,扩大禅宗的影响，特别是要得到皇帝的支持。

空相寺的这通碑，碑刻刚健遒劲，刻工精湛，被誉为"鸿碑妙文"。纪华传认为，虽然它是后人假托梁武帝所撰，但它似乎是三块碑中的第一块，仍然具有重要的价值。日本学者小岛岱山甚至认为："通过对菩提达摩碑文及其内容进行严密详细之研究，将会构筑起一部全新的早期禅宗史和早期禅宗思想史。"

航海西来意

话说当年达摩告别了梁武帝，准备离开南京，他走到了长江岸边，望着波涛汹涌、辽阔无边的水面，正思忖着怎样渡江。

有人说，他随手折了一根芦苇投入江中，化作一叶扁舟，翩然过江，到了北魏都城洛阳。

一根芦苇也能过江？

儒家有不同的说法，他们认为，"一苇"并不是一根芦苇，而是一大束芦苇，因为《诗经》里有一首《河广》，诗中说："谁谓河广，一苇杭之。"唐人孔颖达解释："一苇者，谓一束也，可以浮之水上面渡，若桴筏然，非一根也。"

中国佛教史专家曹仕邦先生考证，"一苇渡江"的传说，最早记载于克勤禅师的《碧岩集》，作者本人也持怀疑态度，认为应该把它归为"赞叹之言"。

这一传说却是流传久远，给达摩增加了奇幻的色彩。在少林寺内，就存有"一苇渡江"的石刻画碑。这通碑立于明代天启四年（公元 1624 年），寥寥数笔，就描绘出生动的圣人形象。他双目炯然，额头宽广，络腮须，大耳环，神情俊朗，梵僧模样，这一形象也成了达摩的特殊标记。

达摩是从哪里航海西来的？到底是何模样？《洛阳伽蓝记》说他是波斯国人，《续高僧传》说他是南天竺人，不论哪一个国家，都是深目高鼻的胡人形象。

空相寺内，竟然能见到一个难得的早期达摩形象。达摩造像碑，最初是东魏元象元年（公元 538 年）所立，释延慈法师说，这通碑高 1.2 米，宽 0.5 米，是明代复建重立的。碑的正中是达摩大师站像，头罩祥光，宽袍大袖，单线条阴刻，用笔流畅，形象逼真，右上侧刻了四句偈语："航海西来意，金陵语不契，少林面壁功，熊耳留只履。"精确概括了达摩在华的经历。

这个略显普通的凡人形象，或许更接近他本人，这给后世多出了一种想象：原来禅祖是从一个平实的历史人物逐渐转化，最终才成为具有种种魅力的一代宗师。

查阅资料时发现，在中国美术史上，宋代以前的达摩外形，和一般的罗汉、比丘没有多大的差别，南宋之后，随着禅余水墨画的兴起，各式的达摩图像不断出现，主要特征是高鼻子、大眼睛、粗眉毛、宽而秃额头的顶门，有时还会加上头披风帽（或斗篷），以及耳长穿耳环等。

元代以后，画十八罗汉画，必有达摩，有时披斗篷，有时具梵相，有时提着鞋子表示只履西归。那终究是万变不离其宗，都是一个具有无上法力的达摩尊者。

一花开五叶

达摩离开了少林寺，为何会一路向西，来到定林寺传法？

据清代和民国的《陕州志》记载，佛教于东汉永平年间（公元58年至75年）传入陕州时，就修建了定林寺，距今已有1900多年历史，它与嵩山少林寺、洛阳白马寺、开封相国寺并称为中原佛教四大名寺。位于崤函古道附近的这个寺院，彼时声名远播。

这个著名的寺院，又为何由定林寺改名为空相寺？胡适先生在《菏泽大师神会传》中，当代禅宗大家印顺法师在《中国禅宗史》中，对它多有推测，似乎无法圆融。

推测之事，因为一次偶然，给出了准确的答案。2004年2月29日，空相寺的几个小和尚正在寺院植树，突然触碰到了一块石碑，谁知竟发掘出了"镇寺之宝"——唐代碑刻《汾阳王置寺表》。

该碑立于唐大中十二年（公元858年）九月，立碑人是汾阳王郭子仪后人。碑文大意为，郭子仪平定"安史之乱"时，曾到定林寺朝拜达摩圣迹，并许愿若达摩禅师福佑，平定叛乱，必当奏请朝廷，"特加崇饰"，给予特别的荣耀。果然，平定"安史之乱"后，郭子仪即书奏朝廷要求重修寺庙。半年后，朝廷钦赐"达摩禅师宜赠谥号圆觉，寺额为空相之寺，塔额为空观之塔……"

由此可见，定林寺易名空相寺，是唐代宗李豫钦赐，并且追加达摩为"圆觉"禅师，达摩塔为"空观之塔"。

这通唐碑，对于研究佛教禅宗及空相寺兴衰史、郭子仪与空相寺的关系，空相寺地理沿革等，提供了珍贵的实物资料。

之后，空相寺鼎盛一时，寺内拥有僧徒800余人，香客无数，各种殿房400余间，占地8万余亩，"规模宏大，观者夺目"，号称繁盛。

与此同时，达摩传播的禅宗，"不立文字，教外别传，直指人心，见性成佛"。它经过二祖慧可、三祖僧璨、四祖道信、五祖弘忍、六祖慧能等发扬光大，传承后世。正如达摩所言："吾本来兹上，传法救迷情，一花开五叶，结果自然成。"

三门峡职业技术学院副院长、历史专家李久昌说，西来的印度佛教，在中国广泛吸收了儒家、道家思想的实用理性的智慧，剔除了佛教中的狂热和极端成分，使之成为一种通过心智活动，进行个人修行的特殊方式。禅宗因此被冠以具有中国特色的佛教。

禅宗寓修行于生活。达摩禅是体悟生命之后，当下的生活态度。参禅悟道，为的是此生能成为身心的真正主人。

离开空相寺时，正是夕阳西下，金色撒满山谷，青山一任相看，梵乐随风飘荡……

河南贡院：中国科举考试终结地

在河南大学明伦校区中轴线西侧，有两座古朴典雅的四角攒尖顶碑亭，亭中各矗立一通高大厚重的石碑。石碑稍显斑驳，字迹依然清晰，它们被称为"贡院碑"。两座碑亭之所在，是清代河南贡院的旧址。

贡院是科举时代士子应试的考场，开科取士的地方。两通碑曾目睹了中国最后的科举考试在此进行的盛况。

岁月更替，已逾百年。一代代学子朝夕于斯，弦诵游息，教化之泽，深入人心。

清末最后一场会试

1900年，八国联军侵占北京，慈禧、光绪逃至西安。第二年，事态平息，回銮北京时，慈禧一行在开封稍驻。慈禧和光绪两宫钦定，1902年8月的顺天乡试、河南乡试合并在河南贡院举行，1903年2月和1904年3月的全国会试也在河南贡院举行。

消息一出,开封古城顿成焦点。两省乡试,赴考的秀才数万人;两科会试,全国赴考的举人数千人,和他们一起来的,有国家负责考务的官员,各路钦差大臣,还有应试者带来的仆役、伙计,随之而至的商贾、钱庄、书铺、优伶、艺妓……

数万外乡人齐聚开封,从考前到考后,停留的时间长达数十日,舟船频繁,车水马龙,开封城中,人头攒动。

原来的考棚远远不够,光绪皇帝下令,重修河南贡院。一时间,开封大兴土木。

修复后的上万间考棚,一排排林立,每排二十间,十分壮观。

考试分三场进行,每场三天,凌晨即点名。贡院的大门、二门、三门均安排搜检差役,考生过此关后,始得进入号房,一人一间应试做题。考生从进入号房到第一场结束的三天内,不许外出,形似进入牢狱。第一场考完交卷,考生才能走出号房,犹如放风一般,然后进入第二考场。

冯友兰在《三松堂全集》(第一卷)中,记录了1923年他任中州大学(河南大学前身)哲学教授时,看到的考棚:"号舍的建筑是一排一排的像长廊那样的房子,每一排房子都有一个照着《千字文》'天地玄黄……'的次序排列的代号,每一排房子都有许多隔断墙,隔成许多像鸽子笼那样的格子。在考试的时候,每一个应考的人占一个格子。这样的格子,如果在中间挖一个坑，那就是一个天然的厕所……就这样一个地方，一个应考的人进去，要住两三天，这是他睡觉的地方，是他做饭吃饭的地方，也是他做文章的地方。这样折腾两三天，身体不好的人，或者再有潜伏的疾病，很可能会发作，又得不到适当的治疗，可能就会死亡。"

读书人对科举趋之若鹜，矢志不渝，实在是"十年寒窗无人问，一举成名天下闻"。他们哪怕是考中仕途最低阶层的秀才，也可以光耀门庭，更不用说考中进士后那"一日看尽长安花"的无限风光。

1904年甲辰会试，考的仍是策论，共取进士273名。《清秘述闻三种》中记录，这次会试的第一名是谭延闿，会试后的殿试，第一名状元是刘春霖，第二名榜眼、第三名探花分别是朱汝珍和商衍鎏。

河南大学校史馆馆长王学春讲述，末代状元产生的各种传闻，给这次科考抹上了一层神秘的色彩。1904年是大旱之年，民众急盼一场春雨。慈禧在审阅殿试策论时，看到"春霖"二字，顿时想到春风化雨、普降甘霖之意，刘的籍贯为直隶肃宁（今属河北省），地处京畿，"肃宁"又象征肃静安宁的太平景象，这一切，对于烽烟四起、摇摇欲坠的清王朝而言，自然是吉祥之兆。慈禧大笔圈定，钦点刘春霖为状元。刘春霖以会试第17名的身份状元及第，名单发布，轰动朝野。

河南贡院见证科举历史

唐人李肇在《唐国史补》中说:"开元二十四年(公元736年)……始置贡院。"朝廷在这里选拔人才,贡献给皇帝或是国家,因而被称为贡院。

宋徽宗时,隶属于礼部的贡院在开封设立,元世祖至元十六年(公元1279年),改为河南贡院。明末时,河南贡院规模壮观,崇祯十五年(公元1642年)黄河水入城,开封沦没,贡院毁于一旦。

清顺治十六年(公元1659年),河南贡院在明代周王府旧址上重建,院内号舍5000多间,用于瞭望的明远楼高约四丈,并在后山屏上建文昌阁一座。

河南大学校园内的碑刻,记载了河南贡院的一段变迁。一通是雍正十年(公元1732年)太子太保兵部尚书总督田文镜撰文的"改建河南贡院记"碑,另一通是道光二十四年(公元1844年)兵部侍郎鄂顺安撰文的"重修河南贡院碑记"碑。两通碑形制相同,高2.72米,宽1.14米,碑帽前后,刻有腾跃于巨浪之上的双龙石雕,方形碑座的四个侧面,刻有腾龙浮雕,碑文楷书字体,工整秀丽,堪称书法佳作。

田文镜写道,周王府的旧址地势低洼,加上许多人屡屡在此挖掘地下的器物,致使贡院东、西、北三面形成水塘(今龙亭湖)。于是他们在省城东北隅上方寺南(今河南大学外语楼一带），购得197亩地，经上奏应允，修建号舍9000间，规模比以前有所扩大。

然而，随着河南应试士子的增加，号舍还是不够，只能临时使用芦苇架设的考棚，这引起很多考生的不满。

为适应科举之需，河南贡院再次重修增制。河南布政使林则徐于道光十一年（公元1831年）书丹的"重修河南贡院记"碑，曾记载了当时重修贡院的景况：此次重修，历时23个月，增扩了号舍的宽度和高度，号舍达到11866间，办公用房99间，开凿5眼水井，"已建不朽之规"。

时间到了道光二十一年（公元1841年）夏，黄河在祥符县（现开封市祥符区）决口。开封城西北是水势汹涌之地，河南贡院在开封城东北，地势较高，人们于是拆掉贡院的数百万砖石，转运城西，拯救危难。

水退后，再次兴建贡院。1844年的"重修河南贡院碑记"称，重建后的贡院"鳞次栉比，万厦一新"，重建考场1万多间，凿井5口，花费白银11万两。修建者感叹，开封城内尊长爱幼，风俗醇厚，河南不愧是先贤们的桑梓之地，美雅之风代代相传。

重修后的河南贡院，与当时北京的顺天贡院、南京的江南贡院和广州的广东贡院，并称为中国四大贡院。

光绪二十七年（公元1901年）7月25日，清政府在北京与英、美、俄、德、日等11国签订了丧权辱国的《辛丑条约》。《辛丑条约》的"附件八"明文规定，在被议定为（义和团）滋事的地方，停止文武考试五年，其中以直隶省、山西省及东三省所禁止的府州县最多，顺天贡院也在其列，河南省有南阳府和光州府两地停考，开封则不受影响。

清政府采取了折中的方法——借棚调考，即借外地考场来举行考试，如《清实录》所言："其条款所开停考各府州县，从权借棚调考……"

学者张晓川在《关于癸、甲二科会试》中提到：各国所议，用停止科举考试的办法，惩罚受义和团运动影响而排洋的州县，说明他们已经感觉到了科举考试对于中国人的重要意义。而清王朝尽管在军事、外交上屡屡失利，但在科举考试的问题上却毫不含糊：由京入汴，因陋就简，仍按旧制，导演了暗度陈仓的一出好戏。

科举时代宣告结束

20世纪开端那几年，内忧外患的清政府，感受到巨大的政治危机。朝堂之上，一群头悬长辫、身着长袍马褂的有识之士，痛切地找寻中国落后的原因，他们首先看到了人才的缺乏，而缺乏人才的原因，是科举制度带来的祸害。

1903年3月，两广总督张之洞等人联名上奏，奏章中说："科举一日不废，即学校一日不兴，将士子永远无实在之学问，国家永远无救时之才，中国永远不能进入富强，即永远不能争衡于各国。"

1905年9月，袁世凯、张之洞等封疆大吏再次上奏，请求速废科举。奏章中说，如果立即废止科举，兴办学校，培养的人才也得等十几年以后才出来，如果十年后停止科举，那么从新式学校里培育出人才还得等二十几年。但是，中国等不了那么久了——"强邻环伺，岂能我待"！

在兴学育才、强国御辱的时代氛围中，科举制度被一路追缴，波澜不惊地走到了终点。1905年，清政府下谕，废除科举制。

开封的河南贡院，也成为这一考试的终结地而被载入史册。

科举制度，在中国整整实行了1300年之久，曾经选拔出十万以上的进士、百万以上的举人，如果他们站在一起，会是黑压压的一片，望不到边际。学者余秋雨在《中国文脉》中点评："通过文化考试在全国男子中选拔各级管理者，使中华文明越过无数次灭亡的危机而浩荡延续。正是这种延续，使我们有可能汲取千年前的伟大精神力量，知道什么是永恒的高贵，什么是不朽的美典。然而，也是由于它，中华文明一直保持着宏大存在，却又未能走向强健。"

美国学者罗兹曼在《中国的现代化》中评论："科举制废止的1905年，是新旧中国的分水岭，它标志着一个时代的结束和另一个时代的开始，它是一个比1911年革命（辛亥革命）更为重要的转折点……科举制曾经是联系中国传统的社会动力和政治动力的纽带，是维系儒家学说在国家的正统地位的有效手段……考试制度的改革，是中国的一个突变点，在实际意义和转折标志上，都大致类同于集中体现了转变时代开始的俄国1861年废除农奴制，以及日本1868年明治《复古诏书》颁布后不久的废藩革新。"他认为："以儒家经典为依据的科举制度的被废除，使得以外来知识解决社会问题的探索重新得到了重视，造成了留学热潮，对辛亥革命和五四运动，都有重要的促成作用。"

1912年，以林伯襄先生为代表的一批河南仁人先贤，在清代贡院的旧址上，创办了河南留学欧美预备学校（河南大学前身），成为当时中国的三大留学培训基地，与当时的清华学校（清华大学前身）和南洋公学（西安交通大学、上海交通大学前身）呈三足鼎立的局面。

预备学校开班时，有的学生会跑到贡院的考棚里学习，考棚的墙壁上仍留有士子们的笔迹："墙外蟋蟀叫，夹道萤火明""未登青云路，先进枉死城"。预校学生在前清的贡院学习"声光化电"（清末民初时指自欧美传来的自然科学和技术），朗声诵读外语，恰是当年社会新旧杂陈的缩影。

1904年甲辰会试中的胜出者，在时代的风云际会中，转折出各自不同的命运：会元谭延闿，曾任南京国民政府主席、行政院院长；状元刘春霖，曾在总统府任秘书，后来卖字为生；榜眼朱汝珍不知所踪；探花商衍鎏曾任国民政府财政部秘书，中华人民共和国成立后担任过中国文史研究馆副馆长。

有人说，他们"已忘其为故国词臣"，是清政府科举取士的失败，但从某种意义上来讲，也是科举取士的成功。

一个个鲜活的个体，用他们的思想与生活，演绎着国家的变迁。在河南贡院这块不同寻常的地方，留下了士子们匆忙赶考的脚步，也留下了一个图强变法的时代足迹。

春暖"小峨眉" 郏县谒"三苏"

出郏县西北 23 公里，有座"峰峦绵亘，状如列眉"的小峨眉山。其山东麓，中顶莲花山和两座小峨眉山形成一箕形山坳，因安葬着北宋大文学家苏轼、苏辙两兄弟的遗骨和其父苏洵的衣冠而闻名遐迩。

唐宋八大家中的三家，聚成了大宋历史的一朵莲，并与一座山辉映成胜景无限。900 多年来，总有人前去拜谒，致墓前香烟袅袅；总有人去添一抔净土，同他们说话聊天。那里好似一个离奇的境界，始终飘逸着诗意，激扬着豪迈。

文坛三苏后世推崇

"竹外桃花三两枝，春江水暖鸭先知。"苏轼笔下的早春，清新灵动，拜谒先贤，正在此时。

野花初绽，鸟语婉转，沿一条曲曲折折的小道，远远就望到了莲花山。

山下古朴雅致处，便是三苏坟。

墓院坐北朝南，由青砖院墙围合。

院前一条 300 米神道，神道两旁，四株宋代古柏苍翠挺拔，干虬叶茂，石马、石羊、石虎、石狗、石人相对排列，仪仗严整。

院门两侧立一对石狮，门上有启功题写的"三苏坟"匾额。入坟院，迎面一座高 3.25 米、宽 3.54 米的明代红石牌坊，二柱立于两侧，各有一石条斜撑，造型简洁。横眉处，镌刻着"青山玉瘗"四字隶书，背面是《祭三苏先生文》，左右石柱隶刻着苏轼《狱中示子由》词句："是处青山可埋骨，他年夜雨独伤神。"它们都是由明代浙江右布政使、吏部郎中、郏县人王尚絅题写的。

过石坊，正中三间飨堂，为清康熙四十七年（公元 1708 年）重建，堂内立有各代碑刻，四壁镶嵌名人题咏碑碣。其中，清乾隆五十年（公元 1785 年）河南巡抚毕沅的《祭苏文忠公文》碑，高 2.75 米、宽 0.6 米，碑额浮雕蟠龙戏珠，刻工上乘。

东边的五间斋房，是过去历代官宦、儒士祭祀三苏前素食、沐浴的地方。

堂后是祭坛，青砖墁地，青石围边，祭祀仪式常在此举行。

坛北，三苏三冢隆起，各冢前立有墓碑，自东北向西南依次为"宋东坡子瞻苏先生墓"（苏轼墓）、"宋老泉苏先生墓"（苏洵墓）、"宋颖滨子由苏先生墓"（苏辙墓）。墓前是宋代石供桌，桌上一对石制烛台、一个三足香炉。三供桌的前板，刻有瑞禽、祥兽、花卉等浮雕，古朴浑厚。

墓冢层层黄土，碧草绒绒，墓冢旁，百余株古柏枝繁叶茂，苍翠挺拔，墓园一派静穆。

墓园西南 300 米处，有广庆寺和苏祠，它们同在一条南北长 130 米的轴线上，前寺后祠，守候三苏。

三苏在此，引得历代文人学士，不避地僻路遥，每每以一祀为荣。在叩拜之后，又常常吟诗题字，以示怀念。久而久之，此地成了游人必览的胜地。

嵩山之阳长眠处

《苏东坡年谱》中记载，宋建中靖国元年（公元 1101 年）七月二十八日，64 岁的苏轼病逝于常州，1102 年六月二十日，葬于"汝州郏城钧台乡上瑞里嵩阳峨眉山"。

其实，在苏轼葬郏之前，苏家已有人埋葬于此。《苏东坡文集》一书中的《与子由弟十简》第八简写道："葬地，弟请一面果决，八郎妇可用，吾无不可用。更破千缗买地，何如留作丧事，千万勿徇俗也。"

苏轼是说，他死后，葬地请苏辙果断做出抉择，八郎妇（苏辙三子苏远的夫人黄氏）先入的葬地，也可以作为自己的葬地，节省下来购置墓地的千缗（一千文为一缗），还可以用作葬时的花销。

苏轼5月写的这封信，6月病倒，7月病危。苏辙在《亡兄子瞻端明墓志铭》中说："公（苏轼）始病，以书嘱辙曰：即死葬我于嵩山下，子为我铭。"

可见，是苏轼选中了小峨眉山作为自己的葬地。

"眉山昔日生三苏，一山草木为之枯。"原籍四川眉山的苏轼，名冠天下，本应树高千丈，叶落归根，却为何归宿他乡，长眠在千里之外的河南郏县？

900多年来，人们为此争论不休，莫衷一是。清代毕沅在《祭苏文忠公文》中写道："当以汴京东近，表恋阙之微诚。"他认为苏轼葬郏县，是因为距离京师较近，以此效忠皇上。但有学者提出，郏县的小峨眉山，并不是离汴京最近的地方。

也有人说，是苏轼看中了小峨眉山的山川美景。1981年出版的《中国名胜词典——郏县·三苏坟》中解释："苏轼于北宋元丰七年（公元1084年）贬授汝州团练副使时，曾赞赏此处似其家乡峨眉山，因嘱其弟在他死后葬于此。"

但是《宋史·苏轼传》中记载"轼未至汝"，那时的苏轼并没有去汝州就任。

不过，这不等于苏轼没去过汝州郏县。彼时的郏县，地处中原腹地，北依嵩岳，南傍汝水，汉代所置洛阳至许昌的"东西孔道"就经过这里。史料记载，苏轼可能5次经过许（昌）洛（阳）古道。

若有一次，苏轼站立在小峨眉山的山巅，北望嵩岳，南瞰汝水，两道山岗东西对峙，青山绿水，风景如画，便赞叹此处美若家乡的峨眉山，也在情理之中。但他是否就此萌生葬于此处的愿望，就不得而知了。

还有人从苏轼的作品中寻求答案。

学者刘英照在《苏轼为何葬在郏县小峨眉山》一文中提出，一次，苏轼与苏辙告别，写下《别子由三首兼别迟》，其中第二首写道："先君昔爱洛城居，我今亦过嵩山麓。水南卜宅吾岂敢，试向伊川买修竹。又闻缑山好泉眼，傍市穿林泻冰玉。遥想茅轩照水开，两翁相对清如鹄。"

诗中虽没写到小峨眉山，但颍水、伊川、缑山等都在汝州附近，也可以理解为包括小峨眉山在内的嵩山一带山水。苏轼在诗中表达了想在嵩山下寻一乐土，作为归隐之地的愿望。

此后苏轼念念不忘，多次流露在文字中，却一直未能如愿。或许，就有了临终前"葬我于嵩山下"的遗愿。

平顶山学院客座教授刘继增认为，苏辙写过："葬我嵩少，土厚水深""举棺从之，土厚且坚实"。或许，是嵩少南麓的郏县小峨眉山土厚水深，为北宋士人所崇尚，苏氏兄弟才看中了此地。

苏轼葬后 10 年，宋政和二年（公元 1112 年），73 岁的苏辙卒于颍昌（今许昌）。按照他的遗愿，苏辙的子孙将他安葬在苏轼的身旁，实现了苏轼在《与孙叔静书》中提到"老兄弟相守"的夙愿。

"与君世世为兄弟,更结来生未了因。"苏轼兄弟情深,总让人唏嘘不已,在这静寂之处,二人终可以圆了他们一生的约定:夜雨对床,长叙此生。

那时,人称这里为"二苏坟"。

238年后,元至正十年(公元1350年),郏县县尹杨允走马上任,先去祭祀了"二苏"。

三拜九叩后,望着二苏的黄土墓冢,杨允徘徊良久,遁入沉思:57岁病逝的苏洵葬在四川眉山,苏洵和苏轼、苏辙父子三人,其情密不可分,然而眉山的苏洵墓茔和汝州的二苏墓茔,相望数千里,为何不安置苏洵的衣冠冢在两公冢身边,成全他们的父子团圆之情?

杨允主意一定,立即募捐筹款,着手办理。

当年,杨允就在坟园西南约300米,接建三苏祠。祠内朱红棂窗,木雕透花,三人泥塑彩绘像立于中央,苏洵居中,苏轼、苏辙侍立左右。

600多年后的今天,苏祠风貌依旧,三人身着朝服,面含微笑,栩栩如生。

苏祠建好的第二年,1352年,杨允又在"二苏"墓冢旁,建起苏洵的衣冠冢。

此后,方有"三苏坟"和"三苏祠"之名。

苍柏思乡向西南

春风骀荡,春草青青,三苏墓园内,红色、黄色、紫色的小花满地散落。

园内古柏苍翠,近600棵连成一片。称奇的是,它们棵棵斜向西南,都向着眉山的方向。

"长安自不远,蜀客苦思归。莫教名障日,唤作小峨眉。"苏轼一生坎坷,荣辱无定,但无论走到哪里,对故乡总是一往情深。

或许是心有灵犀,翘首凝望故乡正是苏轼的愿望?

三苏纪念馆馆长丁国辉解释,有人说,柏树斜向,可能是园内的土质特点,又加上了山间气流而形成的;也有人说,是这里常年刮东北风所致。众说纷纭,倒为这里平添了几许神奇。

清代郏县县令张笃行拜祭三苏,夜宿坟院,夜深人静时,忽闻窗外雨声大作,开门观看时,但见天高月明,松柏摇曳,遂以"风声瑟瑟,雨声哗哗,风大不鼓衣,雨大而不湿襟"作纪念。"苏坟夜雨"这一景象不胫而走。

附近的广庆寺,庙宇,古柏,竹林,一片词韵。苏轼与佛家往来密切,自称佛门弟子的"东坡居士"每次经过,便折道此处,与僧人叙谈。

寺内《重修山门碑记》载,寺院由宋仁宗敕修。苏轼安葬后,宋高宗为广庆寺赐名,寺院僧人四时守候坟院,每逢春秋大祭和苏轼兄弟的忌日，都会为他们超度亡灵。

心系百姓名垂青史

"世事一场大梦，人生几度秋凉。"苏轼41年的政治生涯中，被贬谪23年，忧患无数，生死未卜，却一笑置之，"一蓑烟雨任平生"。他名纵千古，文章、诗、词、书、画，无一不在磨难中完美。

苏轼的影响，延绵至今，仅郏县档案馆从《郏县县志》中查询到的，宋以来到此拜谒留下的诗文就有百余首，清康熙年间的吏部尚书张鹏翮更是对三苏赞叹不已："一门父子三词客，千古文章四大家。"

苏轼旷达洒脱，独立不群，多才多艺，亦庄亦谐，每一代都有人真心崇拜他，郏县人更是打心眼儿里喜欢他，索性把三苏坟所在的村子也改名为"苏坟寺村"，村人谈起他，如同讲述自己的先人。

"心似已灰之木，身如不系之舟。问汝平生功业，黄州惠州儋州。"病榻之上，苏轼回忆一生，忘不了宦海沉浮中三个被贬之地，而他在黄州惠州儋州的故事，当地人一样如数家珍。

在黄州，苏轼听说当地有溺婴的陋习，几次上书，劝太守"施律令""革此风"，随后他成立救儿会，募捐救助婴儿。在惠州，苏轼收葬暴骨，施药济民，助修两桥，引蒲涧山泉水解决百姓的"饮水问题"，推广插秧农具"秧马"，减轻农民的劳作之苦,"惠人爱敬之"(苏辙语)……

林语堂在《苏东坡传》中说:"苏轼是具有现代精神的古人。"

夕阳余晖中,告别三苏。

早春的墓园更显空旷清幽,腊梅暗香浮动,海棠含苞待放。

一块牌匾与一所大学的文化坚守

在位于古城开封的河南大学明伦校区校史馆,收藏着一块巨大的牌匾,匾额正中,"维护文化"四个金色大字熠熠生辉,匾额下方,密密麻麻写了47个教职工的名字,每个名字前面,有职务和身份。此牌匾为复制品,原件在陕西省商南县十里坪镇黑沟村。两块牌匾的空间距离为518公里,时间跨度为67年,它们联结着河南大学和商南县赵川镇之间的校地情谊,记录了一段抗战期间的感人故事。

抗日战争期间,河南大学辗转流亡8年,大小迁徙10次,师生牺牲9人,失踪25人,是当时中国唯一一所坚守敌前、在前线办学的大学。河南大学师生一次次穿行在豫西南高山密林中,历经磨难,锲而不舍,把不屈不挠的精神书写在青山上,刻篆在青史中。

跨越62年追寻从前

2006年7月,河南大学图书馆副馆长王学春来到陕西商南县,偶然见到县政协文史委员会主任雷家炳。听说王学春来自河南大学,雷家炳说:"1945年,你们的校长张广舆带领院长、教务长、训导长、教授、讲师等50多人来到我们商南县赵川镇避驻,受到当地乡民的热情接待。尤其在当时'乡长'党飞武的保护下,得以安全。后来你们赠送了题名'维护文化'的牌匾,表示答谢与纪念。"雷家炳说,1997年4月,他在赵川镇时还特意去看了,实物保存在一名文化干事家里。

王学春有些兴奋,多方联系,辗转找到了曾任商南县十里坪镇水文办主任的胡传林。巧的是,胡传林13年前曾经打电话到河南大学,求证过此事。听到河南大学主动来找寻,他热烈回应。

时任河南大学校长的关爱和非常重视,说如果真有此匾,那就是河南大学在抗战困苦中艰难办学、传播文化、深得民心的历史见证。2007年3月,学校派出王学春和从事校史研究的时勇,赶赴商南县赵川镇,一探究竟。

王学春回忆,热情的胡传林在赵川镇等了他们两天,一见面就急忙说,牌匾存放在黑沟村,距离赵川镇还有20多公里,但是刚下了一场特大暴雨,冲坏了公路。他们寻匾心切,便徒步而行,一路翻山越岭,下午4时赶到了黑沟村。他和时勇、司机左师傅三人虽然很疲惫,却激动不已,因为这一天,他们是代表河大人,又踏上了这一方热土。

文化干事的房屋简单破旧,四个人费劲地移出了这块匾额,放在院子中间。仔细端详它,只见黑色的牌匾内芯高 1.05 米、宽 2.28 米,四周近一尺宽的雕花外框有些残缺,但"维护文化"四个红色大字格外引人注目,每个字高 48 厘米、宽 34 厘米,雄劲端庄,气势开张。牌匾右方题记:"乙酉仲春,同人避地赵川,赖飞武乡长急公好义,得保安全,谨赠匾额,永作纪念。"左方落款:"国立河南大学校长张广舆拜题中华民国三十四年四月吉日立"。牌匾正中下方,刻有 47 名教职工的姓名和身份,楷书小字清秀圆润,舒畅流利,结构严谨,笔锋遒健。

字里行间记述着 62 年前的往事。

1937 年 7 月 7 日,日本帝国主义挑起卢沟桥事变,抗日战争全面爆发。同年 12 月,豫北豫东相继沦陷,河南大学被迫南迁,开始为时八年的抗战办学之路。学校先后辗转迁徙至信阳鸡公山,南阳镇平,洛阳栾川、嵩县,其中,在嵩县潭头(今栾川县潭头镇)办学长达 5 年。之后学校被迫再次转移到南阳荆紫关,陕西汉中、宝鸡等地,直到抗战胜利才重返开封。

1945 年 4 月,校长张广舆带领师生到达陕西商南时,听说当地有位乡长,喜欢文化,就派人前去求助。党飞武爽快答应,安排 50 多口人的吃饭、穿衣、住宿。党飞武费了一番周折,村民们纷纷加入其中,帮助戴眼镜"有学问"的人。

他们在小乡村休整了十多天，决定去西安，临行前，提出赠送当地一块匾额，就请党飞武帮忙，用银杏木做了一块黑色大匾，上刻"维护文化"红色大字。

国难当头，"维护文化"四个字意蕴丰厚，它是河大师生对陌生乡民表达的深情感激，更是流亡中的文化人对自己的勤勤勉励。

烽火硝烟前线办学

卢沟桥事变爆发后，中国108所高等院校中，91所遭到破坏，10所完全损坏，25所院校被迫停办。

河南大学校长宋纯鹏讲述，对于当时的日本帝国主义而言，灭亡中国，不仅要占领中国的土地，屠杀中国人民，更要摧毁中国建立不过几十年的高等教育。日本军队大肆摧残和破坏文化教育机构，对于肩负着文化传承使命的高校，破坏力更大。为保存国家和民族的文化血脉，大批高校被迫进行了一场史无前例、旷日持久的大迁移，西北达陕甘，西南及云贵，中部至四川各地。途中交通不便，加上敌人的疯狂扫荡、狂轰滥炸，很多高校一迁再迁，历经磨难。在这样的背景下，"维护文化"四个字，闪耀着中华民族生生不息的精神之光。

河南大学的搬迁工作从1937年11月开始，师生们在一个月内分两路全部撤离开封，一路向南，进入信阳鸡公山；一路奔向西南，进入南阳镇平地区的大山深处。

那时，北京大学、清华大学、南开大学迁往云南，组成国立西南联合大学。只有河南大学走上了一条独一无二的搬迁之路，他们留在河南，与家乡父老共命运，坚守在抗战前方，成为当时中国唯一一所坚守敌前、在前线办学的大学。

风雨如晦，战争失利，他们再次失去课堂。1939年5月下旬，在校长王广庆的带领下，师生徒步翻越伏牛山，穿过六个县，行程300多公里，抵达嵩县深山区的潭头。

到达潭头仅仅5天，便开始恢复教学。没有桌椅，学生就坐在土坯和砖头上听讲；没有汽油灯，就以桐油灯照明。学生所住房屋低矮，即使在白天，室内光线也不够，在征得房东同意后，他们在土墙上凿洞，里面糊上薄纸使之透明，戏称为"太阳灯"。凌晨，鸡鸣即起，到河滩上背诵古文；入夜，在桐油灯下苦读至深夜。

潭头百姓世代自给自足，500户居民的文盲率高达98%。河大师生便与当地结合，创办起了幼稚园、小学、中学、师范，其中以"七七中学"最为有名。如今这所学校已经更名为河南大学潭头附属中学，学校的纪念碑上注明："七七中学创建于1939年，当年9月18日开学。"

教师们举止优雅，知识渊博，课余时间给孩子们授课。在潭头的课堂上，有知识，更有力量，爱国主义情愫在潜移默化中传播，根植在特殊岁月中国人的心里。

史学家嵇文甫在课堂上谈古论今，话题永远离不开民族、救国和气节这几个字眼，每每讲到文天祥、苏武、岳飞、杜甫，他便激情澎湃，不由自主地带领着同学们高声诵读起来。

民族危亡迫在眉睫，黎民百姓危在旦夕，在抗战最艰苦的时期，河南大学决定请嵇文甫、陈梓北两位教授创作校歌，鼓舞抗战斗志。

"嵩岳苍苍，河水泱泱，中原文化悠且长。济济多士，风雨一堂，继往开来扬辉光。四郊多垒，国仇难忘，三民是式，四维允张，猗欤吾校永无疆。"歌词典雅、曲调肃穆的校歌，很快响彻在伏牛山麓，伊水河畔。在漫漫长夜、血雨腥风之时，校歌坚定着他们传承中华文明、复兴中国的信念。

潭头地处豫西深山，北靠熊耳山，南绕伊水河，西连伏牛山，东通石门峰，三山一水，民风淳朴，如同世外桃源，给师生带来一段平静岁月。1942年3月10日，国民政府教育部宣布将河南大学由省立改为"国立"，在这一年教育部的考评中，河南大学成绩名列第二，上课总时数全国第一。1943年河南大学在招生时，录取率仅为4%。在颠沛流离的年代，河南大学为中国抗战时期的高等教育写下悲壮、自豪的一页。

弦歌不辍薪火相传

抗战烽火近在咫尺。1944年4月22日，郑州、新郑陷落，日军沿陇海铁路西犯洛阳。5月，河南大学校务委员会紧急决定，撤出潭头，暂避重渡沟和大青沟。

大部分师生先走，一小部分不熟悉地形的师生还没来得及撤走，就遭遇到日军。日寇入侵潭头，制造"潭头血案"，河南大学死难师生及家属达16人，失踪25人。教室、实验室被洗劫一空，房屋被焚，图书典籍被付之一炬。历经五年呕心沥血营造的深山学府，在日本侵略者的炮火下毁于一旦。

心情沉痛的王广庆校长引咎辞职，当年10月，由张广舆接任校长。很快，他带领师生辗转荆紫关，"经商南，越秦岭，过蓝田，步行800里，于4月中旬抵达西安"，4月底又西迁到宝鸡附近的石羊庙。

一路之上，要躲避日军的轰炸，要照顾老幼妇孺，要保护图书仪器……师生们饥寒交迫，备尝艰辛。国仇家恨，弦歌不辍，他们租赁民房、借用兵营为教室，砌土台架木板为课桌、凳子，朗朗的读书声又在渭河两岸响起。

1945年8月15日深夜，入睡的同学们突然被一阵阵的欢呼声惊醒，他们跑到山坡上遥望宝鸡，城内灯火通明，鞭炮声起，抗战胜利了！师生们沸腾了，点起火把游行。

当年10月，河南大学举行隆重的欢迎仪式，迎接英国生物化学家、科学技术史专家李约瑟博士。在一片空地上，师生席地而坐，聆听李约瑟题为"科学与民主"的精彩演讲。

令李约瑟颇为意外的是，在河南大学的临时图书馆，他看到了精心保存的《道藏》，共127函1096册，厚厚的书卷跟随着师生一路颠簸，搬迁8年，何其不易！

时任化学系主任、化学家李俊甫向他介绍，在道家经典《道藏》中，包含有大量公元 4 世纪以来中国的炼金术著作。两位科学家彻夜长谈，李俊甫详细介绍了中国古代化学史的研究方法和必须参考的文献资料。李约瑟回国后，从中国文化中汲取精华，完成《中国科学技术史》，轰动世界科技界。他在《中国科学技术史·总论》中写道："有一些巧遇简直是传奇式的。在陕西宝鸡时，有一天我乘坐铁路工人的手摇车沿着陇海铁路去五寺市，这是当时河南大学最后的疏散校址……李俊甫对我所作的这番介绍，是我终身不能忘记的。"

1946 年元旦过后，师生归心似箭，马车、汽车、火车，路毁、桥拆、难行，但无论如何也掩饰不住愉快、兴奋。回到古城，穿过校门，映入眼帘的是六号楼、七号楼、东一斋……虽然校园满地荆棘，但看到巍峨的大礼堂时，他们百感交集，潸然泪下。

那些苦难与颠沛流离，深沉与执着坚定，谱写在知识与信仰交织的岁月中，铭刻在河南大学的血脉里。

2012 年 9 月，河南大学建校一百周年时，钟海涛等代表历史系 1979 级全体校友，向母校捐赠按照 1∶1 比例复制的"维护文化"牌匾，被收藏在河南大学校史馆内。

2020 年 2 月 14 日，在河南省新冠肺炎疫情防控专题第九场新闻发布会现场，河南省教育厅厅长郑邦山说，在这场特殊的战役中，他不禁想起抗日战争中河南大学八年艰辛的办学历程，河大在烽火连天和战争硝烟中坚持敌前办学，秉承教育报国，表现出百折不挠、自强不息的奋斗精神，这应该也是河南教育的精神。

2月17日，河南大学特殊的"开学第一课"通过网络与学生见面，一节课堂，八位专家，联通了河南大学分散在四面八方的近6万名师生。著名学者、河南大学博士生导师王立群教授带来他的音频报告《历史视角看瘟疫》，他说：在人类产生的历史上，我们不断地和瘟疫、流行病、传染病做斗争，人类战胜了一个又一个的传染病。

河南大学党委书记卢克平告诉记者："我们坚持停课不停学，108年校史的河南大学，始终与中华民族同呼吸、共患难。多难兴邦，玉汝于成，每一次灾难的降临都是一次大考，河大用疫情防控的实际行动，凝聚起众志成城、共克时艰的强大力量。"

"嵩岳苍苍，河水泱泱，中原文化悠且长。济济多士，风雨一堂，继往开来扬辉光……"校歌回响，感动如初，它镌刻在一代代河大人心中，教会他们面对民族危亡，面对生死选择。

在南阳，贴近汉画像石

1927年冬天，南阳籍教育家、时任河南省议会议员的张嘉谋，在南阳赈灾的工作之余，偶然发现一些墙基所使用的画像石刻，与山东发现的汉代画像石十分相似。他"访拓宛境金石于荒桥古寺中，得画像数石"，随后他把几十幅拓片带到了开封。时任河南省博物馆馆长的关百益，对此非常感兴趣，选取其中的40幅，编辑成《南阳汉画像集》一书，该书1930年由上海中华书局出版发行，这是第一本介绍南阳汉画像石的图集。

一石激起千层浪。南阳汉画像石迅速引起全国学界的关注，文学家鲁迅、美术理论家滕固、天文学家高鲁等一批著名学者，纷纷收集起了画像石拓片。从1935年11月到1936年8月，身在上海的鲁迅，收集到231幅南阳汉画像石拓片。

2008年北京奥运会举办前夕，中国与希腊联合发行《奥运会从雅典到北京》的纪念邮票，其中"北京天坛祈年殿"邮票，背景衬图采用了南阳汉画像石中的两位武士形象，他们威猛凶悍，姿态各异，生动表现了汉代崇力尚武的精神。

东、西两汉绵延400多年，是中国最强盛的时代之一。汉代人事死如生，他们在地下墓室的建筑构石上，细细密密镌刻下天地、山川、神灵，勾勒出一幅汉代的生活画卷，成为汉代的百科全书。

画像石散处民间

汉画像，是指汉代人雕绘在砖、石、壁、帛、瓦当、铜镜和漆器等材质上的画像。它题材丰富，有狩猎生产、生活宴饮、宗教信仰、建筑、神怪精灵等等；它绘制形式复杂，以汉石为例，就有阴线刻、浅浮雕、高浮雕、透雕等手法。汉画像的艺术价值和学术价值极其重大，史学家冯其庸说它是"敦煌前的敦煌"，又说是印度佛教文化传入中国之前中国纯净的本土文化之精华。

全国已经发现的汉墓有1万多座，汉画像石1万多块，主要分布在四个区域，即河南南阳区域，鲁西南、苏北、皖北、豫东区域，陕北、晋西北区域和四川、重庆区域。

南阳的老人们都还记得，当年的画像石分布在南阳各地，散处在民间，在普通民众心里，它不过是一种"有画的"石块而已，人们用它砌墙、垒猪圈、凿猪食槽、砌房基。曾经，南阳的街道、商店墙壁、城墙基和大小桥下随处可见的，便是画像石。

1931年夏天,南阳暴雨成灾,白河洪水泛滥,南阳城西南9公里的草店村附近,洪水冲开了一座古墓。1932年秋天,时任南阳县教育局局长的孙文青(后任河南省博物馆馆长),发现墓的一半被淤泥所埋,随即组织人员测绘、拍照,制作画像石拓片44幅。1933年,孙文青在南阳城内以及南阳通向各县的道路旁,发现画像石274块,又到南阳县、方城县的两座汉墓中拓片30多幅。孙文青潜心研究,发表《南阳汉墓中的星象及斗兽图》和《南阳草店墓享堂画像记》两篇文章,第一次确认汉画像石是墓葬构件。

1949年以来,汉画像石又相继在唐河、方城、邓州、许昌、郏县、襄城、禹州、新密、永城、夏邑、浚县等地出土,尤以豫西南地区分布最广。这一区域以南阳为中心,北到郏县、襄城一带,南到鄂北,东抵京广线,北至西峡,数量为全国最大。据不完全统计,河南总计近3000块汉画像石,南阳汉画馆收藏的达到了2000多块。

创建于1935年10月的南阳汉画馆,经历"三迁四建",是我国建馆最早、藏品最多、规模最大的汉画像石刻艺术博物馆。在馆内逐一细看,精选出的200多个石块上,一个个人物形象栩栩如生,活灵活现,有二桃杀三士、鸿门宴、赵氏孤儿等历史故事,也有达官显贵投壶宴饮、观舞赏乐、骑射田猎、斗鸡走狗,还有捧奁化妆、执戟持盾等诸多奴婢侍吏的形象……一幕幕生活场景,在眼前呼之欲出。

南阳汉画馆研究员牛天伟，指着一张铺展开来的地图说，豫西南画像石最多的区域，恰好是汉代南阳郡及其边缘附近。西汉时，南阳郡治宛城已是全国著名的商业都市，享有"商遍天下""富冠海内"的美誉。东汉时，南阳又被称为"南都""帝乡"，遗存下来的文物之丰富，自然是不言而喻的。汉画像石以最直观的视觉艺术形象，彰显汉代的盛世辉煌，堪称一部图像式的汉代史。

深沉雄大扬汉风

鲁迅评价汉画像石："唯汉人石刻，气魄深沉雄大。"他曾说："倘参酌汉代石刻画像，和欧洲的新法融合起来，也许能创造一种更好的版画。"鲁迅收集到的南阳汉画拓片，1949年由夫人许广平无偿捐献给了国家，现藏于北京鲁迅博物馆。可以告慰他的是，70多块他所收集拓片的原画像石，现完好收藏于南阳汉画馆。

郭沫若主编的《中国史稿》中，大量运用了汉画像石的内容。1959年，南阳汉画馆重修时，郭沫若欣然题写馆名，画像馆的镇馆之宝许阿瞿画像石，与他还有一段缘分。

1973年，南阳市文物工作者在市郊发掘了一座古代墓葬，墓内有铭刻"建宁三年"隶书文字的画像石一块。其铭文很难判读，考古人员向郭沫若写信求助，郭沫若对铭文进行逐字释读。在许阿瞿墓志铭的画像石上，有精美的图案，确切的文字，被文物专家评定为"国宝"。

135字的铭文，记录下一段伤心往事：建宁三年（公元170年）三月十八日，年仅五岁的许阿瞿不幸夭折，父母异常悲痛，跪拜祖先，恳请他们用火把给小阿瞿照路，让其认祖归宗……画面上半部分是许阿瞿四岁生日时的场景，下半部分是舞乐百戏的场面。画像生动，文字凄然，郭沫若感慨，许阿瞿非大地主之子莫属，如此年幼就能享此大福。

显然，没有一定的经济条件，是无法建造较大规模的墓室和画像石的。有人推测，画像石多为经济富足的墓主及其家属，与画工、石匠集体创作的艺术作品。或许是墓主和家属提出设想，画工和石匠进行再创作，创作结果最终得到墓主和家属的认可。美学家王朝闻说过："南阳画像石是难以匆匆理解的文化现象，初步印象可以说明，阳春白雪和下里巴人之间，没有绝对的界限，这一艺术宝库的价值在未来将更加辉煌。"

学者发现，画像石这种墓葬艺术，在帝王陵墓中很少见，倒是底层官员和殷实富有者更为热衷，他们更接近民风民俗，画像石也更具有浓郁的民间色彩。画像石的作者，既不属于宫廷画师，也不是纯文人，而是朴素的平民，反映的多是世俗阶层的心声。春秋战国时期，南阳地处楚国与中原诸侯国交往的重要通道，浪漫的楚文化和理性的中原文化相遇、交融，汉画像石成为以神性为本质的长江中下游楚文化，与以人性为本质的黄河中下游儒家文化的完美结合。

中国艺术研究院研究员顾森认为:"汉画像石本质上属于民间艺术。"它发生于民间,由集体创作,在民间流传,代表民间的真实思想,民众既是汉画像石的作者,又是它的传播者和享用者。

鲁迅多次盛赞汉代精神"遥想汉人多闳放""毫不拘忌""魄力究竟雄大",画像石主题突出,线条流畅,生动传神,有一种震撼人心的力量和气势,完美再现了汉代浑厚豪放的时代精神。著名画家吴冠中看到南阳画像石时,"简直要跪在汉代先民面前",他评价画像石"气势磅礴,风格独特,令人一见倾心",是"高级的艺术、伟大的艺术"。曾任中央美术学院副院长的罗公柳,第一次看到汉画像石时抑制不住激动,流下热泪,并一笔一画临摹起原石图像。

民间学者寻"国宝"

在南阳理工学院博物馆宽敞明亮的大厅里,一块巨大的《张骞通西域》汉画像石被陈列在最醒目的位置。它长3米,宽0.4米,原石上的一张拓片,墨色浓淡相宜,清晰展现出一幕汉代历史场景。

48岁的袁祖雨是个没有任何专业背景的当地农民、民间学者,被聘为博物馆副馆长。26年来,他边打工种地,边进行野外调查,踏遍南阳,把所有的积蓄都投入到了寻找画像石之中。他痴迷画像石,还喜欢上了制作拓片,每一次清洗、上纸、捶打、着墨，在纸张与石头的亲密接触中，他仿佛能够触摸到2000年前汉人的风采。2012年，袁祖雨被文化部非遗司评为"当代十四位传拓名家"之一，其传拓作品被中国社科院、北京大学、国家图书馆和中央美院等机构收藏。

2003年11月，宛城区新店乡一农民找到他，问自己家院墙上的那个刻着花纹的大石头是否有价值。"我到他家一看，这块画像石刻满了人物，真漂亮，却砌在院墙根基上，里面是他家厨房，外面是厕所，看到这么大、这么好的一块画像石沾满污秽之物，我心里那个痛啊。"心疼不已的袁祖雨，想尽快把画像石清理出来，当即和主人商量欲买下。清理画像石必须把院墙推倒，他的想法当时就遭到反对。

软磨硬泡了三个月，还是无功而返，这块石头成了袁祖雨的一块心病。他管不住自己的双脚，12次去"探望"石头，和人家谈画像石，谈自己的爱好，最终感动了主人，他开着拖拉机，把画像石送到了袁家。袁祖雨说："知道我是征集汉画像石的，很多群众非常支持，原来他们不保护画像石是因为不知道那是文物。"

费尽周折淘来的画像石，他擦了又擦，看了又看，不知道摩挲了多少遍。他一直在琢磨，画像上有人、车、马和虎，究竟想表达什么？

中国社科院研究员、西域史研究及丝绸之路研究专家杨镰，被这块画像石深深吸引，给袁祖雨讲解，画像上刻的是汉朝队伍驱逐敌人，探险西域的场景，在最后两组骑士之间，一虎跃起前扑，从虎尾细长、体型瘦削等特点推断，此虎为新疆虎。

袁祖雨豁然开朗，又从胡人与汉人、大使车、汗血马、绳行沙度之道与新疆虎等方面再度解读，推断这是一幅反映汉使冲破胡人阻挠，行进在丝绸之路上的历史画卷，起名为《张骞通西域》，这块画像石被专家评定为"国宝"。原石的出土地紧邻方城县博望镇，是汉代张骞博望侯的封地，袁祖雨推测，墓主很可能就是张骞的后裔，石刻时代是张氏后裔十分活跃的西汉晚期，他们将祖辈的丰功伟绩刻在石墓中，以求庇护，以志纪念。

相隔仙凡幽冥间

考古资料显示，汉画像石大约兴起于西汉中、晚期，西汉末、东汉初得到迅速发展，东汉中期臻于极盛，东汉末年则走向衰亡，经历了约三百年的发展进程。关于汉画像石兴盛的根源，"厚葬说"的观点较为流行，中国国家博物馆原田野考古部主任信立祥曾提出："作为一种历史现象，在汉画像石流行的背后，显然有更为深刻的社会背景，那就是两汉时期疯狂推行的厚葬风俗。"

香港中文大学人文学科研究所比较古代文明研究中心主任蒲慕州教授则认为，汉代厚葬之风盛行的根源，与汉代冥灵信仰的演变有直接关系。推动画像石兴盛的根本原因，或许是汉代生死信仰的发展变化。

灵魂不死的观念由来已久,史籍记载,春秋时期,人们已形成了魂魄的观念,秦始皇的求仙活动,进一步推动了升仙思想的发展。学者刘茜分析,汉武帝时期,一个疆域庞大、经济富庶、思想统一的帝国已经形成,汉武帝随之将目光投向了追求长生不死,掀起狂热的求仙活动,由此汉代的生死信仰迅速复苏,并发生重大升级,画像石随之兴起。从武帝时期到东汉中晚期,汉代生死信仰持续发展,而这一时期,画像石在图像内容、构图形式、雕刻技法上,也经历了一个由简趋繁的过程,几乎同步反映了汉代生死信仰的变迁。

在袁祖雨收藏的汉画像石中,有一块"国宝"《折木相羊》,长1.68米,宽0.4米。画右部一武士正倾力折拽树枝,左部一武士附身手按一兽前腿,画面主题恰恰符合《离骚》中的名句"折若木以拂日兮,聊逍遥以相羊"。两位武士威风凛凛,是"屈(原)贾(谊)精神"的高度概括,"楚风汉韵"的典型形象,中央美院教授靳之林盛赞画像石:体现了"中国魂""民族魂"。

《折木相羊》的墓主人,祈祷灵魂能够成为仙界里永恒的一员,长生不死,护佑后人。汉代是中国历史上民族"自信力"最为强劲的时代之一,画像石虽属墓葬艺术,却展示出生机勃勃的生命意志,充满乐观向上的阳刚之气。

相隔在仙凡幽冥间的汉画像石,刻画着飘逸洒脱的神仙世界：风吹云动，星辰出没，二十八星宿守护灵魂，伏羲女娲手捧日月，北斗七星南斗七星主宰生死，仙人自由飞翔，漫游山川，与瑞兽嬉戏，用仙草喂食仙鹿……在信奉灵魂不死的汉代人眼里，死亡就是新生，人死何所惧，他们不是走向另一个神奇而美好的境界了吗？

去千唐志斋,领略唐代金石之美

洛阳西 45 公里,有古镇铁门。铁门镇有千唐志斋,那里的千余方饱经风雨的唐代墓志石,记录了 1000 多年前发生的诸多唐人故事,或坎坷曲折,或传奇神秘,或平淡如水……

千唐志斋是我国唯一的墓志铭博物馆,馆内 1400 多块志石,文字简洁,书法峭拔,清清冷冷中勾勒出一幅色彩斑斓的唐人生活画卷,以独特的方式留下一部形神皆备的唐代书法演变史。

古镇名园

新安县铁门镇内青龙、凤凰两山对峙,呈拱阙之势,古称"阙门",南、北涧水环镇东流,山清水秀,民风古朴,因其"西扼崤山,东控函谷",而被视为洛阳的西大门,章太炎(章炳麟)评价它:"当关洛孔道",意为通往洛阳的必经关口要道。

当年,杜甫从洛阳赶赴华州,途经新安,写下了中国文学史上著名的《新安吏》,它和《石壕吏》《潼关吏》构成诗圣著名的"三吏"代表作。

深冬的古镇宁静祥和，少有行人。老街拐角处，一座飞檐挑角的仿唐式门楼格外醒目。门楼之上，是启功题写的"千唐志斋"；门楼之内，由北向南沿阶而上，一处优雅清静的方院就在眼前。

院子中央，迎面是一座坐北朝南、砖石混搭而建的独立石屋，屋宇被干枯的藤蔓缠绕，花叶落尽，愈显苍朴。这是花园主人张钫（字伯英）于1919年修建的书房。

书房正门上方，由近代著名金石家罗振玉的高足关葆谦题额"听香读画之室"，两侧分别镌刻张钫的手书"谁非过客，花是主人"。当年张钫经常在此款待宾客，谈书论画。今天花园寂静，似还留有历史的暗香。

1923年秋天，康有为游陕过豫，张钫用八抬大轿把他迎入新建成的园林中。康有为在此小憩数日，观奇松，抚怪石，触景生情，为园林题额、赠联、赋诗、书跋。他为张钫书房留下楹联："丸泥欲封紫气犹存关令尹，凿坯可乐霸亭谁识故将军"，落款"癸亥九月南海康有为"，字体洒脱，别具风格。

石屋之后，是一"凹"字形的高大建筑，康有为题写的"蛰庐"嵌于长廊正上方，径尺大字，气派雄浑。建筑外侧的长廊，采用欧式风格的方形立柱，高大宽阔，内侧由依山而建的27个高大青砖窑洞组成，是具有浓郁豫西风格的天井窑院，整个建筑中西合璧，质朴厚重。

蛰庐西隅，坐西向东有三孔砖窑，中窑上方是章太炎所篆"千唐志斋"，两侧楹联出自清末翰林、陕人宋伯鲁之手，"逸兴寄河滨十亩芳塘涵德水，高怀拟绿野满园花木绣春风"。

前后左右仔细打量千唐志斋，见它一条走廊，三座天井，十五孔青砖拱式窑洞，全部建筑的内外墙壁上，镶满了自西晋、北魏到清末民国期间的墓志铭和历代名家书法绘画石刻。抬头有唐，低头见宋，唐风古韵，穿越千年雾霭扑面而来。

蛰庐花园的题词、楹联风格各异，神采飞动，与千唐志斋内的奇石、书艺相映生辉，而这一切，也正显示出主人的不凡身份。

张钫，早年参加同盟会，是辛亥革命陕西新军起义的主要策动者之一。孙中山发动护法运动期间，他担任陕西靖国军副总司令，后来曾任国民党军政要职，1949年底在四川成都率部起义，1954年当选为全国政协第二届委员会委员。

曾经高朋满座的私家花园，因1936年建成的千唐志斋而闻名于世，那些从各地汇集而来的志石，80多年来吸引无数观者，慕名前来。

机缘巧合

冬日斜阳，洒在黝黑光滑的青石墓志上，一横一竖、一撇一捺、一字一句都泛着微光，默然静立，任人解读。

墓志是记载死者世系爵里、生平事迹、配偶子嗣、卒时葬地以及追悼赞颂逝者之辞的一种方形石板，因随葬墓穴中，所以叫墓志铭。墓志之作，始于东汉晚年，盛于北魏隋唐，后渐演成风。

让人好奇的是，厚重粗朴的志石，是如何从深厚黄土之下被发掘，又镶在了张钫的花园内？

张钫在其著作《风雨漫漫四十年》中记述，1930年，他担任国民革命军二十路军总指挥，兼任河南民政厅长。

虽然是一名军人，张钫却酷爱金石书画，他注意到，当时洛阳的田野间散落着各类青石墓志。

邙山东西绵延百余公里，土厚水低，宜于殡葬，历代达官贵人，大商巨贾，都视它为风水宝地，民间有"生在苏杭，葬于北邙"之说，以致"北邙山上少闲土，尽是洛阳人旧墓"，白居易也曾感慨"北邙冢墓高嵯峨"。

古人讲究厚葬，埋金藏银的地下诱致盗墓之风盛行。帝王将相、名门望族的墓地历遭浩劫，多数不能幸免。

20世纪初，陇海铁路开始修建，取道邙山脚下时，又大规模挖掘了一些坟墓。凡被开掘的墓葬，殉葬品都被洗劫一空，而那些沉重的志石却因此流散，有的弃于路旁田野，有的置于民间田舍，有的做了洗衣捶布石，有的成了修筑石料。

张钫看到后，随即委托洛阳碑帖商郭玉堂，广泛搜求墓志石刻，运回故里铁门，在花园蛰庐的西隅，辟地建斋，镶嵌保存。

张钫同于右任曾经统领陕西靖国军，情谊深厚，又都喜欢墓志刻石。两人惺惺相惜，定下约定：唐志归张钫，魏志归于右任。张钫清点出300多块北魏志石，送给了于右任，后来，它们被陈列在西安碑林。

张钫镶满碑刻的斋园建成后，为社会名流所称道。张钫同乡、后曾任河南大学校长的王广庆把它命名为"千唐志斋"，章太炎（别名章炳麟）以古篆题额，题额尾部有跋语："新安张伯英得唐人墓志千片，因以名斋，属章炳麟书之。"

西泠出版社曾为它发行了一册《千唐志斋藏石目录》，共计1578件。

千唐志斋博物馆的老馆长赵跟喜在《千唐志斋》书中说，迭经变乱，千唐志斋留存下来的墓志共1413件，其中唐志1185件，另有西晋、五代以及宋、元、明、清志石200多件，上下纵横1700多年，犹如一部志石历史。此外，千唐志斋还存有墓志盖19件以及其他各类书法、绘画、造像、经幢、碑碣等58件。这些志石以洛阳地区的最多。

仔细研究千唐志斋建筑，发现它大量采用了当时需要进口的水泥、玻璃等建材，欧式风格的门窗和内部装饰，看上去高大宽敞，气宇轩昂。也许正是这坚固的水泥、青砖，通透的天井、窑洞，才得以完好保存下1000多方唐人志石，占了全国出土唐志的三分之一，使之成为唐人墓志最集中的地方。

石刻唐史

独步斋中，与青石对话。

透过纤细、华丽的字里行间，一个个消失千年的背影，逐渐清晰起来；一方方黝黑的墓石，恍惚间映照出一个个栩栩如生的人物，铺陈出一段段前朝往事。

贞观十一年（公元637年）长孙仁墓志，记载了一次起义：杨玄感在黎阳（今河南浚县）督运军粮时起兵反隋，率众十余万进逼洛阳，并在三崤（今河南洛宁县北）地区活动，后来被长孙仁镇压。这一记述弥补了《旧唐书》和《新唐书》的一段空缺。

长安三年（公元703年）程思义墓志和开元九年（公元721年）贺兰务温墓志，先后记载了武则天执政时，酷吏严刑逼供，株连无辜的骇人听闻事件："王侯将相，连连下狱，伤痍诛斩，不可胜数。周兴荣贯廷尉，业擅生杀……虐甚脱踝，文繁次骨，公卿倒足，行路掩首……来俊臣密树朋党，远加组织，令君推问，冀陷殊死……"刀光剑影，就在眼前。

5号馆藏的墙壁上，边长0.35米正方形的《大燕圣武观故女道士马凌虚墓志铭》，暗藏故事。墓志记述："光彩可鉴，芬芳若兰……圣武月正初归我独孤……未盈一旬，不疾而殁……春秋二十有三"。"大燕"是安禄山的年号，"独孤"为复姓，全名独孤问俗，安禄山的部下。铭文说，美丽漂亮的圣武观女道士马凌虚,被独孤问俗掳走,不到10天就去世了,年仅23岁。全文吞吞吐吐,语焉不详。覆巢之下焉有完卵,可想而知,多少无辜的生命罹难于安史之乱!

千唐志斋博物馆党支部书记于小春说,斋内所藏唐志,自武德、贞观起,经盛、中、晚唐,历代年号,无不尽备。志主身份纷繁驳杂,既有相国太尉、皇亲国戚,又有藩镇大吏、刺史太守;既有处士名流、真观洞主,又有郡君夫人、宫娥才女。他们的人生际遇,都可能勾连着历史上的大事件,显示出唐王朝的文治武功与社会百态,堪可证史、纠史、补史。

著名史学家张岱年赞叹:"千唐古志,艺术瑰宝,可以证史,可以补遗。"

书法圣地

1923年,张钫为父亲张子温刻下一方墓志,11年后修建千唐志斋时,把它镶嵌在了11号展厅的西墙上。

"新安张君子温墓志铭"九个篆字刻在边长0.93米正方形青石上,尾有于右任跋语:"此盖篆就,吴仓老自矜为平生第一,此志不朽,老伯不朽,皆兄之孝心所感也,其珍惜之。伯英兄、于右任"。

铭文刻在高0.86米,宽0.9米的青石上,细细观之,文尾署名:"余杭章炳麟造文,世愚侄三原于右任书丹,安吉吴昌硕篆盖"。

全文近 800 字，章太炎词章典雅，于右任笔墨凝练，吴昌硕篆刻大气磅礴，三位大师联袂"出演"，手笔于一体，珠联璧合，相映熠耀，有"近代三绝"之美誉。

千唐志斋的工作人员游龙星讲了一件趣事：此碑由一石刻高手镌刻，完成后于右任到铁门镇来观看，见到自己的笔锋毫端不差分毫，大喜过望，当即赏给刻工 200 大洋，以示褒奖。

墓志意在传世，所以多仰名家动笔，其文体、书艺价值极为珍贵。唐代书法取士，凡士子书法皆楚楚可观。唐书法名家纷呈，流派迭起，在千唐志斋中都可以找到它们的源头，可称得上是一部唐代书法演变史。千唐志斋书法篆、隶、行、楷，般般具备，诸家风格，应有尽有，块块晶莹，字字珠玑，无不显露书艺之美，恍如置身艺术至境。

褚遂良体、柳公权体的墓志，王昌龄、狄仁杰、赵孟頫的书丹碑文，让人目不暇接……

一幅拙朴天真的字体映入眼帘，显得有些不同，它是 2 号展厅右侧门洞一块边长 0.42 米正方形的六品宫女墓志，文中未见姓名和籍贯，制作粗糙，不经书丹，可能是直接在石上凑刀，芊芊弱弱的字体反倒显得朴拙憨态，自然天成。是谁在怀念着她？又是谁在无拘无束、舒卷自如的书写她生命的印迹？

除了唐志，张钫还收集碑刻、石雕等，又将平生所获名人书画，命工刻石，同存斋内。汉武帝梦景画像石，米芾行草对联，董其昌横批长卷，王铎巨幅中堂，郑板桥风雨阴晴竹枝四扇屏,王纯谦指画兰草,邵瑛草书,刘墉条幅……美不胜收。

书法大家舒同赞誉它为"千唐观止"。启功推崇此地,给工作人员留下期许:"不朽千唐志,巍然聚铁门,劳君勤护视,文献此中存。"

人生匆匆,转瞬即逝,声名显赫抑或籍籍无名,都将随风而去。径尺墓志,原本是阴阳相隔的凭证,不曾想到,不朽的青石却用无声的艺术感染来者,流传至今。

千唐志斋风物依旧,却早已物是人非,一切恰如张钫所言:谁非过客,花是主人。

追寻河南大学医学的百年传奇

一

滂沱山雨终于停了下来,河水暴涨,云雾弥漫。山陵纵横,幽谷深处见不到几户人家。河南大学师生流亡队伍的几十户教师和家眷,正拖家带口,深一脚浅一脚,缓缓跋涉在泥泞的山路上。

那是1944年5月,日军突袭嵩县潭头镇,16名鲜活的生命说没就没了。河南大学呕心沥血营造的深山学府,在日本侵略者的炮火下毁于一旦。

日寇可能随时渡河,河大教育系教授李秉德的妻子马上就要临产,危难时刻,河大医学院教授朱德明、倪同岗夫妇,冒着生命危险,留下来为李秉德妻子接生。

重渡沟附近的关沟村,溪水环绕,只有三户人家。河北岸的房东孙老汉,在自家屋后的竹林里,用毛竹、树枝搭起了一个茅草庵，放上一张木床，就成了一个临时产房。

25日清晨，茅草庵里传出了响亮的啼哭声，一个男婴呱呱坠地。同一天，200多公里之外的洛阳城，被日军侵占，河南全境陷落，河南大学被挤在豫西南的弹丸之地南阳荆紫关。

李秉德是洛阳人，家乡沦陷，悲从中来，他为在重渡沟茅庵里出生的儿子起名重庵，乳名小洛。

后来，李秉德任西北师大校长，李重庵在甘肃省副省长任上出任民盟中央副主席。医者风骨，念念不忘，李家与朱家后代成为通家之好，往来密切。

2013年，李重庵来到河南大学，看到校史馆保存完好的嵩县资料照片时，有些激动："这是我的寻根之旅，我对河南大学有无尽的感恩，有血浓于水的亲情，常常会产生一种特别的亲切感、崇敬感和亲近感。河大的大学精神非常可贵，不仅有对国家、民族的责任与担当，更有医者仁心的高贵品德，同事、朋友间的同舟共济、生死与共。"

二

宁静的河南大学校史馆内，珍藏着一本厚厚的书《九十年沧桑》，封面是作者张静吾的照片。照片上看，他面容清瘦，一双眼睛明亮而含着笑意，炯炯有神。这位籍贯巩县（今巩义市）的德国哥廷根大学医学博士，和蔼儒雅的外表后有着刚强执拗的意志。

1927年夏，27岁的张静吾以北京德国医学院医师的身份，到开封拜访河南大学校长凌冰，力陈添设医科之必要。1928年，河南大学设置医学学科，与文、理、法、农一起，成为该校第五个学院，开启了河南高等医学教育的先河。上海同济大学医科毕业生陈雨亭和德国哥廷根大学医学博士阎仲彝，先后出任院长。1934年，曾在河南留学欧美预备学校读书的张静吾，回到母校，担任河南大学医学院院长兼内科教授。

三任院长知识渊博，理念超前，对同事信任和爱护，形成巨大的凝聚力，把师生紧紧团结在了一起。他们以繁荣学术、培养人才为宗旨，成立"医学研究会"，创办《河南中山大学医学》季刊、《医学》周刊、《农学与医学》等学术性刊物，先后建立妇产科医院、医学院附属医院，成立化验室等，逐步形成了较为完备的医学教育体系。

河南大学原党委书记关爱和教授讲述，医学院创办之初，师资多以同济和留德博士为主，学生也多为优良之才。第一届优秀毕业生张劭，就曾因药物研制方面的贡献，入选英国皇家院士。1936年，张学良到医学院参观，在医学院学生的枕头下发现辩证法读物，可见学生阅读兴趣之广。

20世纪二三十年代，日本血吸虫病在中国长江流域肆虐。李赋京教授利用教学工作间歇期或假期，奔走于血吸虫病疫区，研究血吸虫中间宿主钉螺的分布情况。1936年，他在安徽省发现了一个钉螺新种，并首次在《中国动物学杂志》上发表这一发现，经正式鉴定，新种被命名为李氏安徽钉螺，填补了中国对日本血吸虫病研究的空白。

抗战期间，河南大学流亡办学。在嵩县，医学院开办"高级助产学校""高级护士学校"，下设门诊，终日为求诊者治疗。遇到危重病人时，张静吾就在汽灯下为患者做外科手术。医学院师生普及的新法接生，使嵩县婴儿成活率提高到100%，在那个缺医少药的年代，这一切弥足珍贵。

1944年5月，日军血洗潭头。张静吾携带家眷和几个学生在山林逃避时被俘。张静吾的妻子吴芝蕙惨死在日寇刺刀下，侄子张宏仲颈部被刺伤，伤势严重，张静吾跳下深沟，侥幸脱险。"我突遭家破人亡之祸，痛苦心情实难描述。"

1946年，张静吾以一种超常的精神力量，主持河南大学医学院。医学院聘请教授、副教授22人，建有病理、解剖、药理、细菌等学馆，附设高级助产学校、护士学校和附属医院，规模空前。1950年，为了延揽人才，张静吾日夜兼程，奔波上海、南通等地，以虔诚、豁达的胸襟，影响、感化着一位位名家来河南工作，为河南大学医学院、农学院和理工专业的发展立下汗马功劳。

耕耘此处的学者，受教于此的学子，夙兴夜寐，孜孜不倦，书写着大学的精神。

三

阳春三月，山花遍野，白色的牡丹花站立在山坡的绿草地中，美丽而与众不同。河对岸是起伏逶迤的山峦，几户人家隐于云烟深处，不论魏晋，栾川县潭头镇是世人心中的桃花源。

几间老旧的屋舍，墙面斑驳，十多户的山墙上，精心悬挂着黑白老照片，注明这里曾经是河南大学办学地。新绿的野草，些许的旧物，历史虽已走远，却带着一种香气，让人情难自禁。

抗日战争爆发后，河南大学流亡办学8年，辗转迁徙至信阳鸡公山，南阳镇平，洛阳栾川、嵩县，其中，在嵩县潭头（今栾川县潭头镇）办学长达5年。之后学校被迫再次转移到南阳荆紫关，陕西汉中、宝鸡等地，弦诵之声荡漾在河南、陕西两省的山水之间。

1939年，高中毕业的张效房，以全国统招第一名的好成绩，考入河南大学医学院。百岁老人张效房回忆，在潭头镇，民房、破庙是他们的宿舍和教室，冬天透风，夏天闷热。上课桌椅及试验台，都由土坯砌成。校长、教授、学生与农民同饮一缸水，同点一盏灯，因陋就简，顽强执著，不因战乱而影响教学科研活动。

清晨傍晚，山径上，林溪间，学生们常常手执一卷，苦修不厌。黄昏时分，小油灯次第亮起，一盏一盏，一户一户，闪烁着，仿佛化作满天星，成为无比灿烂的历史的天空。

河南大学校友冯友兰曾有抒怀诗句："智山慧海传真火,愿随前薪作后薪"。如今,张效房是我国眼内异物研究的奠基人和眼科外伤专业的学术带头人,他创造的"眼内异物的定位与摘除方法",被认为是新中国成立以来我国眼科学对世界眼科学的两大贡献之一。

2019年4月,在河南大学的"明德医学讲堂"上,99岁的张效房老人动情说道:经历过抗日战争,我们知道国家必须富强。我是中国人,我的经验是从一个个中国病人身上来的,就必须把我所有的一切都贡献给中国人。河南大学把我培养成为一名医生,我的身份永远是河南大学毕业生。

胡佩兰,1944年毕业于河南大学医学院,退休后连续20多年出诊,被称为"中国最年长的出诊医生",在"感动中国"2013年度人物的舞台上,她的颁奖词是:"技不在高,而在德;术不在巧,而在仁。医者,看的是病,救的是心,开的是药,给的是情。扈江离与辟芷兮,纫秋兰以为佩。你是仁医,是济世良药。"

2014年1月22日凌晨5点30分,在工作岗位上兢兢业业坚持70年、98岁的"医生奶奶"胡佩兰,耗尽了最后一丝心血,永远离开了这个世界,弥留之际牵挂的依然是病人,临终只留下一句话:病人看完了,回家吧……

四

阳光洒在银杏树的新芽上，极嫩的黄绿色里透出一派天真的粉红。亭台水榭，花木扶疏，鸟鸣其间，分外幽静。这个春天的河大校园，静寂平和。

明伦校区的西南角，几棵高大的法国梧桐树掩映着一座灰色的两层长楼。校史馆负责人说，它建于20世纪30年代，曾是医学院的教学楼，校史馆保存的几张照片，就是以它为圆心，记录下医学院成长的历程。

方砖宽厚，楼宇依旧，或远或近的一幕幕场景相互交叠，让那些动人心魄的故事扑面而至。

抗日战争爆发后，医学院附属医院奉命组建军政部第11重伤医院，随战事迁转，7年时间救治伤员和百姓上万人。

1946年，黑热病在河南严重暴发，它是一种寄生虫病，通过白蛉叮咬传播，传染性极强，人体感染该病后，若得不到及时有效的治疗，90%以上的患者2年内将因合并感染其他疾病而死亡。面对凶险的传染病，30岁的王伯欧教授逆行而上，出任河南黑热病防治队医师兼队长，最终黑热病在河南被消灭。

1950年6月，战火烧到了鸭绿江边，形势危急。医学院13名医护人员组成河南省第一批抗美援朝手术医疗队，赴朝鲜前线开展救护工作。出发前，他们在医学院教学楼前，定格了坚定无悔的面庞。

前线护士一个人要照顾 160 余名伤员，每天 10000 余毫升（20 多瓶）静脉输液、夜班、换药、冲洗伤口、危重病人特别护理，工作极其繁重。在队长吴国桢主刀或指导下，河大医疗队作了多例难度较大的手术：后尿道损伤之膀胱上造瘘尿道修补、腹部损伤结肠露置术……

"山之上，国有殇"，危难之处，挺身而出。他们步履匆匆，穿梭于病房，在随时可能带来的生死考验间默然前行，医者仁心，矢志绵延。

河南大学校长宋纯鹏说，河大人在潜心研究学问的同时，一刻也没有停止过追求光明和真理的脚步。当国家民族处于紧要关头，河大师生总是迎危而上，他们何尝不是河大史学家嵇文甫所急切呼唤的"蹈厉奋进"的"河南士子"，他们又何尝不是用生命、鲜血和灵魂续写着、弘扬着"河南精神"！

五

河南大学明伦校区巍峨宏伟的南大门门楣上，"明德新民，止于至善"的校训，让师生刻骨铭心。中华文化以其源远流长而著称于世，中原文化又以其博大精深而魅力无穷。百折不挠、自强不息的精神，铸就了河大人顽强的意志和品质。

1950 年，淮河流域发生特大洪涝灾害，河南、安徽两省共有 1300 多万人受灾，4000 余万亩土地被淹没。1951 年，毛泽东亲笔题词："一定要把淮河修好"。新中国水利建设事业的第一个大工程浩浩荡荡，数十万群众奔赴千里淮河沿线工地。

民工和技术人员亟待医疗保障，1955年，淮河医院应运而生，承担起河南省治淮施工工地疑难重症患者会诊、转运危难疑难病人救治的工作，医务人员又频繁奔波在工地与村庄，基本控制了天花、霍乱和伤寒的流行。

1975年驻马店溃坝事件时，三批医疗队35天日夜救灾；1978年"杨庄事故"时，淮河医院收治42名伤员，重伤员8人，他们用手电筒灯照明，在医院大礼堂处理伤员；1979年和1981年新郑、中牟暴发伤寒，医疗队控制根源，消灭伤寒。在河南对外医疗援助的40多年间，30多名淮河医院医务人员远赴埃塞俄比亚高原和赞比西河畔，以精湛的医术填补了受援非洲国家医学史上的多项空白，娄敏医生在战场进行救援时，自己伤断两根肋骨，仍然坚持工作……

2020年春天，一场疫情改变了很多人的生活轨迹。

"若有战，召必回，战必胜！"1月26日，河南大学淮河医院和第一附属医院的52名医务工作者，在请战书上按下红手印，驰援武汉。那一声"平安回来呵王月华，我爱你！"的呼唤，永久留在了庚子年早春的记忆里。

在河南大学抗体药物开发技术国家地方联合工程实验室，马远方教授带头的应急研发团队，在与时间赛跑。2月28日，马远方团队率先研发出新型冠状病毒特异性IgM和IgG两种检测试剂盒，可在5至10分钟时间完成新冠抗体快速筛查。项目的前期结果,已由研发团队申报国家发明专利。

河南大学党委书记卢克平说,"读书不忘救国""尚诚朴,勤学问,重团结,养正气",百年风雨给了河大人太多的艰辛与磨难,历史沧桑给了河大人太多的坚韧与刚毅,河大的历史永远是一部厚重的、自然的、人文的教育史、发展史。河南医学高等教育起于河南大学,尔后折枝为林,蓊郁青葱,以医学教育造福中原人民的宗旨未曾改变。今天的医学院,是第一批国家卓越医生教育培养计划项目试点高校,拥有2个国家工程实验室。临床医学学科有国家临床重点专科建设项目11个,39个省级重点学科,20个省部级重点实验室和研究中心,6个院士工作站。2018年9月,临床医学学科进入ESI学科排名全球前1%(ESI为《基础科学指标》的英文缩写,是全球公认的评价高校学科发展的重要参考依据)。

百年路途之上,每一片新芽,每一次花开,每一处跌宕,每一段艰险,医者之傲然风骨,清冽之气,早已氤氲开来,直至无处不在。

函谷历风霜　秦汉两雄关

或许是周敬王三十二年（公元前 488 年），一天傍晚，天文爱好者、函谷关令尹喜，登楼观天象。抬头间，忽见东方紫气氤氲，知有贵人要来，即正冠束服，出关远迎。

果见一老者，白发长髯，衣衫飘飘，国家图书馆馆长老子骑青牛自东方翩然而至。

尹喜看到未曾给世间留下过文字、学识渊博的老子要出关，就提出了一个要求：能否留下一篇著作，作为出关的条件？

老子沉思之后慨然应允，遂一口气写下了 5000 多字的文章。这就是我们今天见到的《道德经》。

写完，他出关而去。司马迁说："莫知其所终。"

青牛摇步，黄袍浮落，中国第一代圣哲西去的背影，就这样漫漫没入到了滚滚黄尘中。

老子伟大的学说，此后变成了长长的脚印。2500 多年后，联合国教科文组织进行了一项统计，结果表明：世界上千年来被翻译成外文而广泛传播的著作，第一是《圣经》，第二是《道德经》；人类古往今来最有影响的十大写作者，老子排名第一。

函谷关作为道家学说的发源地，闻名天下。这个位居灵宝的函谷关，史称秦函谷关。

西汉武帝元鼎三年（公元前114年）冬天，函谷关从灵宝迁徙到了新安，仍然沿用函谷关的旧名，史称汉函谷关。

一册典籍，一座关墙，一条古道，秦、汉两个函谷关如影随形，相互辉映，它们在地缘范畴、文脉传承、商旅往来中，浓淡相宜地写下了进与退，东与西、开与合的精彩华章。

一夫当关万夫莫开

"函谷"，《辞海》释义："因关在谷中，深险如函而得名"，它"东自崤山，西至潼津，通名函谷"，是陕西、河南之间的交通要道。

北魏郦道元在《水经注》中说："邃岸天高，空谷幽深，涧道之狭，车不方轨，号曰天险。"其地理位置之险要，天下闻名。

当代历史地理学专家李久昌考证，函谷关大致创建在秦惠文王八年至后元年（公元前330—324年），之后又以它为界，分为"关中"和"关东"。

有了函谷关，秦国坐拥四宇，进，可以出击六国，争雄天下；退，可以守护关中，保八百里秦川。

周慎靓王三年（公元前318年），魏、赵、韩、燕、楚五国共推楚怀王为纵长，组织联军进攻秦国，到了函谷关，联军遭遇秦兵的迎击，大败而退。这一战事，是函谷关第一次在史籍中"出镜"。

汉代贾谊在《过秦论》中说："秦人开关延敌，九国之师，逡巡而不敢进。"

百万雄师为什么徘徊在关前而止步？李久昌解释，关东六国合纵讨伐秦国，80年间发生过4次，几乎纵贯战国时代的中、后期，且都是围绕函谷关一线展开的。正是凭借函谷关和崤函古道的优势，大秦帝国最终完成了"扫六合"的统一大业。

函谷关声名显赫，留下诸多故事：紫气东来，鸡鸣狗盗，公孙白马，玄宗改元……也让后人生发出"一夫当关万夫莫开""百二雄关""一丸可封"的感慨。

2000多年后，秦函谷关虽已失去昔日的扼要险峻，却依然威风凛凛，记录下抗日战争中中国军队抵抗侵略者的一段悲壮历史。

《中国共产党灵宝历史》（一卷）记载，1944年5月，日寇纠集1.6万多兵力，3200匹战马，90辆坦克，250辆战车，在飞机、大炮的掩护下，准备分三路向灵宝纵深发起进攻。

为抵御日军西进，中国军队调集10万大军，在灵宝境内筑起3道防线，猛烈反攻。

6月8日中午，函谷关大战打响了。连续6天，双方短兵相接，白刃厮杀，阵地失而复得，得而复失，阵地上火光冲天，山沟里尸体层层叠压，血流成河。

中国将士顽强死守，誓与阵地共存亡。6月15日拂晓，冲锋号响起，在函谷关、虢略镇一带的守军冲出战壕，杀向敌军，日寇全线溃败。

函谷关大战中，中国军队用血肉之躯击退了日寇的铁甲，打死、打伤日军2000多人，粉碎了日寇的猖狂进攻。

函谷关续写了千年雄关的传奇，让日寇胆战心寒。

古老关楼荡然无存

出灵宝向东北15公里，在函谷关镇王垛村，有秦函谷关关楼。

初夏的早晨，万里晴空下，关楼更显巍峨。它坐西向东，青砖高墙呈凹形南北排开，两扇朱红的城门洞之间，刻着"函谷关"三个字，关墙上矗立着四座悬山式重檐楼阁。

关楼内，悬挂着一幅东汉晚期"函谷关东门"摹本的复印件，工作人员说，关楼是1992年参照它复建的。

细细看图，关楼是建筑形式对称、连体的四层木结构双楼，一层为门关，双楼各开一门洞，每洞双扇门，门上有铺首；二层至四层，上小下大，楼壁开小方窗，二层、三层环绕有走廊。双楼顶脊上，对称雕有两只丹凤。双楼画像间，有草隶榜题：函谷关东门。

当代学者胡海帆考证，这幅摹本，应该是从"偃师邢渠孝父画像石"上摹绘下来的。在汉画像石上绘刻出函谷关，这是迄今所见的孤本。画像石大约是在清光绪末年的山东出土，后来流失海外，1917年被美国波士顿美术馆购买收藏。

1944年，梁思成在他出版的《中国建筑史》一书中，摹绘此石，称它是："最忠实、最准确的一幅汉代建筑图，实在是最可贵重的史料。"

岁月无语，风沙无情，秦函谷关关楼早已荡然无存，后世也只能从这幅汉函谷关画像石中，去遥想那久远的壮观景象了。

出东门向西，是一条狭窄的荒凉小路，树木参差，道路两侧的黄土陡坡上，有淤泥沉积痕迹，有的树根暴露，水土流失严重。灵宝文管所工作人员说，古道从关楼向西，总长2800多米，峡谷中部的沟面宽为95—130米，底宽2—5米，垂直深度50—70米，当年的函谷古道大约就在这峡谷之中。

近年来，文物考古在关城内，发现铜箭镞、瓦当、铜剑、封泥等重要文物；在关城东门南侧，发现竖井式箭库一个；在关门北侧，发现汉代铸钱的陶钱范、冶炼遗址；在古道附近，还发现了一段厚达1.6米的路基，两条明显的车辙碾轧轨迹。

或许只有它们，才记得沧海桑田的变迁。

新安移来函谷关

《汉书·武帝纪》记载，西汉元鼎三年（公元前114年），"徙函谷关于新安，以故关为弘农县"，将函谷关东移大约300里，移到新安县境内，依然沿用原来的关名。

近代于右任点评新安函谷关："送千年客去，移一个关来"。当初的大汉帝国，为什么会硬生生移来一个函谷关？

按照东汉应劭和《水经注》中的说法，是原籍新安的楼船将军杨仆战功显赫，"耻为关外民"，所以上书皇帝，乞求迁徙关东。武帝随后批准了他的请求。

古来学者都对此提出了质疑。《汉书·酷吏传》中，对杨仆的一生有过相对详细的记载，宋代王益之、清代周寿昌等人，根据这一记载，得出了结论：杨仆当时并没有立下什么战功。

当代学者辛德勇说得更直接，杨仆终其一生，也没有建立起什么了不起的业绩，更谈不上因功移关。更何况，函谷关是关中东出的第一户，保卫长安重要的防卫要地，其战略位置无与伦比，怎么可能是由一个水军将领（楼船将军）提出迁关的建议？

拨开层层迷雾，辛德勇在《汉武帝"广关"与西汉前期地域控制的变迁》一文中分析，汉武帝对函谷关的东移，颇有深意，应该是"益广关"，是为了进一步扩大关中的范围，拓广关中辖地。

东迁后的函谷关，与扞关、郧关、武关、临晋关一起，构筑了一条自南向北的防线，大大增强了帝国依托关中、控制关东这一个基本的治国方略。

由洛阳市出发向西,沿310国道行驶20公里,远远地,就望到了延绵城墙。

汉函谷关遗址北依凤凰山,南眺青龙山,西有奎楼山,东望八陡山,四山环绕,涧河、皂河之水环绕遗址奔流东去。

正中的关楼遗址,高15米,砖石结构,分中、下两层。

中层,四面门洞十字交叉,门两侧镶嵌石刻门联,西门北侧,是近代张钫题写的"弘我汉京";东门北侧,相传是于右任题写的"四面青山三面水"。

下层平台的东、北、西三面,青砖包砌,中部是拱形的东西通道,通道宽4米,高7米,长18.4米,顶部砖砌而成,三复三券。

通道东西两面,各有一组对联,东面门联为:"功始将梁今附骥,我为尹喜谁骑牛",西面为:"胜迹漫询周柱史,雄关重睹汉楼船"。门额上,是近代康有为手书的"汉函谷关"。

关楼与南北两侧的夯土城墙,呈"H"形连接,南侧墙体残长150米,北侧墙体残长270米。关楼东侧,两座10多米高的夯土层南北对峙,就是传说中的"鸡鸣台"和"望气台"。

暮色轻笼,关楼和城墙上,浮现出一层古铜色的光晕,老旧砖缝深浅不一,青青野草在光影中摇曳。遗址空旷,少有人来,层层黄土,遍布杂草,金戈铁马湮没在了历史深处,汉函谷关仍是气势如虹。

据《水经注》载,移来的汉关仿照秦关形制,关楼高耸,规模宏大。

唐宋之后,汉关逐渐失去了防御功能,受到冷落,又历经战乱和风雨侵蚀,残败不堪,明万历七年(公元1579年)和清顺治十五年(公元1658年),二次进行过修葺。《新安县志》记载,最后一次大型修复在1923年。

新安县林业局张宗之介绍,修复后的关楼高83米,分为上、中、下三层。顶部为四角亭阁,飞檐画栋;中部为方形阁楼,楹联镶嵌;底部为城门,城垛错落。可惜的是,重修的关楼在20世纪50年代遭到破坏,如今只有两层尚存。

丝路汉关车马喧

夕阳余晖映上残垣断墙,行走在故城古道上,似乎走进了往昔岁月中,依稀听到关楼上战旗猎猎,看到关门前车水马龙。

函谷关东迁后,不再仅仅是一座军事重镇,更是两京故道中的重要门户,两京商贸和文化的交会点,一条宽广的丝绸之路,也从这里缓缓延展。

公元73年,班超受命从东都洛阳出使西域。汉函谷关作为西行的第一关,目睹了丝路的繁华和兴盛,见证过中西经济文化交流的频繁。

20世纪80年代,在遗址周边区域,出土了独具西域特色的唐代牵骆俑、武士俑、西域胡俑,形神兼备、多姿多彩的骆驼、马等唐三彩……汉函谷关前的一幕幕场景,仿佛重现眼前:

班超雄壮出行，玄奘载誉归来，西域使者来访，胡商驼队西归……如同东汉李尤在《函谷关赋》中所描述的："会万国之玉帛，徕百蛮之贡琛。冠盖纷其云合，车马动而雷奔。"

曾经的刀光与剑影，喧嚣与繁华都已暗淡无声，花开花落，云卷云舒，沧桑巨变成今日图景：北侧的凤凰山上，陇海列车正飞驰而过；南侧的青龙山下，310国道汽车川流不息，重叠交融在一起的，正是一条从历史延伸向未来的古今之路。

漫漫雄关早已废弃，登临关楼，极目远眺，蓝天沃野，碧水东流，你却依然能够回眸历史，去寻觅"秦时明月汉时关"的壮阔苍茫。

卢氏崎岖长征路　红军绝境又逢生

长征中人数最少的一支队伍,走出了97名共和国的将军。这,就是孤军长征的红二十五军。

徐向前在《中国工农红军第二十五军战史》一书的序言中写道:红二十五军西征北上的战略行动,成为主力红军北上的先导,为把中国的大本营放在西北建立了特殊的功勋。

历时10个月,转战近万里,红二十五军最早到达陕北。他们遭遇敌人无数,每天都行走在死亡的边缘,历尽拼杀,书写了一曲九死一生的壮烈悲歌。

部队在途经三门峡卢氏的四天四夜里,曾经深陷包围,却又依靠群众绝处逢生,成为它波澜壮阔的前进途中最具代表性、最动人的一幕。

9月26日,记者在卢氏重走长征路,听到发生在80多年前这个神奇故事的来龙去脉,看到红军留下的印迹,感受到这支队伍与劳苦大众心心相印的鱼水深情。

四面埋伏

82年前的那个冬季,天气异常寒冷。红二十五军顶风冒雪行军,他们单薄的衣衫被雨雪浸透,有的战士手指被冻僵了,枪栓也被冻住了,但仍然斗志昂扬,向北突进。

1934年12月4日,部队抵达卢氏县的叫河村,原计划取道朱阳关入陕,用一天的时间摆脱围追之敌,在陕南打开一个新局面。

但负责侦察的手枪连却带回来一个坏消息:3天前,朱阳关一带已经被国民党陆军第六十师陈沛部(七八千人)完全占领,他们构筑工事,部署重兵,准备全歼红军。

前有重兵,后有"追缴队"5个旅10个团的兵力尾随而来,南面是武装势力雄厚的别廷芳地盘,北面有刘峙的河南绥靖公署专备军列沿陇海铁路随时调运援军。国民党军队当时电告蒋介石:"铁壁合围,赤匪插翅难逃。"蒋介石认为,红二十五军将和隋末瓦岗军李密、王伯当一样,全军覆没在卢氏县境。

那时的红二十五军刚刚经过独树镇战斗,已经伤亡了近300人。在卢氏面临敌人的包围时,陷入两难选择:打,对于连续行军近20天的部队来说,没有胜算;走,面对茫茫大山,人地两生,寻找一条安全之路谈何容易。

在山高谷深、茫茫无际的伏牛山区,他们将何去何从?

今天的叫河镇位于栾川县西南部,它南连西峡,北接卢氏,东、北分别与陶湾、三川两镇相邻。记者和卢氏县委党史办副主任李永安从卢氏县城出发,沿着盘山道,颠簸3个多小时,到达当年红军的宿营地。

山间小雨淅淅沥沥,洒下一片葱绿,左右山峰对峙,形成了一道幽深峡谷,沿着蜿蜒的道路行进在峡谷之中,让人感觉大山压顶,阴暗险绝,它时时在提醒你:这里就是红军当年的生死之地。

巧遇货郎

就在"绞尽脑汁寻找入陕之策的时候"(程子华、刘华清语),我一支侦察部队在距卢氏县城20余里的横涧乡大干村一带,找到了一个去青山赶集的年轻货郎陈廷贤。

这个每日肩挑货郎担、摇着拨浪鼓、四乡奔走的小伙子,对于豫陕交界处的乡镇村子、大路小径了如指掌。陈廷贤被侦察员领到了红二十五军军长程子华面前,军长亲自和他谈话。二人一开口,熟悉的山西乡音顿时拉近了彼此的距离。

程子华得知,24岁的陈廷贤是山西晋城人,父母早亡,他和妻子带着4个孩子背井离乡,流落到卢氏,游走四方叫卖糕点。老家山西运城的程军长紧紧握住了陈廷贤皲裂的手,说了一句:"小老乡,你辛苦了!"年轻人疑虑全消,两个老乡"热聊"了起来。

在陈廷贤的眼里,当兵的从来都是杀杀抢抢,一路之上,他却亲眼看到了红军竟然自己掏钱买粮。这次和军长的接触更让他倍感亲切。

当听到红军需要一名向导时,他霍然站立起来,拍着胸脯说:"我给你们带路!"

他说,有一条鲜为人知的入陕小道,可以从卢氏城南与洛河之间的隘路插过去,他能带着红军隐蔽前进。

据李永安讲述,部队当时就做了部署。12月5日凌晨,寒风凛冽,天还没亮,手枪连就从窑子沟出发,翻熊耳山,到朱阳关以东处佯装主力,张贴标语,虚张声势,给国民党第六十师造成红军准备由此入陕的错觉。

主力部队则由陈廷贤带路,从叫河村出发,沿小路进入香子坪,然后转向西北方向。部队沿着一条被形容为"七十二道水峪河,二十五里脚不干"的深涧峡谷,走在两边都是悬崖峭壁的"一线天"通道,隐蔽前进,傍晚到达文峪,距卢氏县城只有十几公里。

为防止伏击,副军长徐海东率先遣队前行,同时派李金德、吕清两个连长,各配7挺机枪,率所部沿文峪两边山头行军,居高临下,掩护主力部队顺沟前进。

敌军获悉情报,红二十五军要经过卢氏县城,遂在卢氏县城布下兵力。红军先头部队兵临城下,城墙上敌人密集的子弹扫射过来。一时间,枪炮齐鸣,火光冲天。

此时,红军主力部队在夜色中极其迅速地靠近卢氏县城,沿城南洛河岸边的狭窄小道，已经静悄悄地神速西去。

红二十五军政委吴焕先、红七十四师师长陈先瑞在卢氏城下负伤。部队当晚全部安全赶到横涧河口的望云庵一带露宿。

山重水复

逆洛河而上，出卢氏河谷盆地，进入洛河峡谷口，在距离卢氏县城西南 10 公里处的洛河南侧，有座山峰，名望云庵。

卢氏县委宣传部副部长张海军告诉记者，1892 年光绪版《卢氏县志》介绍望云庵时写道："仰望绿荫迷离，隔蔽天日，嫩苔细莎，青青覆地"；而山峰奇石如"怒猊、狂熊、饿虎、饥貔突从林间出，毛色黝然，狰狞欲搏人，骇怖颠仆"。许多年前有民谣流传：望云庵，四十五里不见天。

站在新修的道路上打望望云庵，只见两山对峙，峡谷幽深，山势陡峭，树木参天。山上有羊肠小道，极为崎岖，山下是滚滚洛河，水面宽阔，的确是天然屏障，易守难攻。

当年红军露宿一夜后，次日黎明即起，走出人称"三十里路七架山"的行人便道，翻过横涧乡百盘岭和大小蚂蚁岭（今属双龙湾镇），沿着洛河岸边依山傍水的羊肠小路，向龙驹寨、河东一带挺进。

今天的河东村，在双龙湾镇西 4 公里处，在洛河支流的黑沟河内，地域封闭，山清水秀，民风淳朴。山峦环抱着村庄，山上树木茂盛，山下黑沟河碧水潺潺，小河两侧分布着农田，有人家屋舍点缀其间。

村西头是明万历年间建的古庙,村民称为"菩萨堂"。张海军说,1934年12月6日,红军就宿营于此,并留诗一首:"东山有战西动兵,民国世事不太平。要得黎民把福享,遍地瓜落满地红。"

7日清晨,红军多路行进,主力由陈廷贤带路翻过大夫岭,出茄子河,向官坡镇前进。那一路段隐于万山丛中,荆棘密布,少有人知,沿途山重水复,多沿沟溯溪而上,当时河段结冰,路面光滑,行进极其艰难,但此道却是入陕交通的必经之路。

在官坡镇境内,张海军指着一段崎岖山路说,当年的长征路如今已经超过半数修通公路,可以乘车畅行,但仍有大约15公里不通公路,由于荒无人烟,一直保存着当年的原始状态。

记者步行,看到原生态道路的两旁,树木参天,落叶盈尺,一路上河流时而湍急,时而平缓,间有瀑布深潭,人称九曲十八弯。此路在接近省道311线时,需要攀登山峰,人称官坡岭。蜿蜒曲折的山腰小道,呈"之"字形盘于岩壁,仅容一人行走,还需手脚并用,令人望而生畏。

遥想当年,红二十五军着单衣、穿草鞋,冒着严寒急行军在这丛林山野,那该是何等的艰险!

鱼水深情

7日晚,部队驻扎在官坡镇兰草村、兰东村,军部驻扎在了兰草街关帝庙内。

寒冷冬季,大雪封门,战士们山路行军,脚上的草鞋早已磨破。一个小战士随手拿了一家村民放在院内的一双草鞋,当天晚上农户就找到了军部。政委吴焕先经过调查,发现的确是小战士张波拿了草鞋,就要严惩战士。农户一再求情,战士才免于处罚。吴焕先看到张波衣衫单薄,就把自己的一条灰色毛毯送给他。张波非常感动,一直珍藏,直到1962年,才把毛毯捐赠给中国军事博物馆。

事发当晚,吴焕先让军政治部秘书长程坦结合这件事,对《三大纪律八项注意》歌词进行补充完善,修改后的这支歌作为红二十五军的军歌,在西征北上的长征途中一路传唱,唱到了陕北。

"不拿群众一针一线"的优良作风至今仍被群众称道。74岁的兰东村村民李明山,还珍藏着奶奶留下来的、卷在子弹壳里的一张红军借粮的借条,在那张微微泛黄的字条上,战士用铅笔写下:今借到高河村李大娘包谷五斗食盐叁斤。落款是:工农红军手枪连甲戌年冬月十三日。

红军对群众掏心窝子,群众也拼命保护红军。12月8日一早,陈廷贤终于带着部队冲破豫陕交界处的铁锁关,打开了进军陕南的大门。

在铁锁关前,吴焕先紧紧握住了陈廷贤的手说:"货郎兄弟,你为革命带出了一条胜利的路,等革命成功后,人民不会忘记你。"程子华郑重地递交给陈廷贤一张和吴焕先联名写的盖有红印的纸条，写明他为红军带路的功绩，告诉他："从今天起，你就是共产党的人了。"

半个世纪后，原中共中央政治局常委、中央军委副主席刘华清和原红二十五军军长、全国政协副主席程子华在合写的回忆录《艰苦转战，长征入陕》一文中，用300多字追忆了陈廷贤的功绩。1985年解放军出版社出版《中国工农红军第二十五军战史》一书，用数百字记载陈廷贤，称他为"军史布衣第一人"。

在峥嵘岁月里，还有许多如同陈廷贤一样的普通群众，和红军生死与共，为革命牺牲奉献。长征的胜利，就是党的群众路线的胜利。

当年，陈廷贤带领红军队伍脱险后返回卢氏，当地反动民团获悉后将他抓捕关押，最后因无证据释放了他。新中国成立后，陈廷贤多次向单位和同事叙说自己帮助红军脱险的事情，人们将信将疑。"文化大革命"期间，造反派甚至认为他是在欺骗组织，伪造历史，他惨遭批斗。

红军首长留给他的那张字条，被他藏在房屋砖缝里，战乱中房屋被烧而化为灰烬。陈廷贤一直记得那句"你就是共产党的人了"的话，几次主动要求交党费，但由于没有证据，始终未能成为党组织的真正一员。20世纪80年代，陈廷贤弥留之际，嘱咐家人将他的尸骨埋在卢氏县委党校旁。

80多年前的战火硝烟早已消散，长征的故事却代代流传。昔日的红二十五军军部，就在如今传出琅琅书声的兰草小学内；陈廷贤之墓就在卢氏县委党校旁边，不管生前还是身后，他始终痴心不改，一心向着共产党；卢氏作为革命老苏区，正续写着新时期长征路上的动人篇章。

伏牛幽深处　丹霞古寺生

豫西南名刹丹霞寺，隐于伏牛山南麓，群山环绕，幽深清静。其寺时盛时衰，香火千年不绝。《明嘉靖南阳府志校注》描述它："每至旦暮，彩霞赫炽，起自山谷，色若渥丹，灿如明霞。"

寺院的开创者为丹霞天然禅师，他惊世骇俗的"焚佛取暖"故事，在佛典上颇有名。

千年古寺，个性名僧，你若不爱热闹，这里雅僻；你若要感受沧桑，看苍郁古树，发思古幽情，在丹霞寺可以淋漓尽致……

八百里伏牛五百里丹霞

1200多年前的一个冬日，漫天飞雪，四处挂单游走的天然和尚正巧来到洛阳慧林寺。

夜阑人静，寺内一片空寂。远远传来轻轻的脚步声，那是住持和尚提着灯笼在巡逻，他好像听到了什么动静。

住持看到了让他不能容忍的场面：一游僧正焚佛取暖。

"你疯了，怎么能烧我寺里的佛像？"住持猛然推开门，大声斥责这位僧人。

"别生气，我烧木佛，是为了取佛陀舍利。"天然和尚拿起拄杖，在灰烬里拨弄着，慢条斯理地回答。

住持既生气又可笑：木雕的佛像，哪里会有舍利？

天然和尚回答：哦，既然你知道没有，那我就再取两尊来烧火取暖吧！

住持惊得须眉尽落，无话可说。

这个禅宗史上著名的"烧木佛公案"，记录在《传灯录》和《五灯会元》两书中，苏轼读后留下：知是"丹霞烧佛手"即谓此。

丹霞天然是慧能的第四世法孙，遵奉慧能"顿悟说"，他的"焚佛取暖"，是发扬"顿悟说"的典型事例，因而在中国禅宗史上占有重要位置。

就是这个洒脱的和尚，在唐元和十五年（公元820年）的春天，来到了南召的留山。但见白云缭绕，群峰叠翠，初升的太阳斜照在岩崖上，霞光万道，山和云便成了金色、红色。禅师心生欢喜，决定在此修建庙宇。当时恰好有一姓庞的居士，出资相助，寺院由此得建。因地貌色赤如霞，定名"丹霞寺"，并把"丹霞"冠在自己的法号"天然"前，成了"丹霞天然"

大师，后世关于他的记载多用此名。

探访丹霞寺已是深冬。

出南召县城向东北7公里，蜿蜒公路的两侧，山峦起伏，连片森森古柏掩映着错错落落的舍利塔。随小路折过一道弯，一座石桥横亘，前方对称的两个石峰间，一座三门四柱的牌坊式山门闯入眼帘——丹霞寺，到了。

寺院坐北朝南，背靠气势雄浑的丹霞山，东邻陡峭如削的青龙山，西傍势若卧虎的白虎山，两山峙立，其势不凡。

南召县旅游局局长柳绘介绍，丹霞寺西临留山河，南濒九龙河，冬季河水干涸，夏季水流潺潺，清代的《南召县志》称它"两山夹峙于寺前，二水交流于左右，山川形胜于此为最"。

如此山环水抱之势，托出一座深邃、幽静的唐代寺院。山门宏伟壮观，铜瓦盖顶，飞檐挑角，山门上方"丹霞寺"三个字和大雄宝殿、天王殿匾额，都由赵朴初题写。

院内是清代建筑，伽蓝殿、大雄宝殿、毗卢殿、玉佛殿和后祖堂，一进一进的院落，依山势而建，排列在寺院的南北中轴线上。

冬日零落的光束里灰絮飘荡，院落空寂，香客寥寥，只能从记载中去寻找昔日胜景了。

寺内现存有宋、明、清等朝代的石碑碣八通，记载了丹霞寺"始于唐，盛于宋，毁于元，迄明中兴"，清代，寺院再次进入鼎盛，光绪皇帝钦赐"万岁碑"一面。

丹霞寺在近代战争中有过"大用"。抗战时期，国民党河南省党部和南阳专署，曾将党、政、军机密档案和大批军械存放寺内，并在此办起孤儿院，以避日军战火。

南召县委宣传部副部长廖涛讲解，"八百里伏牛，五百里丹霞"，一是指在八百里伏牛山中，丹霞寺管辖着方圆五百里的佛教寺院，二是指这五百里范围内，都有丹霞寺的庙产。

森森古木阅尽沧桑

丹霞寺外是1.4万亩的丹霞山森林公园，森林绿化率70%以上，古树名木遍布山野，让寺院别有一种氛围。

寺院内的十多棵古树，每一株都有一段生动记忆，见证着名刹的盛衰与变迁。

寺内两棵古柏，栽植于宋代，树龄一千多年，寺外更有两棵相依的古银杏树，树干倾斜相依，当地人称为"夫妻树"。深冬时看它，树叶落尽，树干古朴遒劲，如同简约的艺术品。

廖涛说，20世纪90年代初，古柏突然树叶零落，树干枯朽，然而却在香港回归的1997年，枯木逢春发新芽，奇迹般的复活，被人视为"灵异"。

山寺后院东北角，有一株明代种植的青檀古树。树叶已落尽，粗糙的躯干上满是疤痕，宛如阅尽沧桑的眼睛，俯视着众生。

树干中空，形成一个直径约0.6米的树洞，7米高的树干上有 5 个大小不等的"小树窗",树洞内壁的根系盘结错落,形如脚手架。

据说,乱世中僧人们将树干挖空,把经书藏在树洞内,保存珍贵的佛学经典。也许是有所感应,古树"剖腹"后居然神奇般地活了下来。

种种传说无法考证,却为寺院增添了几分神奇。作家二月河在丹霞寺时,留下感慨:事实上当然许是巧合,但我在想,这是文化。有哪一种文化没有认知感应呢?

丹霞寺更以柏林著称。导游介绍,柏林有 150 年到 1000 年的历史,是按照阴阳八卦布局的,近百亩的范围内,古柏苍翠,一棵连着一棵,不知多少。

数不清的丹霞柏林,曾是战乱时的藏兵之处。

寺院居士说,相传南宋抗金名将牛皋,曾在此大败金兵。

牛皋是岳家军的名将,鲁山熊背村人,深受百姓喜爱。当年他未进寺院,先看到了大片柏林,当即称赞:"这柏林之中既跑不成马,也射不成箭,若敢进来,没他们吃的好果子。"他们随身带来一批马,养在柏林中,留下沿用至今的"马窝"这个地名。

牛皋在丹霞寺竖起抗金大旗,招兵买马,寺院几百间房屋全塞满了人。队伍在扩张,他们就找地方办"加工厂",寺院附近至今有地名"蹍道",传说是碾米的地方。

寺院内年老体弱的和尚,被迁到寺庙十里外的山上建房安置,留传下来"老和尚寨"的地名。据说"凉马台"一带,是当年的练兵场,寺北边的"火场"一带,就是"白天叮当响,晚上一片红"的"兵工厂"。

公元1127年金灭北宋,史称"靖康之耻"。西路金兵进攻丹霞寺,想消灭牛皋的队伍。牛皋在青龙、白虎山上摇旗呐喊,在蜘蛛山上竖起大旗,上书"抗金护邻牛",寺前九龙河中,层层设置鹿角寨。

强弓硬弩密密排布,金兵每进一步,都要付出生命的代价。待其攻到蜘蛛山前时,只余不足百人。金兵回头一看,退路已被堵死,眼前,上百武僧排成长蛇阵,面如黑漆的牛皋立于旗下。金兵呼喊着向牛皋冲杀过去,义军奋不顾身向前杀敌,将金兵斩杀殆尽。蜘蛛山上血流成河,染红了山岗。

之后,牛皋选出一部分精兵强将,投奔了岳家军。从此,抗金的队伍中,增添了一位头戴镔铁盔、身穿镔铁连环锁子甲、骑一匹追风乌骓马、高大威猛的战将。

丹霞地貌是耶非耶

一千多年前,丹霞天然禅师在目光流连处,选中了丹霞寺的所在,其山川形胜,至今仍被人称道。

这里朝霞夕辉与山崖雾霭相互辉映,形成了华光四射、紫气蒸腾的奇瑰景观,阴晴雨雾、四时变化都成了奇观:天阴则深沉凝重,天晴则寰宇生辉,下雨则空蒙迷离,有雾则缥缈奇幻。当地人认为,这里就是现代所称的"丹霞地貌"。

果真如此吗?河南省国土资源科学研究院高级工程师张天义解释,1928年,我国著名矿床学家冯景兰院士等人在粤北仁化县,注意到了分布广泛的独特红色沙砾岩层,命名为丹霞地貌。2010年8月1日,我国广东丹霞山、湖南崀山、福建泰宁、贵州赤水、江西龙虎山和浙江江郎山等丹霞地层出露区,联合申报"中国丹霞地貌",列入"世界自然遗产目录"。

张天义说,南召丹霞寺周边的红色岩层,从岩石地层生成时代和地貌景观特征来看,不能列入丹霞地貌,丹崖的高度和坡度也都低于标准,应该划归为红层丘陵山地。

不过,鲜为人知的是,丹霞地貌"标准版"的广东仁化丹霞山之名,却和南召丹霞山相关,它是由明朝的河南籍官员命名的。

《明嘉靖南阳府志校注》记载,邓州人(明朝时南召境归属南阳郡邓州)李永茂任江西巡抚时,"丁父忧",到广东仁化避居,"以长老诸峰色如渥丹,灿如明霞,与南召丹霞类,因名丹霞……遂与此丹霞(指南召丹霞)遥相辉映"。李永茂是仁化丹霞山的命名者。

巧的是,广东仁化的文献资料也有相应的记载。清同治年间所修的《仁化县志》提到:盖李公南阳邓州人也,古丹霞即其故居。公避乱于此,而又忧,去取丹霞名之,不忍忘本也。

北丹霞雄、险、幽,南丹霞奇、秀、美,两山因中原文化而相连，遥遥相望。

张天义说，丹霞地貌的"丹霞"二字，取自曹丕的《芙蓉池作诗》"丹霞夹明月，华星出云间"，指的是天上的彩霞，由此可以想象，"丹霞"所指代的景象，是多么的明丽和绚烂。

不难看出，"丹霞"这个由中国学者发现和命名的地貌，自诞生之日，便打上了深深的"中国烙印"。中国不仅拥有庞大及其多样性的丹霞资源，而且已经把它同诗词、宗教、书院和民居等等，都紧紧联系在了一起。这种美丽的红色山体，如降落大地的霞光一般，为中华文明抹上了一道"色如渥丹，灿若明霞"的色彩。

丹霞美景，与君共见。当地人也不必再去分辨何种地貌，索性"管他春夏与秋冬"。

禅意有云：满目青山一任看，云在青天水在瓶。

古村气象大　红色记忆深

渑池县段村乡赵沟村，隐于崤山深处，四面环山，植被茂密，峰奇石怪，涧幽谷深。北宋时，欧阳修的学生、渑池县令徐无党记载："有野人十余家……问其人之姓氏与其年几许，皆不能道也。又问今何年，云亦不能知也。"徐无党眼中的这个小村落，如同世外桃源一般，神秘莫测。

也许是山远地偏，人迹罕至，900多年后的今天，小村落古朴依然，石巷、石板路蜿蜒迂回，石屋、石墙顺势而建，石碾、石磨、石臼错落有致，古庙、古祠、古宅朴素无华。岁月，在这里走得很慢。

深山藏古村

阳春三月，赵沟古村。

山间小雨，说来就来，一滴一滴，打在一片片青瓦上，打在青石板的小路上。古村润泽起来了。

青石小路，在村子交错蜿蜒，油润光滑，密密实实。路边的野草，湿漉漉，毛茸茸，让石路写满了生机。路旁，散布着大大小小的院落，石头房屋，层层堆砌，这些修建于明清时的院落，一派古意盎然。

屋后层层梯田，麦苗青葱，黄色的连翘花、油菜花点缀山间，远处山峰耸立，白云环绕，正是一幅田园山水画。

赵沟古村距离渑池县城46公里，东与新安县的青要山搭界，周围有鹰嘴山、笔架山、书山、老君山，群山环抱。有小龙门之称的渑池石门沟口，两山对峙，刀削斧劈，有一夫当关万夫莫开之势。中有流水，四季不绝。两山之间仅二三十米，其中一条山路，是通往赵沟村的唯一通道。

青石小路不见尽头，山间石屋星星点点，古村如同迷宫，似乎每走一处，都有一个故事，每个老物件，都有神秘的来历和不凡的身份。

北宋时，渑池县令徐无党，听说这里"人迹之不可到"，非常好奇，带人来探秘，写了一篇《小龙门记》。按照他的记录，山涧中有一条小路，"两岸皆石壁峭立"，"行约五十里"，地势陡峭，水流湍急，怪石嶙峋，又前行一段，看到了桑树、枣树和几户人家。他想追根溯源，追问小村落的来历，人们却什么也说不清楚。他给小村落写了篇游记，以示纪念，还把文章刻成碑，藏在洞穴里，给后来的造访者们一个"交代"。

究竟是什么样的人成就了这一片古村落？村人的《赵氏族

谱》中记载，宋代，赵氏先人躲避战乱，从山西垣曲县的陈村，拖儿带女逃到人迹罕至的深山中，偶遇一处平坦地势，便安顿下来，落户生根。

赵沟村留存的明清建筑，有模有样，赵氏祠堂和观音堂，也是今天村民生活中的一幕场景。

祠堂坐北朝南，面阔三间，一门两窗，两侧砖雕宫灯精致，前檐下砖雕花卉形象，两廊柱下各有一个鼓形柱础。祠堂上房前廊的东山墙上，一块青石碑刻，记录小村原名叫石家庄，有了赵氏人家在此定居，才改名为赵沟。

观音堂依山而建，前后二殿都是砖木结构。前殿五架檩，木雕装饰，龙首、鹅、鱼和鸽子的形象清晰可辨。保存完整的观音堂，对研究豫西地区清代祠堂建筑，提供了重要资料。

战争烽火起

小雨初歇，满目清新，沿青石小路，行走在十多个明清老院落，触摸历史。

在古村的中间位置，一处规模较大的四合院悠然静立。院落坐北朝南，临河而建，东、西厢房相对而立，庭院方正，屋宇坚固齐整。赵沟村支书赵明福说，院子的主人是明代的赵丛，县志记载他担任过陕西洋县的知县。据当地老人们说，这个院落先后走出了三位知县、一位县参议和一位国民革命军师长，他的后代中，有59人从事教育事业。

主院落向北,有一处并不起眼、低矮的砖砌小院落,跨过窄窄的院门,走过一段小过道,又暗藏一个小院。赵明福说,这个隐蔽的小院,是解放战争时中共渑池县委副书记刘冰的故居。中华人民共和国成立后,刘冰曾先后任清华大学党委第一副书记、兰州大学党委书记兼校长、甘肃省委副书记、全国人大教科文卫副主任等职务。

地形复杂、地势险要的赵沟村,70年前见证了解放战争的烽火。

渑池县史志办副主任上官丛蓉讲解,1947年10月,中共渑池县委、县人民民主政府为了保存革命实力,依托山区有力打击敌人,带领县、区革命武装队伍撤到渑北山区,在马跑泉、石门沟分别设立山前、山后两个根据地,向各村派驻工作队和武装力量,巩固根据地。

山后指挥部设在四龙庙村的北坡组,渑池县委机关设在距离赵沟村2公里处的丁阳沟。刘冰那时任渑池县委副书记、山后指挥部政委,他带领县委工作人员访贫问苦,做群众工作,先后在石门沟建立了10多个农会小组。

1947年底,驻扎在渑池的国民党胡宗南部裴昌会的55旅一部、保安二团和潜伏在北部山区的多股土匪,多次袭扰渑北革命根据地。1948年2月14日,敌军向渑北革命根据地发动进攻。

危急情况下,为了保卫红色根据地,既是指挥部政委又是侦察员的刘冰,带领战士侦察过敌人兵力部署后,认为寡不敌众,果断向路过此处的陈谢兵团9纵求助。9纵的一个团分三路突袭石门沟敌军,首战告捷。当晚,野战军指挥部就设在赵丛住居西边——赵安华家的院子里。第二天,9纵迅速完成过黄河交接任务后,又回到赵沟村驻扎休息。

刘冰在回忆小孤山战斗的一篇文章中说,16日清晨,敌人占领了附近的小孤山高地,敌我双方在此进行殊死决战。我军只有一个团和太岳五分区一个营的兵力来对付敌军一个旅,我军隐蔽接近北坡村,向小孤山发起7次冲锋,把一连的敌人打垮。之后在荆棘密布的北坡荒山上,与敌人展开肉搏战,抢回高地。战斗空前激烈,战士英雄杀敌,百姓踊跃参与,当时天寒地冻,敌人没吃没喝,根据地人民却冒着生命危险,为解放军送饭。特别是当天深夜,民兵吴栓成做向导,带领野战军通过密林险径,突然冲到敌人指挥机关,敌军溃败,落荒而逃。

赵丛居所门前街道的拐角处,如今有一个巨大的红色石碾,碾盘上,点点弹痕密布,可见当年战斗的激烈程度。石碾无言,却一下子把人带入到枪林弹雨的战争年代。

88岁的村民王元珍老太太,清楚记得当年刘冰来去匆匆的瘦削身影。当年,她还是一个十几岁的小姑娘,经常给刘冰送饭、送信,与先生结下深厚友谊。她对记者说,刘冰也快百岁了,却不知先生可好?至今,村里人还有刘冰的电话,记者试着拨打该号码,有待机声,却无人接听。王老太太说,1991年春天,刘冰夫妇曾来过渑池,因山道崎岖路远,没能走到赵沟故地。

耕读传家风

野花热闹地绽放,鸟儿不住地鸣啼,衬托得古村越发安静。老屋的墙缝边,长出了一株油菜花,门前一棵桃树,开得正艳,门旁的花椒树吐露出新芽,院子里的土灶上,铁锅还留有余温。

一条狗从门缝里钻出来,向空荡荡的小巷扫了一眼,又极快地消失在了巷子的尽头。村头传来牛铃铛的响声,几头牛正悠闲地摇着尾巴向山上去。

赵沟村少有人来,村民的生活宁静、平和,保持着勤俭、互助的习俗:借了乡亲的饸饹床,清洗干净后再还;借了谁家的空桶,用完了再还上一桶水;哪家办喜事了,全村人帮忙……夜不闭户、路不拾遗的淳朴民风滋养着每一位村民。

村南的书山和笔架山,在白云间若隐若现。村民望着山峰说,这里风水好,能出高材生,近年来,村里考上清华大学3人,北京大学和人民大学各1人。渑池县文广新局局长侯建星说,赵沟村从古至今,重视教育,优良家风,代代传承,因此这里能够保存下耕读传家的风情。

宋徽宗时,洛阳有一位郭姓秀才,连续三次去汴京(今开封)参加科举考试,虽然满腹经纶,却是屡试不中。最后一次在返乡途中,他经过赵沟,停留数日,思前想后,决定在此定居,办一私塾,以教书为生。

郭先生献身于赵沟村的教育，无妻无子，却有满园桃李。他终老于赵沟村，村西岭上的"郭先儿墓"，芳草萋萋，似在怀念着这位外来的教书先生。

赵沟村的后人们发奋读书，以报答郭先生的教育之恩，形成了尊师重教的谆谆民风。

赵氏祠堂中的"瑶池春咏"和"女诫永昭"两个匾额，记录了一件往事。赵家媳妇李氏年轻时丧夫，膝下两个孩子，大的不满2岁，小的才3个月大。李氏艰苦劳作，省吃俭用，养育两个孩子长大成人。她八旬时，全家15口人，四世同堂。1921年和1924年，河南督军两次为她题词，邻里捐资刻匾，昭示后人。

古院落空寂无人，门前的春联却红得鲜艳。村民说，各家自己写对联的传统持续了几十年。相传20世纪30年代，赵沟村有赵成钧（医生）、赵成潭（曾在坡头教学）等兄弟五人，是村里的大户。赵成钧的儿子赵清溏那时是渑池县参议。每逢过年，村民们就去找赵家五兄弟写春联，五人的书法各有所长。大年初一拜年时，村民们走街串巷去看春联，比比谁家的用词好、书法好。久而久之，自家的春联自家写，他们用春联谈教育、论家风、说生活，给年味增加了许多乐趣。

一座古戏楼静静矗立，斑驳灰暗，已经看不出年代，高大的石砌门楼两侧，毛主席语录隐约可见。"文化大革命"期间，戏楼被改名为书山影剧院。

村西一棵大槐树,老干虬枝,气势非凡,需四人才能抱住。村民们说它"枝不挂屋,鸟不作窝,洞不生虫,晴日生香"。

大树下,村里人摊售着蜂蜜、野菜,孩子们在石板上玩抓石子的游戏,三三两两的人们聚在一起,女人缝衣服、做家务,男人打扑克、侃大山,怡然自乐。村民们说,再等几天,槐花开的时候,半个村子都是香的。

一阵风过,残存的杏花飘落下来,铺满了几家院门的小道,报道着春深的信息。小村落,大自然,传承繁衍,生生不息,而那些久远的红色记忆,早已融入赵沟人的血脉和生命中。

大野麦田博望坡

博望,一个随手敲击键盘,使用任意一种搜索引擎,就能轻松查到的地方,一个和史书密切相连,与典故相互成就,因传奇、轶事丰满起来的厚重之地。

"博望相持用火攻"

博望的声名远播,是因为博望坡上的一场大火。

"博望相持用火攻,指挥如意笑谈中,直须惊破曹公胆,初出茅庐第一功。"这是名著《三国演义》中罗贯中对诸葛亮的赞誉。

出方城县城西南 30 公里处,是博望坡遗址,这里北负伏牛山,南面隐山,西倚白河,是伏牛山延伸于此的漫岗,地势险要,为古"襄汉隘道"之通衢,兵家必争之地。

远望博望坡,一片平坦的麦地上,有一棵枯枝柘刺树,据说,它是中国历史上那场著名大火的见证者,浴火而生,直到近年，仍可见枯枝新芽。

麦田附近刻着"博望坡"的石碑上，摘录了《三国志》和《资治通鉴》中关于这场战役的记载。大意是刘备投刘表，被派与驻守在博望坡的曹军将领夏侯惇交战。刘备烧了自己的营寨退去，夏侯惇引兵追赶，被刘备伏兵围杀。

平铺直叙的文字既没提到诸葛亮，也远不如《三国演义》来得惊心动魄。

《三国演义》第三十九回《荆州城公子三求计博望坡军师初用兵》这样讲述：夏侯惇与于禁引兵前来，赵云和刘备先后与之交战，诈败。夏侯惇穷追不舍，追到一狭窄处，见两边都是芦苇，于禁说："南道路狭，山川相逼，树木丛杂，可防火攻。"话音刚落，大火已烧起来了。

民间还有一个精彩的版本：夏侯惇仿当地民众用柘刺林做成篱笆寨墙，刘备欲破之，问计于诸葛亮。诸葛亮让士兵采集草籽，拌成泥丸，用弹弓射向柘刺林，第二年夏天柘刺林中的草就长得非常茂盛。秋后草枯之后，东风大作，刘备分兵两路，关羽带一路埋伏，张飞、赵云带一路包围博望，万千火箭射向柘刺林，顿时一片火海……

诸葛亮是否指挥了这场战役？《三国志》里有答案，博望坡之战发生在公元202年，诸葛亮出山是公元207年，此时刘备军中并无诸葛亮。

诸葛亮掠了刘备的美，这是历史与演义的误会，对当地人而言，他们宁可相信那是诸葛亮的神机妙算。就事实而言，不管好事儿归在了谁的头上，那一场战火都是把繁华的博望古城烧为灰烬。

张骞获封博望侯

火烧博望坡之前，博望的名气已不小，更因为它源于西汉的传奇人物——张骞。

今天，张骞的名字已与丝绸之路密不可分。丝绸之路，这个德国地理学家李希霍芬于19世纪末开创性的命名，赢得中外史学家的一致赞同，成为东西方交流的代名词。

2100多年前，时任西汉皇宫郎官(侍从)的张骞，应聘出使大月氏。他不辱使命"凿空西域"，打通丝绸之路，使西域三十六国先后听命于西汉，被誉为"第一个睁开眼睛看世界的中国人"、"东方的哥伦布"。

公元前123年，因出使西域功勋卓著，张骞被汉武帝封为"博望侯"，取其"广博瞻望"之意，封地即今方城县博望镇，博望地名由此而得。

站在南阳盆地东北隅的博望镇放眼眺望，田野四合，麦浪滚滚。或许，2100多年前的某个初夏，张骞第一次踏入这块土地肥沃、民风淳朴的地方时，也这样打望过。

当年封地的博望故城以县衙为中心，东西长约2600米，"辖45里博望屯"，交通便利，商贸繁荣。故城先后为县、店、驿、镇，由于建制不同，城域也发生过一些变化。

封侯后张骞是否在博望生活过？史书中没有明确的记载，只能从其他史料中找到佐证。最被专家看中的，是汉代的一项"国策"，即大规模驱使诸侯王、列侯到封国去。汉高祖、文帝、景帝对此都颁布过诏书，到了武帝时期，执行这项国策更严格。以此推断，张骞应该在博望生活过。

记者在博望随意地问一当地人，张骞当年在哪里生活？

"博望嘛！"他似乎觉得这问题太简单了。据称，在方城博望镇有5个自然村散布着张骞后裔，共800多户3000多人。

世事沧桑。张骞封侯两年后（前121年），率军与李广"同出右北平"，进攻匈奴，张骞带领的援兵迟到，依军法当斩，他用博望侯爵位赎罪，被贬为庶人。

但"黜爵"未"黜地"，两年后（前119年）他又被重用，去世前一年，还被封为大行，位列九卿，负责接待各国使者和宾客，相当于今天的外交官。以此推断，博望安然无恙，还能为子孙提供衣食荫护，也是情理之中。

张骞与博望，因封地而无法分离，中原西南腹地南阳与西域这两端，也因丝绸之路有了千丝万缕的联系，当地的文化遗存印证了这一点。南阳出土的汉画像石画面中，胡奴与车骑出行形象，如丝衣当风般飘逸的服饰特点与大量丰富的舞蹈内容，都是山东、江苏等其他地区出土的汉画像石中所未见的。

博望以及方城出土的画像石，有深目高鼻、络腮胡须的胡人形象，有西域文化留在当地的生活场景：百戏图中人物吐火、倒立、跳环的动作，来自西域；大象、骆驼、狮子等不少动物，来自西方。

今天的博望人，仍旧以张骞为荣，能够讲述很多他的传说，比如白马寺渊源、张骞泛槎、张骞后裔认亲等等故事。当然，现代人更期望的是，缘于丝绸之路，让博望和方城走得更远。

焦土覆盖文化层

博望古城遗址仅留下的城墙墙基掩映在一片杨树林中，被村人挖开丈余豁口，有路穿过。被分为南北两段的墙基南走而东折，由泥土构成，宽阔而厚实，状若鳅背，上面长满野草，有山羊在惬意啃食。墙基外围有宽约二三丈的沟壕，早已无水，沟内杂草丛生，兀自荒着。若无人指点，如何也看不出这土围墙的真实面目。方城文管办主任王海林多次到这里考古，他称，现存墙基是清咸丰年间所建，东西长1300米，南北宽400米，面积52万平方米。

费点儿力气，才能踏上城墙。走在1米多宽的老城墙上，酸枣树的枝丫几次挂到了衣袖，只能小心翼翼边走边拨开小树枝。

阒寂无人，一片衰败。昔日的喧嚣和繁荣，随着时间的流逝而远去。也许，见识过当年盛况的，还有200米之外的那口三眼井。井内依然有水，井口被一块硕大的青石覆盖，石面上呈"品"字形开了三个直径约半米的圆孔。据介绍，这三个井眼分别属于官、民、兵，繁忙时井井有条，互不干扰，足见古人的巧思与智慧。

当年的一把大火，把博望古城烧为灰烬，只留下一片焦土。据了解，老城遗址地下的文化层厚达数米，最厚处 7 米。考古工作者从土层里找出许多汉代小型画像砖、筒瓦残片、井圈、铁器，还发现了大量被烧坏炭化的谷粒。

遗憾的是，这样的遗存也遭受了很大的破坏。

张骞桥西侧，路边有一个大坑。坑壁剖面厚度 3 米左右。64 岁的当地居民李新义下到坑内，扒开表层浮土，用力搓了几下，让记者辨认："你看看，这些当年烧过的土层，早就变成了硝土。我们当地人都知道，这还是上好的肥料。"

20 世纪 60 年代的人民公社时期，为了解决耕地的用肥问题，老李曾和大家一起，挖开古城址的地表层，把硝土一车一车运到周边乡镇的农田里。老李说，多施几车硝土肥，每亩地能增产百八十斤。"那时候挖硝土，有的地方深达 7 米，形成一个大深坑。当时挖出的硝土大概 70 万立方米，解决了周边几十万亩农田的肥料问题。"

若是再去扒开厚厚的硝土层，是否还能探到深埋其中的折戟断镞？

也许，三国时期交战的任何一方，都不会想到，1700 多年后，这里会上演一幕热火朝天挖硝土的闹剧，而剧中的主角们，正是他们的后世子孙。在那个非常时期,还有什么比填饱肚子更重要?

见证沧桑张骞桥

博望古城曾经盛极一时,历史遗存繁多。

新镇和老城之间有白条河(白河支流),河上有座张骞桥,始建于西汉,之后多次被水冲垮,数次重修。明代时,当地官府重修张骞桥,就地取材,不拘一格,成就了眼前这座石桥敦厚又古朴的建筑面貌:青的、红的、白的石磙并排而立,承载着富有汉代墓葬特征的各样石材,各具特色又和谐统一。

张骞桥长 48 米,宽 6 米,高 7 米,形制规整,三个高大的圆拱横跨河面。在桥下细细观看,三个拱洞上方明显处,各嵌有一块汉画像石,自说自话,图像清晰,应是顺势而为。桥洞底石还有数块石碑铺垫。据分析,修建这座桥,会殃及方圆几十公里内的汉墓。

张骞桥位于古"夏路"的交通要道之上,1935 年修建许南公路后,古路才逐渐废弃。如今,在桥面的青石板上,清晰可见车轮碾轧的痕印,它们见证过昔日车水马龙的繁荣景象。

几度修复的老桥上是否踏过古代丝绸之路的商旅畜蹄?桥畔是否回响过通往西域的驼铃?恐怕已经无从得知。但张骞彪炳千秋的功绩,早已经跨越千年,成为博望人难忘的共同记忆。

当地人说,白条河近年水量锐减,每年六七月份雨季之后,才能见到流水潺潺。

  站在古桥上,回望两千多年前的汉代,能感觉到,汉,是一条河,延续至今。

去清凉寺，寻找那一抹天青色

相传，宋代贡窑的烧造者，有一次问宋徽宗赵佶："贡窑瓷器的釉色应该是个什么颜色？"这位著名的文艺皇帝用手指天——瓷器的釉色应该如天空的颜色。此时，恰巧雨过初霁，天朗气清，似蓝非蓝，似绿非绿，正是"雨过天青云破处""千峰碧波翠色来"。如此这般颜色的瓷器，就是中国陶瓷史上的经典——汝瓷。

600年后的一天，清代风雅皇帝乾隆，手捧传世汝窑佳器说，大清朝虽有能工巧匠，但仿烧汝窑青瓷却有形而神不备，不由感叹："仿汝不似汝。"

又过了近300年的时光，2017年10月3日，香港苏富比拍卖会上，一件直径仅13厘米的北宋汝窑天青釉洗，一锤定音，以2.94亿港元成交，刷新了中国瓷器拍卖的世界纪录。那天青的釉色，见之令人心生恬静，虽历经800年，依然神采不减。

据称，宋代汝瓷传世作品不足百件，因而显得弥足珍贵。

汝窑瓷器是如何制作、在何地制作，曾经是我国陶瓷史上的一大悬案。历经 50 年的找寻，通过考古发掘，2000 年考古工作者终于在宝丰县清凉寺充分认证，这里就是北宋汝官窑遗址所在地。2001 年，清凉寺汝官窑遗址被列入全国重点文物保护单位。

寻觅窑址

天青色，不燥不冷，典雅大方，就像中国人一直追捧的玉石的颜色，君子比德于玉，文人爱玉，对汝窑青瓷自然钟爱有加。汝窑为中国古代"五大名窑"之一，与官、哥、定、钧窑齐名于世。

唐宋时期，盛行将窑以州命名，汝窑因位于北宋时期的汝州而得名。故宫博物院研究员、器物部主任吕成龙说："汝窑"有两种概念，广义上，指的是宋代汝州所辖临汝县、宝丰县、郏县、鲁山县等区域内瓷窑的统称；狭义上，系指北宋汝州辖区内专为宫廷烧造青瓷之窑，亦称"传世汝窑"。文物收藏和历史文献中所指的，是狭义上的汝窑。但汝窑遗址究竟在哪里，从清代乾隆年间开始，争执二百多年，莫衷一是。

1930 年，日本人大谷光瑞派遣日本西本愿寺驻汉口的布教师原田玄讷，去临汝实地调查，一无所获；20 世纪 60 年代，故宫博物院和河南省的文物工作者，足迹几乎踏遍了临汝县境内各个地方，也没找到传世汝窑瓷器的窑址，失望而归。随后，他们把目光投向了北宋汝州辖区的其他地点。

1977年，故宫博物院工作人员冯先铭、叶喆民到宝丰县清凉寺窑址考察。叶喆民曾撰文回忆："河沟两岸堆积窑具、残瓷高约一丈，断断续续长达三五百米之遥，其壮观为个人所到河南许多窑址所仅见。"他将采集到的一片瓷器标本，提供给上海硅酸盐研究所进行检测，结果证明瓷片的胎、釉化学组成，与故宫博物院提供的一件传世汝窑洗的化学组成基本一致。但为了慎重起见，专家只是推测："在宝丰所得的天青釉残片，未必不是寻觅汝窑窑址的一条重要线索。"

88岁的原宝丰县紫砂厂技术员王留现回忆，1985年夏天，清凉寺附近一个农户家的红薯窖突然坍塌，竟然露出了一件瓷器，他听说后迅速赶了过去，花600元买了下来。那是一件天青釉洗，口部略有残缺，高3.5厘米，口径13.7厘米，足径9.5厘米，"满釉支烧，三支钉痕，香灰胎，天青釉，冰裂纹片，润之如玉，唯釉色稍有深沉"，他推断："汝窑窑址有非常大的可能性在宝丰的清凉寺瓷区内找到。"

正是这件被故宫博物院和上海博物馆专家共同认定的汝瓷，引起了众多古陶瓷专家浓厚的兴趣。原上海博物馆副馆长王庆正，派人两次去清凉寺窑址调查，1987年编辑出版《汝窑的发现》一书，书中称："清凉寺窑即宋代五大名窑之一——汝官窑的故乡应该是确凿无疑的了。"又过了13年，直到2000年，他们的这一判断，终于得到了考古认定。

河南省文物考古研究院研究员孙新民说，20世纪80年代末的清凉寺，地处偏僻山区，来往交通不便，荒凉的山坡上没有几棵树，只有漫山遍野的杂草，河沟里光秃秃地散布着碗口大的鹅卵石，已不见当年水流湍急的景象。窑址附近10多个矿井已被国家强令关闭，清凉寺恢复了平静，但是瓷片堆积如山的景象早已不复存在，现场连一片青瓷也很难看到。

1987年，河南省文物考古研究所在清凉寺周边，发掘3座保存较好的窑炉遗迹，出土瓷器大多为民窑产品；1988年，工作人员在靠近村庄处，一次出土200片汝官窑瓷片，比以往出土的瓷片总和还多；1999年，在宋代地层发现的，几乎全是汝官窑瓷片，并出土了不同以往发现的匣钵、火照等窑具；2000年，在清凉寺村搬迁4户居民的所在地，发掘出烧造御用汝瓷的窑炉15座，并出土了大量的汝官窑瓷器残片，尤其重要的是，有些器物造型，为传世汝官窑瓷器中所不见。这一重大考古发现，使人欣喜异常，此次清凉寺汝官窑遗址的考古发掘，被评为2000年度全国十大考古新发现。

北宋遗珍

西出宝丰县城25公里，在大营镇清凉寺村与韩庄村之间，就是大名鼎鼎的清凉寺。蓝天白云之下，是大片的青葱玉米地，窑址就坐落在山谷的河旁台地上，坐北朝南，三面环山，东、西两侧有溪水潺潺流过。遗址南北长约1300米，东西宽约600

米，面积近 80 万平方米。

从 1987 年到 2014 年，考古工作者对遗址共进行了 12 次发掘，多个窑址毗邻交错，遗存相当丰富，工作队获得了数以吨计的瓷片和窑具标本，逐步揭开了汝窑瓷器的烧造之谜。

遗址上的一座椭圆形窑炉，窑室面积较小，窑壁烧结程度高，与北方地区常见的烧瓷窑炉差别较大。吕成龙说，御用汝瓷的烧造工艺，首先是窑炉、窑具和磨具的变化。尽管当时北方大多数窑炉都以煤为原料，但烧造汝瓷却以木柴为燃料，在这种椭圆形的小型窑炉中焙烧。从传世品和出土瓷片看，汝官窑器物胎体较薄，呈香灰色，釉层亦较薄，呈淡天青色。烧窑时，工匠必须密切监视火候。遗址出土的，有用于测量窑炉温度的"火照"，它的表面抹有一层耐火泥，对于密封匣钵接口和保持匣钵内温度，起到很好的作用。

清凉寺村南的民窑烧造区出土的残片，以白瓷为主，兼有少量青瓷和黑瓷。而在中心烧制区出土的残片中，99% 是天青釉瓷片，器物造型 40 多种，传世汝窑瓷中的造型在这里应有尽有，并出现了一些传世品所不见的器物造型。叶喆民在《汝窑廿年考察纪实》中推断："其（汝瓷）终于宣和末年，盛烧约 40 年。"

相传，汝窑专为皇室烧造青瓷，烧制后选不上的一律砸碎掩埋，加之烧成难度较大，致使流传至今的完整器甚少。女真人入主中原后，窑工南迁，窑区荒废，南宋时已有"近尤难得"

之叹。

由于烧造年代短，加之工艺失传，致使传世汝瓷器物寥寥。《中国陶瓷史》中说："流传至今者不足百件，为宋代名窑中传世品最少的一个瓷窑。"《汝窑的发现》书中附有"传世汝窑瓷器一览表"，它们主要收藏在北京故宫博物院、台北故宫博物院、英国伦敦大英博物馆等单位，国内外其他公、私博物馆和个人手中，只有零星藏品。

青瓷典范

"雨过天青云破处，者般颜色作将来。"汝窑瓷器，以清淡含蓄的淡青色釉闻名于世，从明代开始，在文人品评中，汝窑的釉色，成为鉴赏家心目中青瓷的典范。

故宫博物院编纂的《汝瓷雅集》一书分析，清凉寺窑本是一处烧造日用陶瓷的民间窑场，北宋晚期被朝廷选中，在此设窑，专门烧造宫廷用瓷，汝官窑由此诞生。

至于其中的缘由，北宋诗人陆游在《老学庵笔记》中提到："本朝以定州白瓷器有芒，不堪用，遂命汝州造青窑瓷。"芒，指的是器物口边无釉，但专家认为，"弃定用汝"的这一个理由，似乎不那么充分。

陈寅恪说过："华夏民族之文化，历数千载之演进，造极于赵宋之世。"宋人，赋予了瓷器"雅"的品质。宋瓷大多质朴、简约，而汝窑青瓷，更是细洁净润，色调单纯，朴实无华，极具内敛含蓄之美。

吕成龙推测，汝瓷以釉质、釉色取胜，"弃定用汝"的原因，应该是淡天青色釉，最符合宋人在美学上对颜色的捕捉。

在宝丰汝窑博物馆内，一件北宋晚期的天青釉瓷盏托（修复），引人注目，它造型典雅，做工考究，胎体的厚薄处理和形体比例之协调，近乎完美。它的釉面有细碎的开片纹，如冰之裂，俗称"冰裂纹"。若慢慢转动它，会发现冰裂纹若隐若现，有几分神秘。

吕成龙谈到，在宋代各瓷窑中，汝窑制瓷工匠对器物形体、制作工艺、釉质釉色之讲究，最为苛刻，几乎达到无可挑剔的完美境界。宋、金时期，汝窑、钧窑、官窑、定窑、耀州窑和越窑等，都烧造过玉壶春瓶，但只有汝窑烧造的玉壶春瓶，在形体上最符合自然法则，宛如一滴即将滴下的水滴，其高度、口径、足径等各部分比例达到最佳，视觉效果最好。

河南省文物考古研究院研究员孙新民分析，细腻的天青釉，是汝瓷釉中所含氧化铁和微量二氧化钛的共同效应，加之烧成温度（约1200℃）和还原气氛控制得恰到好处，故而器物烧成后，釉色浓淡适中，釉质滋润如玉。

南宋周辉《清波杂志》记述："汝窑宫中禁烧，内有玛瑙末为油（釉）。"宋代学者认为，汝窑青瓷釉中添加的有玛瑙粉末，故而神秘莫测。考古工作者在清凉寺窑址作坊的附近发现，除了泥料外，还有玛瑙矿石，其质地坚硬，有红、黄、绿、白、蓝等颜色，证明了文献的记载。吕成龙说，玛瑙的主要成分是二氧化硅，而瓷釉的主要成分也是二氧化硅，在釉中引入玛瑙，并不会改变釉的性质。汝州盛产玛瑙，可能是出于好奇心，窑工在釉中加入了玛瑙末，试图借助天然美石的色彩，使釉变得更加美丽。无独有偶，明代宣德时期，景德镇御窑厂烧制高温鲜红釉瓷器时，也曾在釉中加入了"西红宝石"末，当也是同样的心理。

天青余韵

汝窑瓷器釉色独特，影响深远，明、清两代至今，一直被视作瓷釉之楷模而被仿烧。不过，明、清两代的仿汝窑（釉）瓷器，往往只注重仿其釉色，造型基本皆为当时流行的式样。

清乾隆年间，仿汝釉瓷器的釉面更显清澈，与北宋汝窑青瓷半透明的乳浊釉质感不同，注重突出当时高超的成型和烧造技艺。尽管如此，要求严格的乾隆皇帝还是流露出了不满，在御制《咏汝窑盘子》诗中感慨"而今景德无斯法，亦出自蓝宝色浮"。

20世纪80年代以后，宝丰、汝州都在仿烧汝瓷，专家认为，虽然仿品的制作颇显精美完备，"更胜"于北宋汝窑瓷器，但在造型、釉质等方面，仍有缺憾，显示不出北宋汝瓷的神韵。

1987年，在清凉寺遗址的考古发掘现场，清理出来许多异色土，被当作废物遗弃了。国家级非物质文化遗产传承人、土生土长的当地人王君子，看到后非常好奇，就用尼龙袋子一大包一大包地装起来，运回家仔细琢磨。功夫不负有心人，他竟然发现了一个秘密，那些土，是古窑匠人配制的没来得及使用的混合釉料！他如获至宝，用簸箕像筛选粮食一样，把釉料筛了一遍，分拣出各种石粉，试图去寻找汝釉的配方。他随身带着石粉，围绕着清凉寺周边山坡、宝丰县观音堂、鲁山段店，在方圆数十里的山岭沟崖，寻找与它们颜色、质地相同的原料，一一比对……经过上千次的试烧，最终，天青色谜一般地呈现在了世人的面前。他烧造的小玉壶春瓶和小笔洗，曾得到故宫博物院研究员、古陶瓷专家耿宝昌和清华大学美术学院教授叶喆民的评价："达到乱真水准。"

耿宝昌说，在清凉寺窑址出土的汝瓷残片，还有大量的仿汉代铜壶式样，器身雕刻有凸起的兽面纹，另有一些以划刻、雕塑、塑贴等技法装饰者，这些不为人知的新颖器物，丰富了人们对汝窑青瓷的认知。按理说，传世作品中也应该有这种仿古铜器式样的完整器，但迄今却没有见到，它们都去哪里了？是随着历史上黄河几次大泛滥沉入了地下，还是另有缘故？至于当代的仿造汝窑瓷器，若能在艺术和技术上有所突破，或将是一个奇迹。

古道·周柏·利津渡

渑池县北部有一座桓王山，奇峰绵延，层叠相连。寒露时节，山上植物色彩渐浓，把一座山装点得缤纷绚烂。

山脚下的南村乡，位于河南渑池、新安和山西垣曲三县的交界处，有"舟行两省，鸡鸣三县"之说。南村南依群山，北临黄河，是阳壶古道和黄河漕运交汇的水陆交通枢纽，扼守黄河天险，历来为兵家必争之地。

至今，阳壶古道仍蜿蜒在崇山峻岭间，黄河两岸也有数千米的古栈道和反映从汉代到清末水运历史的摩崖石刻，记录着黄河漕运的千年兴衰。

阳壶古城

在河南渑池和山西垣曲的清代县志中，同时记有"阳壶城"。康熙版《渑池县志》载："阳壶城，冶北百二十里，北临河。"康熙版《垣曲县志》载："阳壶城，冶南里许，临大河。"

《左传》中称:"晋人以宋五大夫在彭城者归,置诸瓠丘。"瓠丘亦名壶丘、阳壶。史料载,隋唐之前,阳壶城在黄河北岸的山西垣曲,唐代之后在黄河南岸的渑池,元代实施省制后,以黄河为界,阳壶城归河南管辖,明代再变,改名为阳壶村。

1985年和2003年,中国历史博物馆考古队和中国国家博物馆田野考古研究中心两次发掘考察古城遗址。其报告称,垣曲古城南关的垣曲商城,距今3200年—3000年,四面城垣,三面环水,南墙已经挂在台地的南部断崖处,其下是滔滔黄河。

岁月变迁,黄河多次暴涨,淹没了城垣。春秋时期,晋国在垣曲古城之东滩村东三里、古城南一里修筑阳壶新城。北魏郦道元《水经注》描述:"清水又东南迳阳壶城东……注于河。"中国社科院仰韶文化研究中心研究员杨拴朝说,这也许就是阳壶城的首次搬迁。

2002年出版的一本《垣曲移民》提道:"在黄河北岸,东滩村东侧三里许,有一个偌大面积的大沙丘,沙下埋藏着一座古城垣,这就是春秋时期的阳壶城。此地为晋国的南大门,与郑国隔河相望……随着岁月的推移,黄河多次改道,水逼人迁,这座显赫于当时的古城,长期湮没于沙丘之中。"

《黄河志》记载,隋唐时期,多次的洪水灾害导致黄河改道北移。大水再次淹没了阳壶城,唐代时古城再次搬迁,南迁到黄河对岸狮子山东北角、涧河南部的台地上。新城依然掌控着黄河渡津这条经济大动脉、豫晋关隘这个军事重地。

当地的老人们说,明代黄河改道,阳壶城第三次搬迁到阳壶山北坡,改名阳壶村。2000年,黄河小浪底水库建成蓄水,阳壶古城城垣遗迹、大片房屋遗址和阳壶村,长眠于水下。

举目望去,黄河库区水面宽阔,两岸重峦叠嶂,大河波澜不惊,早已带走了古城昔日的繁华与喧嚣。中国社科院历史研究所研究员李万生认为,阳壶城地处豫晋峡谷腹地,扼守黄河天堑,易守难攻,从春秋时代到隋唐时期,一直是守卫都城洛阳安全的重要关隘,尤其是助成了南北朝时期西魏政权的稳定。

阳壶城几度迁移,跨越黄河南北,跨越山西、河南,紧密连接起了河洛文化与秦晋文化。

阳壶古道

太阳透过云层,洒几缕金光在苍山间,远山如黛,延绵起伏,草木茂密。越野车一路颠簸,2个多小时才从渑池县城到达南村乡东关村。

卵石铺砌的阳壶古道隐匿于山间,沿古道步行进山,道路宽约2米,狭窄处仅1米多,大约只能容得下两匹马并行。路边灌木丛林茂密,野草肆意生长,道路蜿蜒曲折,若隐若现,古道的石块上,依稀能见到马蹄的印迹。

杨拴朝说,这段5公里的山路,因为偏僻,还保存着原貌,是阳壶古道的一小段。阳壶古道又称春秋古道,因春秋时期途经阳壶古城而得名。

《渑池县志》载，阳壶古道由山西太原、榆次、侯马，在横岭关入垣曲县城，到达黄河阳壶渡口。而后，从阳壶村东边的峡谷入山南行，经关底、东关、金灯河和新安县石井，抵达洛阳，在河南段全长为90公里，3000多年来，一直是连接黄河南北的一条重要通道。

春秋时期修成的这条古道，成为东周君主出巡属地，或晋侯东下的捷径。当年，东周第二代君主周桓王姬林，沿阳壶古道北巡，经过南村时，见大山气势雄伟，林壑苍翠，竟赞不绝口，问此山何名，答曰凤凰山，便决定百年之后葬于此。周桓王在都城洛阳驾崩后，他的儿子庄王动用千名工匠，在凤凰山建造陵墓，7年后的公元前690年，周桓王归葬凤凰山上，山名改为桓王山。

《宋史·吕蒙正》说，北宋吕蒙正担任监丞职务时，"参领"营造版筑事物，曾监修阳壶古道，此道又称"吕蒙正道"。宋代是阳壶古道最鼎盛的时期，运城盐池出产的盐，有一部分就是通过这条古道，运销到东京汴梁和中原地区。

康熙五十二年（公元1713年）所立的"平治道涂碑"上，记录了一段修路的往事。渑池县阳壶村与山西垣曲县东滩村各设渡口，渡船互开数年，方便往来行人，但是自阳壶至丹石坡（今新安县横水段）的道路"山环绕崎岖，林木障蔽险阻"，车骑负担者经过此处，无不心惊胆战。正当阳壶、东滩两村筹资拓修此路时，临汾曲沃县人王炼贞捐银50两，道士王一静捐出募化的全部银两，共集资200多两，用来修路，终于使道路"崎岖平，险阻除"。

渑池县交通运输局局长侯建星介绍，渑池东关村至新安山窝村之间，古代铺设的道路目前仍然有20公里完好无损，路面全部由片石、卵石铺砌，宽约3米。据称，阳壶古道是我国目前现存年代较早、修筑标准较高、保存历程较长的古代驿道之一。

夕阳已然半含于山。山势越来越高，古道陡峭难行，爬上去只顾着喘息。转过身，眼前豁然开朗，进入一个小村庄，明清时期的石砌驿站、店铺，几座石屋依山而建，错落有致。房前屋后，树木挺拔，柿子坠枝，小鸡在觅食，老牛在漫步，村民在拨弄着玉米棒子，悠闲散淡，自得其乐。时光流逝，古道无语，一切尽在不言中。

黛眉周柏

出渑池南村乡东行，上齐陡坡，过下关底，穿洋湖山，路险阻。左边，悬崖峭壁下的黄河奔腾不息，周桓王陵秋草如茵；右边，黛眉山重山嵯峨。一条盘山公路缠绕山间，顺山势左转右拐，至大约12公里处的西山底村，端坐着一座规模不大的黛眉庙。

大殿前，一株雄伟的柏树赫然眼前，它干枝遒劲，苍然挺拔，枝繁叶茂，古柏需要六个成年人伸长胳膊，手接手才能合抱。主干在不同位置分出多个枝杈，凸起几个莲花状的树结。树上有许多大大小小的鸟窝，树根部三面隆起树结，有的部分已经脱皮，被人摸得油亮，如同根雕作品。

《渑池县志》称其为周柏，树龄3000年以上。《河南古树志》记录它：古柏高29.5米，胸径2.47米，枝下高6米，冠幅378米。清代张象山《柏地庙山水记》说它："干分而五，牙查如鹿角，卷曲如鸡拳，扬者如马之奋鬃，垂者如人之援手，轮囷数亩。风来飕飕，如疏雨横空，如惊涛乍至。柏身南面，老皮皱起，如莲花状。"

周柏背依黛眉山，满山深绿，前怀黄河，远眺中条山，景色幽美。古树南侧的数十米处，一条溪水从山坡上缓缓流下，绕庙而过，滋养古树。周柏是小鸟衔来了一粒种子，还是有人植栽的？没人能说得清楚。或许是深山闭塞，山高路险，周柏才能历经千年，越发峥嵘茂盛。

村民讲述，1928年，一位山西来的刀客，夜袭山底村后，又到黛眉庙抢掠，放火点燃西厢房。着火的木梁倒在了柏树上，幸好当地人及时施救，扑灭了大火，古柏才幸免于难。当时，古树西侧的躯干被烧掉了，但虽受残损，古树仍然郁郁葱葱。

清末时，村民张茂林开始守护老树，如今村里已经历了6代"守树人"，他们把周柏视若生命。2000年，村里几个七八十岁的老人，自发成立了"西山底古柏保护小组"，轮流在黛眉庙值班，保证古树的安全。几年前，55岁的村民杨来拴从78岁的张支平手中,接过了守树的任务,每天来看古柏。他说:"天天看着它,守着它,眼里舒服,心里安稳。"

2016年11月,著名作家梁衡来此采风,挥毫题写"黛眉周柏"四个字。他说:"在伐木者看来,一棵古树,是一堆木材的存储;在科学工作者看来,一棵古树,是一个气象数据库;在旅游者看来,一棵古树,是一幅风景的图画;在我看来,一棵古树,是一部历史教科书。"

利津古渡

豫晋大峡谷是黄河流入黄淮平原的最后一段险要峡谷,古又称"阙流",水至南村乡班村段,则河宽水缓,是天然的水运停泊港湾。黄河漕运水路与阳壶古道在南村交汇,使南村成为黄河漕运航线上的重要驿站和交通枢纽。

阳壶城几次迁移,渡口随之变化,经历了阳壶渡、济民渡、利津渡等多个名称,是黄河中游的三大古渡(茅津、利津、孟津)之一。

利津古渡,东连黛眉群峰,西踞金陵涧水,黄河雄浑,峰峦巍峨,令人感慨万千。明代渑池人、绍兴知府席椿留下诗作《利津古渡》:"万里黄河一叶舟,争传古渡几千秋。扬帆直剪桃花水,荡桨斜看竹箭流。"

《宋史》提到,由渡口至新安县达洛阳的阳壶古道,是战国时期修筑的战道,宋王朝为防御日益强大的辽、金入侵,多次对其拓宽整修。后来辽、金进攻中原，利津古渡是刀光剑影、血雨腥风的战场，不仅房舍毁坏殆尽，漫山遍野的树林也被砍伐，拿去造船，树木所剩无几。

《渑池县志》载有元代人撰写的《济民渡河神祠记》，其中说道："至元五年（公元1339年）攻击襄阳……起运造船桅杆木植四万三千余数……令本路人户俱入南村山林，采斫造船木植。"

三门峡是黄河中一段最艰险的航道，它指的是西至峡口，东至渑池北仁村的这段长达65.4公里的峡谷河段，这里河床骤窄，水流湍急，怪石嶙峋，极为险恶。在长长的狭谷中，黄河南北两岸有10处用夯土筑成的柱状土台，谓之"阏流堆台"，每个堆台高约10米，下部直径约6米，顶部直径为3米左右，都建在突出河湾的山嘴处，两堆之间通视良好，堆下距河面30余米。建筑原来可能是方形，经过长期的风雨剥蚀，如今近乎圆柱状。中国水利史研究会会长姚汉源教授考证，这些堆台是古代漕运导航设施的遗址，大约修建在隋唐时期。

在三门峡至南村的峡谷中，黄河古栈道遗迹明显。黄河岸边的山体下，栈道好似一道大凹槽，平整光滑，虽然黄河相当平静，走在栈道上，还是有几分胆战心惊。栈道沿途，山体上凿有并列的"牛鼻窝"、方石孔，方便纤绳通过。栈道上方的石刻题记众多，时间跨度从汉代到明清时期。

渑池境黄河岸边，多悬崖峭壁，河中暗礁密布，巨石挡道，水流湍急，常有碰壁、触礁事故的发生，当地渡船人留下凄凉民谣："提起五户滩，人鬼都胆寒，要想通过它，除非活神仙……"

渑池县委宣传部部长张晓红说，1938年11月下旬，邓小平、杨尚昆等从延安到渑池兵站，由利津古渡北渡黄河，奔赴太行前线。1939年11月21日，印尼援华医疗队国际著名医生柯棣华等3名大夫，也由此过黄河，奔赴太行前线。

曾经的黄河漕运，用工庞大，南村地区出了一批批技术高超的艄公，到达这里的漕运船只，只有依靠他们，才能安全渡过险滩激流。他们摇橹荡桨，用生命和汗水铺就出一段黄河漕运航道。

村民们说，南村方言能分出晋、陕、豫、冀、鲁等五省口音韵律，且只存在于乡境20公里内，邻村邻县，无一雷同。特别是南村的镢把戏，就起源于黄河漕运拉纤时震天撼地的船工号子，它以南村方言为母语，以船工号子为基调，高亢粗犷，近于锣鼓说唱。农历新年时，南村便会传唱出慷慨激昂的唱腔，生动再现田间地头的劳作和欢庆丰收的喜悦。

村人每每敲打起镢把，喊两嗓子高腔时，都会令漂泊他乡的游子为之动容。南村的历史，也是一部黄河漕运史，书写着河南人行走在水上那惊心动魄的传奇往事。

去贾湖，叩响人类文化之门

贾湖遗址，一处位于河南省舞阳县贾湖村的寻常田野，在朴素的麦田之下，隐藏着 8000 多年前的一段神奇历史。

30 多年前，它才进入到考古工作者的视野。

8 次考古发掘，昔日的生活场景被一点点复原，一次次带给人们强烈震撼。

它的一个个世界之最，引起英国《自然》杂志和《美国国家科学院学报》的关注。研究者称，贾湖文化是"中华民族历史长河中第一个具有确定时期记载的文化遗迹"，是"人类从愚昧迈向文明的第一道门槛"。

发现丝绸

2016 年岁末，贾湖遗址又有一个惊世发现。

12 月 12 日，中国科学技术大学科技史与科技考古系龚德才教授的研究团队，在国际学术期刊《PlosOne》(《公共科学图书馆》)发表论文,题目为《8500年前丝织品的分子生物学证据》,报道了对贾湖遗址的重大研究成果:在贾湖两处墓葬人的遗骸腹部土壤样品中,检测到了蚕丝蛋白的残留物。根据遗址中发现的编织工具和骨针综合分析,8500年前的贾湖居民,可能已经掌握了基本的编织和缝纫技艺,并有意识地使用蚕丝纤维制作丝绸。

龚德才介绍,印度学者通过显微形态对比的方法,证明了哈拉帕和昌胡-达罗遗址(公元前2450—2000年)出土的铜器表面残留有蚕丝纤维,提出印度在4000年前已经开始使用蚕丝;奥地利学者通过分析古埃及木乃伊卷发中的纤维疑似物,确定其为蚕丝纤维,推断3000年前的古埃及已经开始使用蚕丝。

贾湖遗址的这次发现,将中国丝绸的考古学证据提前了4000年,证实了中国是首个发现蚕丝和利用蚕丝的国家,对于丝绸发展史的研究起到了关键作用,具有深远的意义。

古老的传说中,中原地区的嫘祖"首创种桑养蚕之法、抽丝编绢之术",开始了利用蚕丝制作丝绸的历史。

当传说成为历史,"贾湖"再次令人瞩目。

此前,它曾数次"刷新"人们对于史前文化的种种认知。

中国科技大学教授、贾湖遗址考古发掘主持者张居中说,贾湖遗址距今9000—7500年,是新石器时代早期遗存,出土文物数量之多、品类之盛、制作之美、内涵之丰富,为全国其他同时期遗存所罕见,它展现出一幅淮河上游新石器时代的绚丽画卷,与同时期西亚两河流域的远古文化相互辉映。

贾湖遗址的考古成果,被镌刻在北京"中华世纪坛"青铜甬道的显要位置,被确认为 20 世纪全国 100 项重大考古发现之一。

偶然相逢

春回大地,生机盎然,松软的泥土散发着清新温软的气息,返青的麦苗正在微风中舒展腰肢,毛茸茸、清爽爽、绿茵茵,无边的麦田仿佛神奇的地毯,铺入辽阔蓝天。

出北舞渡镇西南 1.5 公里,就是贾湖村,这里河流纵横,交通便利。泥河的东支流从遗址北来,绕向西又折向东南,注入泥河中,灰河在遗址东北约 3 公里处汇入沙河。南北交通大动脉京广铁路,就在遗址东侧的 30 公里处。

村东侧,一个醒目的文物保护标示牌,写明它的与众不同。贾湖遗址阿岗寺遗址管理委员会副主任王卫东,比画着一望无际的麦田,边走边说:麦地下面,就是总面积约 5.5 万平方米的贾湖遗址,一个规模较大、文化积淀极为丰厚的新石器时代早期遗存。

遗址的文化层厚薄不等,边缘厚几十厘米,中心地带最厚可达 2 米,遗址上部被晚期的淤泥覆盖,直到 1961 年才被发现。

河南省文物考古研究院副院长魏兴涛研究员说,考古人员发现遗址,缘于一次偶然。

1961年，舞阳县文化馆干部朱帜，下放到贾湖村劳动，他在薯窖和土井断壁上，首次发现新石器时代的陶片、人骨和红烧土等遗物。

1979年秋，贾湖村学校师生开荒种地时，又发现一些陶壶、石铲等文物。

随后，国家和省、市、县的文物考古工作者，对遗址进行多次调查和复查，30多年发掘8次，成果震惊世界。

陶、石、骨等各种质地的遗物5000余件，还有大量的稻壳和炭化稻粒，炭化果核，中华鳖、扬子鳄、龟、鲤鱼等各种水生物，鹿、猪、狗等动物骨骼。

审视沉睡千年的物件，8000多年前的场景似乎重现眼前。

那时的贾湖，波光潋滟，水草丰美，梅花鹿、野兔奔驰而过，獐、麋饮水嬉戏，丹顶鹤、天鹅翩然起舞。

聚落内外，榆、柳、桑、梅等乔木迎风摇曳；聚落周围，是他们种植的片片稻田，或能听到悠扬乐声。

贾湖人过着定居的生活，聚落有一定布局，居住的房屋以椭圆形为主，建筑形式多为半地穴式或浅地穴式。

折肩壶、双耳罐、圆肩圆腹壶、筒形角把罐……虽然陶色不纯，烧制火候不够，但这些粗朴的陶器成为贾湖人的主要生活器具后，却拓展了食物品种，改进了烹饪方法，在很大程度上改变了人类的生活方式，成为人类发展史上的里程碑。

遗址中发现的龟甲、骨器、石器、陶器上，有一些契刻符号,与商代甲骨文有相似之处,很可能是汉字的滥觞。香港中文大学著名国学家饶宗颐认为:"贾湖刻符对汉字来源地的关键性问题,提供了崭新的资料。"

中华第一笛

8000多年前一个宁静的夜晚,月朗星稀。

一位翩翩男子,手拿骨笛,寻一块平坦草地,面向贾湖,倚树而立。

骨笛在唇边吹响,笛声婉转,散入春风,回荡在湖面。

男子不曾想到,穿越8000多年的时光,凭借骨笛,他仍然能够和现代人心意相通。

在贾湖所有的出土文物中,骨笛最引人注目。

骨笛的发现,是发生在1986年5月的故事。魏兴涛讲述,考古专家张居中、王胜利在清理M78号墓时,忽然发现,墓主人左股骨旁,放置着一只完整无损的骨器,形状很像今天的笛子,管身上还有7个大小一致,排列均匀的接音孔。

抖落骨器一身的泥土,张居中试着吹响它,却只发出了"呜呜"的长鸣音。

它是什么?是笛子还是洞箫?考古专家迅速去北京,向音乐专家请教。

当骨器出现在中国著名古乐器专家萧兴华的面前时,他大吃一惊,因为它的构造,和新疆哈萨克族的吹奏乐器斯布斯额、新疆塔吉克族的鹰骨笛极为相似。萧兴华意识到，眼前这只骨笛，比历史上任何关于笛的记载、出土的文物和砖雕绘画中的乐器都要早数千年。

1987年12月，郑州，中央艺术研究院音乐研究所讲师黄翔鹏，用一支7孔贾湖骨笛吹奏了河北民歌《小白菜》，震惊四座。

时光流转，笛声依然，人们仿佛听到了久远的贾湖先民的心声。

漯河博物馆馆员朱振甫说，贾湖出土的40多支骨笛，都是由丹顶鹤的肢骨所制，一般长20多厘米，直径约1.1厘米，骨笛上开有5孔至8孔，具备了五声、六声和七声音阶，甚至能够演奏富含变化音的少数民族乐曲或外国乐曲。

骨笛制作精确，令人难以置信。专家认为，骨笛的制作者和使用者，应该地位显赫，可能是部落或氏族的首领，或是能够沟通天地和人神的巫师。

贾湖骨笛将人类音乐史、文明史向前推进了3000年，被称为"中华第一笛"，它是世界上同期遗存中保存最为丰富、音乐性能最好的乐器实物。

它不仅远远早于美索不达米亚平原出土的笛子，也比古埃及第一王朝时期陶制笛子早了2000年，可谓世界笛子的鼻祖。

1999年9月23日出版的英国《自然》杂志，以骨笛的图片为封面，刊发骨笛科研成果，标题是《中国贾湖新石器时代早期遗址发现最古老的可演奏乐器》。

保存完好的 7 孔贾湖骨笛，成为河南博物院的镇院之宝，被放置在显要位置。

郑东新区标志性建筑的河南艺术中心装饰柱的设计，取意于贾湖骨笛；新郑国际机场 T2 航站楼导航台的设计，也取意于贾湖骨笛，两支"骨笛"振翅欲飞，被寄予了河南腾飞的美好愿望。

美酒飘香

酒的麻醉致幻作用，使得世界上不少古代人群，都把它当作通神的手段。在"礼仪之邦"的中国，酒文化源远流长，所谓"礼以酒成"，无酒不成礼。在古代的社交礼仪中，一定会伴有饮酒礼。酒，就像是维持社会机器正常运转的润滑剂。

有酒则必有酒器，贾湖出土的陶器中，会不会也有酒器呢？

带着这个大胆的设想，2004 年 12 月，张居中教授与美国宾夕法尼亚大学考古与人类学教授帕特里克·麦克戈温合作，对陶器壁上的沉积物进行化验分析，结果令人惊喜。附着物内有酒石酸的成分，主要原料是稻米、蜂蜜、山楂和葡萄。专家以此判定，9000 年前的贾湖人，已经掌握了原始的酿酒技术。

伊朗曾经发现 7400 多年前世界上"最早的酒"，贾湖酒的发现，改写了这一记录，成为世界上发现最早与酒相关的实物资料。

麦克戈温在美国《国家科学院学报》中说：在人类社会进程中，发酵饮料对于许多社会关系、医药发明、世界文化等十分重要，在人类文化技术发展中扮演了一个关键角色，为农业、园艺、食品加工技术的进步做出了贡献。

有趣的是，2005年7月，美国特拉华纳州角鲨头酒厂，根据贾湖酒的几种成分，运用现代工艺，制作出了商标为"贾湖城"的啤酒。

张居中在《东南文化》一文中说：贾湖人属于蒙古人种的亚洲北部类型，稻作物农业在贾湖人生活中占有重要地位，淮河流域很可能是稻作农业起源中心的重要组成部分，是粳稻初始起源地之一。同时，采集、狩猎、捕捞和家畜饲养，也是人食物来源的重要手段。其文化所达到的总体高度，远远超出想象。

农业耕作、陶器制作、结网捕鱼、畜牧养殖、纺织缝纫、乐器制作、符号刻画、阴阳观念……扑朔迷离的远古神话，在贾湖一一成为了事实。

有学者提出，文明的演进是一段路途而不是一道门槛，是一个历史过程而不是一个历史事件。但这一演进过程也不是匀速的，会有一些跳跃性的节点，可以称为"突变"或"巨变"。

或许，正是像贾湖这样的节点，促成了历史的巨变。

嵩山之阳访书院

　　头顶中国古代高等学府的熠熠光环，嵩阳书院与河南睢阳应天书院、江西庐山白鹿洞书院、湖南长沙岳麓书院一起，并称中华"四大书院"。

　　这里曾经是一片海洋。几十亿年沧海桑田，在中原腹地的这块地方，隆起了被尊为中岳的巍峨嵩山。1500多年前的北魏太和八年（公元484年），在嵩山之阳，一个名为嵩阳寺的佛教场所初建而成，它就是日后在中国历史上声名赫赫的嵩阳书院。

　　"嵩高惟岳，峻极于天"，书院因巍巍嵩山而名，嵩山因煌煌书院平添了几多厚重。如今，汉武帝嵩山祭天时百官山呼万岁的声音早已在时空中飘散，而传承中国文化的嵩阳书院却在沧桑中历久弥新。它浸润着历代儒生的家国情怀，也是后来者无法忘却的精神家园。

程门立雪，尊师重道典范

923年前的一个冬日中午，天空飘起了雪花，嵩阳书院门前那几株高大柏树的黛色树冠已披上一层白雪。

此时，在书院求学的杨时和游酢同学正为一个哲学问题而争论不休，决定去找老师、理学家程颐请教。年届六十的程老先生是书院中的权威。

炭火正旺，屋内温暖如春，程老先生进入"瞑思"状态。两位学生不敢打扰，便于一旁侍立。"时与游酢侍立不去，颐既觉，则门外雪深一尺矣"。《宋史》中《杨时传》记载"程门立雪"的故事，感动了一代又一代中国人，至今仍作为尊师重道的经典代代相传。

初夏的早晨，一缕缕阳光透过树叶间密密匝匝的缝隙，为书院洒落一地斑驳，空气里满是花草的清香。黄竹凝翠，鸟鸣山幽，静谧之中似乎能听到历史深处的朗朗书声。

书院内有一硬山式建筑，长方形横匾上写着"讲堂"二字。登封市文联副主席常松木说，这是1684年清康熙年间重新修建的，以纪念理学创始人程颢、程颐曾在此讲学。讲堂前的砖砌月台，青石条压边，东西长11米，南北宽4米，人称"程门立雪处"。月台竖立着明代刻制，记录程颢、程颐二兄弟言、听、视、动的"四箴碑"。斯人虽逝，其言行却一直影响着后人。

杨时、游酢立雪程门，是尊师，更是重道。"道"是孔子

"道不行，将乘桴浮于海"之"道"，是"朝闻道、夕死可矣"之"道"。重道、求道表达的是士子赤诚之心，人文情怀。

程颢、程颐两位大师讲学十余载，"士大夫从之讲学者，日夕盈门，虚往实归，人得所欲。"嵩阳书院名声大振。二程宣道劝仪循循善诱，讲学通俗易懂，学生听得如醉如痴。弟子朱光庭赞叹："光庭在春风中坐了一月。"于是，"如坐春风"一词不胫而走。

讲堂内有幽兰，外是修竹，古柏疏影映窗棂。或许，传递的正是先生于堂中讲学的精彩，分享的正是学生顿悟的喜悦！程颢、程颐在嵩阳书院开创了理学发展的新阶段，世人称为"洛学"。

其实，早在1081年，也就是在程门立雪发生的12年前，29岁的杨时就已经在嵩阳书院游学，拜在程颐先生的兄长程颢门下。学成南归的那天早上，杨时在书院大门的土台上与老师惜别。目送弟子下山时意气风发的背影，程颢感叹不已，他自言自语："吾道南矣！"4年后，程颢去世。

有立雪那份执着的杨时，没有辜负先生。正是得益于他和众多弟子的承前启后，从二程到朱熹，最终形成了系统的新儒学体系——"程朱理学"，成为影响我国封建社会七百年之久的统治思想。

儒家圣贤将中国文化之"道"作为追求目标，既强调以道修身、完善自我人格，所谓格物、致知、正心、诚意、修身；

又强调以道治世，规范社会秩序，所谓齐家、治国、平天下。他们用"道"引领的完美世界，滋养着文人雅士的心灵，沉淀在中国传统文化的深处。

书院内有古槐一株，系当年程颢、程颐在书院亲手所栽，树干嶙峋，老态龙钟，却新枝簇簇，树冠如盖，见证着程朱理学的枝繁叶茂。

大师云集，仰望灿烂星空

嵩阳书院在登封市嵩阳路北端的嵩山南麓，北靠峻极峰，面对双溪河，因地处嵩山之阳而得名。

清晨，站在嵩阳书院大门前的平台上，南可俯瞰登封全景，北可仰望嵩岳太室山诸峰，四周山环水抱，林峦错峙，形胜绝佳，不愧是读书学习和修身养性的好地方。

嵩阳书院的大门上有副对联："近四旁，惟中央，统泰华衡恒，四塞关河拱神岳；历九朝，为都会，包伊瀍洛涧，三台风雨作高山。"它是清代翰林侍读吴慈鹤督学河南考察嵩阳书院所题，以嵩山地形的雄伟，烘托出嵩阳书院的气势非凡地位出众。

宋代重视文治，书院居于东京汴梁（今开封）和西京洛阳之间，优越的地理位置使之成为大儒的云集之地。尤其在王安石变法推行新政时，政见不合的司马光、程颢、程颐、吕诲、韩维等皆被贬到嵩阳书院近在咫尺处的赵宋皇室家庙——嵩山崇福宫，任提举这一闲职。庙堂赋闲，这些名重天下的士大夫仕而"闲"则学,先后到书院开讲授课,书院成为讲授儒学、传播经邦治国思想的中心。

司马光居住洛阳、嵩山十五年,倾心讲学,专心著述。他发现嵩阳书院东墙外的叠石溪水流潺潺,怪石嶙峋,溪水两旁花木葱茏,相映成趣,十分喜欢,就建一别馆,春、夏两季居住,在此完成了王道相传、以史为鉴的《资治通鉴》中第9至21卷。"日力不足,继之以夜",经世致用之情溢于文字。

从嵩阳书院东侧步行上山,东北百余米处,有一"光风霁月其襟怀"石刻,按照清初景日昣《说嵩》书中的纪录,就是司马光别馆的旧址。如今溪水干涸,只余绿树成荫。

范仲淹性情率真,嵩阳书院如今还流传着他讲课时或击掌高歌,或迎风长啸的故事。范文正公所倡导的先忧后乐思想和秉持的仁人志士节操,在那一幕幕兴致所至的讲会辩论中,春风化雨一般感染着学生,成为他们的志向。

元好问23岁时为躲避战乱,举家迁到嵩山居住。他和好友诗歌唱酬,创作极丰,名震京师。虽然是在各自顾命的乱世,讲学书院时还是以报国之志吸引学生,听得学生潸然泪下。

嵩阳书院依山傍水,环境清幽,学术气息浓郁,适宜士子隐逸,他们寄情山水,又心忧天下。事功,是终生准则;隐逸,又让内心难以割舍。对于国家,是进亦忧,退亦忧;对于个人穷达,则是进泰然,退豁然,进退坦然。

入世抑或谪居,居庙堂之高抑或处江湖之远,士大夫初心不改，对学生的教导，贯穿其中还是"为天地立心，为生民立命，为往圣继绝学，为万世开太平。"他们将"士志于道"的人文精神作为书院精神，书院也体现出追求知识的学术精神。

文脉绵延。杨时回到江南后，开办东林书院，明代东林书院山长顾宪成撰写名联："风声雨声读书声声声入耳，国事家事天下事事事关心"。儒生关注国家事、关心民生疾苦的担当之学风，没有随时间、地域而改变，而被历代效仿。

几度兴衰，文脉薪火相传

嵩阳书院这处所在，先后是佛教、道教的重要活动场所和李唐皇室的游嵩行宫，北宋景祐二年（公元1035年）宋仁宗赐名嵩阳书院。

登封市文物局副局长宫嵩涛向记者讲述，嵩阳书院兴盛时学田近1600亩，生徒400人，藏书2000多册，明末书院毁于战火，清代重修复建。

1901年清光绪皇帝下旨，改全国书院为西式学堂，1905年嵩阳书院改办为嵩阳高等小学堂。

书院这种教育形式虽然已成为历史，然而它在传播学术思想，普及礼乐教化和引领文化思潮方面的强大作用，却在中华文明的延续和发展中，留下了浓墨重彩的印迹。

文化繁荣关乎民族盛衰荣辱。传统文化作为国人的精神支柱，其魂、其根基越来越被时代认识到珍贵。2009年郑州大学嵩阳书院成立，恢复重建嵩阳书院，以期"赓续文脉，弘扬国学"。

在书院沿中轴而行，五进院落依照儒家礼制而建，南北长297米，东西宽81米，保持了清代的建筑格局。穿过大门、先圣殿后，为讲堂。先生激情讲学，学生如坐春风，师生相互答疑问难，激荡交流获得新观念新思想的那些片断，大多会聚于此。

池水环绕的泮池，修于何时不得而知，引书院西溪水，架石渠助水循环，寓含朱熹"为有源头活水来"之意。之后有道统祠和藏书楼，体现出教学、藏书、供祭的主体地位。宫嵩涛说，祭祀道统三圣人（帝尧、大禹和周公），是嵩阳书院的传统，正是这种祭祀形式，使它成为传承理学正宗嫡传的主要场所之一。

百余间古建筑多为硬山式灰筒瓦房，古朴大方，自然淡雅，与中原地区众多红墙绿瓦、雕梁画栋的寺庙截然不同，是中国北方书院建筑的典型代表，它见证了一种已经消逝的文化传统，成为世界文化遗产。

书院内的文化遗存同样饱经沧桑。两棵汉封将军柏，经林学专家鉴定，树龄均有4500多年，是我国现存最古老的柏树，因它而起的典故"先入为主"至今流传。"大唐嵩阳观纪圣德感应之颂碑"即著名的大唐石碑，历经1200多年的风雨侵袭仍旧光亮润泽。通碑重达80多吨，仅碑首部分就分为三层有10多吨，当初人们是怎么把它们放上去的？未解之谜任凭观者去揣测一二。

夕阳西下，山风徐徐，将军柏枝叶摇动，如响环佩，如闻丝竹，在这样的氛围中，你依然可以想象当年无数学子围坐在参天古柏下听讲、朗读和辩论的动人情景。嵩阳书院舞台上曾经大师云集的学术争辩，曲水流觞的林下风雅，进退坦然的士大夫之心，虽然已经一一落幕，但一介书生修身、齐家、治国、平天下的家国情怀、精神追求，那些被书院承载起来的传统文化仍然会被记忆和传承。

书院内寂静无声，书院外车水马龙游客如织。在喧嚣的现代社会，值得探讨的是，如何再次发挥嵩阳书院的思想文化优势去传承国学？

探访黄河故道下的汉代聚落

"方宅十余亩,草屋八九间。榆柳荫后檐,桃李罗堂前。"东晋陶渊明记述的乡村景象,简朴恬淡,似乎是我们对古代农人生活的全部想象。那么生活在陶渊明之前,距今2000多年的汉代农人又是如何劳作、怎样生活的?它一直是个未解之谜。

直到2003年6月,安阳市内黄县三杨庄的一次偶然发现,才无意中开启了通向汉代的"时光隧道",让当代人目睹了汉代人那一幕幕凝固下来的生活场景。之后又经过两年多的发掘,河南省文物考古研究院从5米多深的淤沙中,逐渐清理出4处庭院,总面积达9000余平方米。

考古学界称,三杨庄汉代遗址规模宏大,是世界上独一无二的农业遗迹,展现了中国汉代农耕社会的丰富概貌,其考古价值堪与意大利庞贝古城相媲美。

汉代聚落重见天日

内黄县西南30公里处的梁庄镇三杨庄村一带，地处黄河故道上的一片淤沙地带，土地贫瘠，略显荒凉，地表沙丘起伏，地下淤沙厚积。在久远的古代，这里曾经是麦香阵阵的农耕乐园。三皇五帝中的颛顼、帝喾的陵墓，就在离这里20多公里的地方。

三杨庄原党支部书记杨丁伟介绍说，三杨庄村北曾经有一条河流经过，但很早就断流了，缺水曾经是当地人生活中的大问题。2003年6月，内黄县实施"引黄入内"工程，轰鸣的机器一刻不停。24日，一台疏浚河道的推土机正在村北500米的"引黄入内干渠"河道内施工，突然，村民杨国庆叫了起来。众人围观，只见离地表5米左右的黄沙下面，隐隐约约出现一堆瓦砾，瓦片很大，好像是房屋的房顶。

内黄县文物局立即派工作人员来现场勘查，随即将情况上报到河南省文物局。之后，陆陆续续，四处类似的房屋遗迹在同一地层上出现。

河南省文物考古研究院院长、研究员刘海旺回忆，遗址中清理出的瓦大约有40厘米长，是目前常见瓦长度的两倍左右。板瓦如板而略有弧度。板瓦和筒瓦同时使用，表明是一处汉代建筑。遗址中还有"货泉"字样的铜钱，"货泉"是王莽时期（公元9年至24年）的钱币。综合板瓦、筒瓦的纹饰和形制，以及陶器的形制等整个器物群的特征，考古学家认为，三杨庄汉代遗址是一处西汉晚期较大规模的聚落遗址。

为了保护已清理出的两处遗存，当地水利部门在原开挖渠道南侧的50米处，开挖新渠。不料，新挖的渠道内又发现两处庭院遗存及汉代墓葬。

考古工作者经过2年艰苦工作，首期发掘总面积9000平方米，清理出4座庭院、2眼水井和厕所、地窖、编织台，树木、树叶遗迹以及70多件铁质、陶质、石质生活和生产用具，还有2000平方米的垄作农田。

沉睡了2000多年的汉代聚落，终于醒来，露出了原貌。何谓汉代的"代田制"，何谓"聚"与"落"，这些过去只能根据文献和汉画像石推测的历史，由于三杨庄汉代遗址的发现，变得日渐清晰起来。刘海旺认为，遗址保存了大量的西汉晚期社会结构、农业生产、社会制度等方面的信息，对研究西汉时期生活组织机构、社会制度形态、经济发展状况、农业生产水平、建筑结构布局、民间生活习俗等方面提供了极其难得的实物资料。北京大学原考古学系主任、考古学博士生导师高崇文甚至认为："怎么强调它的意义和价值都不过分。"

三杨庄汉代遗址2003年被中国社科院评为六大考古新发现，2005年被中国考古学会评为全国十大考古新发现，2006年被列入全国重点文物保护单位。

房舍格局保存完好

一堆筒瓦碎块遗落在地上，房屋西南侧还有一个小型的拌泥池……似乎，这一户人家正在维修房屋的时候，突然停了下来。房屋内没有留下任何人或动物的痕迹。和这一户人家一样，周围的几户人家，似乎也是在或编织或农作或嬉戏的时候，转身离开了这里。他们是集体搬迁了吗？为何又走得如此匆忙？

这一切都与黄河密切相连。郑州大学历史学院历史学博士符奎考证，西汉末期以前，三杨庄遗址处于黄河北岸，黄泽东侧，或紧濒黄河与黄泽，黄河故道在这里拐弯，再流向东北方向。三杨庄遗址聚落在汉代隶属魏郡管辖。魏郡是西汉至唐初的一个郡级行政区划，包括今天河南省安阳市以北，河北省邯郸市以南及山东冠县、莘县等地。西汉贾让在《治河三策》中提到，当地居民与水争地，在河堤内肥美的河滩上耕种，久无灾害发生时，便在此安家定居，"稍筑室宅，遂成聚落"。为了保护已经开垦的耕地和房舍，人们自行筑起了数重抵御洪水的堤坝。

眼前的遗址保护区内，2号庭院房屋遗址的主房瓦顶，保存完整，呈西北—东南向，瓦顶北高南低，呈坡状，板瓦的仰铺与筒瓦的盖合大多保存着原貌。刘海旺推测，当时的情景可能是一片汪洋，水面慢慢升高，遗址建筑并非是被高能量水流冲散，而是长期被水浸泡，逐渐垮塌。

据记载，新王莽始建国三年（公元11年），"河决魏郡"，朝廷并没有进行堵口和治理，致使河患越来越严重。专家推测，黄河决堤后，民间修筑的堤坝最初是起到了防洪作用，但是黄河决堤后久久不被治理，以致河患越来越严重。遗址所在区域，正处于黄河决口之要冲，三年后的天凤元年（公元14年），洪水侵入到了聚落中。

彼时的黄河水，早已经过堤坝等障碍物的阻拦，冲击力减弱，浸漫过程变得十分缓慢，三杨庄聚落居民在逃难时，或许带走了钱币，牵走了牲畜，拉走了值钱的物件，也或许并非那么从容，还来不及带上石器、陶器等日常用品……他们越走越远，身后的洪水则漫过田野，漫过屋顶，淹没了村落。洪水所携带的泥沙，逐渐覆盖了整个遗址区域，最终把这里"封存"在了泥沙之下，留下完整的房屋格局。

史料记载，黄河的这次泛滥直到公元69年，经过东汉王景治水，才使黄河大致归流，此后600年没有决堤过。三杨庄遗址附近，又成了后来河道的一部分。黄河水起起落落，水下庭院始终保持着泛滥时的格局。从宋代中期开始，直到20世纪50年代，这里成了无边的沙岗，风力大时，沙岗便随风移动。刘海旺为此感到庆幸，他说："正是由于以前的荒无人烟，遗迹才得以保存下来。"

被"凝固"的三杨庄遗址，与意大利的庞贝古城有几分相似。古罗马帝国时期的庞贝古城，位于意大利南部的维苏威火山附近。公元79年，这座火山突然爆发，大量的石块和火山灰，顷刻间把附近的地面全部覆盖，城内人无法逃出……从1860年起，人们开始对庞贝遗址进行有计划的发掘，200年后，沉睡千年的古城才重见天日。庞贝古城的文化遗存之丰富与完整，令世人叹为观止。

故宫博物院原院长张忠培认为，和庞贝古城不同的是，三杨庄遗址是一处因为黄河泛滥而被整体淹没，又被泥沙掩埋的，没有发现人或动物的遗迹。数千年来突发灾害所"凝固"的历史，不仅仅是三杨庄汉代遗址，黄河沿岸或许有更精彩的地下奇观，等待开启。

农田宅院毗邻而设

三杨庄村的西北部，2号庭院被巨大的玻璃建筑物罩了起来，保持着出土时的态貌。

遗址上，是坐北朝南的两进庭院，由西门房、东厢房、西厢房、主房组成。院子的南大门外，有砖砌的水井，并由铺就的小道连接院门，庭院西墙外，还有一个池塘，院内大门旁疑似有狗窝、牛棚，另有厨房、厕所，好似2000年后司空见惯的农家小院格局。

庭院内生产、生活功能很齐全。其中，有一处非常特别的用于编织的遗存，从留下的刻成凹槽的成对砖块来看，刘海旺推测，它用于编制一些大件的、比较粗糙的东西，如草席、荆笆等。

仔细观察庭院，砖地基、瓦盖顶，土木结构，大约是一个自给自足的小康人家，若不是来了水患，他们的生活该是安定而富足的。

宽敞庭院的北面，种植有成排的树木，多为桑树和榆树。文献记载，西汉历代皇帝都提倡宅中植桑树，《汉书·景帝记》中提到，汉景帝多次下诏"劝农桑，益种树，可得衣食物"。考古发现的情况，正好与此相印证。

紧邻庭院四周，是排列整齐、高低相间的田垄遗迹，田垄为南北走向，田亩尚在耕作中，牛蹄印、车辙痕迹清晰可辨，还有大型的铁犁。农田内的道路也是经过规划的，可能源于井田制中的阡陌传统。中国社科院学部委员刘庆柱，看到这一垄一垄的农田时说："这一遗址等于留下了一部汉代经济史。"

以往人们对于汉代聚落的理解，是集中院落并且土地相连，一个村庄几十户人家。而三杨庄遗址发现的庭院，每个独立，有小道相通，连接公共大路，户与户之间并不紧连，宅与宅隔田相望，中间都有农田毗地相隔，所以有"毗邻"的说法。

《汉书·食货志》载，西汉武帝时，任用赵过担任搜粟都尉一职，推行"代田法"，发展农业。这一方法是把农田打成一道道的垄和沟，沟垄一年更换一次，精耕细作，大大提高了粮食的亩产量，这对后世的农业生产产生了深远的影响。

刘海旺指着田垄遗迹讲解，做成的田垄正如书中记载的高一尺，深一尺，每年轮换种植，头一年的垄沟，第二年经过培土成为垄背，所以称为"岁代处"，即一年一换。这种耕作方法如今依然在某些地区使用。

另外，庭院内还出土了许多农具。主耕农具是铁质铸就的犁，犁头宽7寸（合汉代度制一尺），与垄宽正相符合。加工粮食的石器，家家户户都有两种，即石臼和石磨，石臼用来去掉粟、黍的外壳，石磨用来把麦子磨成面粉。有学者提出，汉代大面积种植小麦，就是以石磨的普遍使用为标志的。

据专家考证，汉代奖励农耕，技术进步提高了生产力，小麦亩产近150公斤，一户核心农家，即五口之家的耕地面积为六七十亩，还有很多土地可待开垦。三杨庄遗址虽然被洪水淹没，其断壁残垣却展现出一幅丰衣足食的美好画面。

《孟子·梁惠王上》提出的"五亩之宅，树之以桑，五十者可以衣帛矣……百亩之田，勿夺其时，数口之家可以无饥矣"的理想生活，似乎在这里实现了。

"聚落"概念正在丰富

聚落，是现代地理学上一个较为宽泛的概念，包括城市和乡村；现代考古学上，聚落也指包括城邑遗址在内的先民聚居场所。先秦时期，"聚"是与"邑""都"相对的概念，《汉书·沟洫志》中的"聚落"，确指相对于城邑的农耕聚居地。大约到了东汉晚期，才出现了"村"这一概念。从"聚落"到"村落"，不仅是概念的变化，也反映了居住形态、居住方式等基层社会诸多方面的改变。

刘庆柱说，汉代是中国古代城市和聚落发展史上的一个极其重要的时期，它以战国时期的城市和聚落为基础，开创了帝国时代城市和聚落的新格局。三杨庄汉代聚落遗址的发掘，是中国古代聚落考古的重大突破。刘海旺分析，遗址宅中有田，田中建宅，成片的农田环绕着每个独立的农家庭院，这可能是汉代聚落中的一种形态，也可能是普遍形态。聚落通往外界和聚落内的道路优先确定，多条道路主次有别，宽窄不同。乘用车辆及生产用两轮车辆的普及影响了道路的规制，主干道宽度可达14—20米，一般道路的宽度也在5—8米。农田内道路的规划依据，是否与田亩制度、灌溉系统等相关联，有待于更多的考古发现去证实。

从2011年以来，三杨庄遗址的考古工作仍然在继续，2017年在三杨庄村西北颛顼帝喾陵园内外的考古钻探中，还发现分布着不同时期的砖砌墓葬，这一区域，很可能是汉代、唐代的墓葬区。刘海旺说，墓葬区的存在，更证明了聚落长期存在的可能性。

更多的信息，仍然要等待漫长的发掘过程来揭开，对于三杨庄汉代遗址而言，或许这只是一个故事的开场……

板柏枯木三叶草　古墓碑林比干庙

微子、箕子和比干，在《论语·微子》中，被孔子誉为殷代"三仁"，孔子说："微子去之，箕子为之奴，比干谏而死。"

与前"两仁"相比，比干既忠且慧，最后却被纣王剖心，其死极为惨烈。

3000多年来，比干墓历经风霜，依旧古柏苍苍，庄严肃穆。拜谒的人们，往来不息，他们收拾心情，整理步履，毕恭毕敬，走近比干。

浩然正气

身为商朝贵族的比干，聪慧好学，20多岁时，就以少师的身份辅佐皇兄帝乙，帝乙临终时，又郑重托孤，请他辅佐帝辛。

比干兢兢业业，没有辜负先帝的信任，他主张减轻赋税徭役，鼓励发展农牧生产，提倡冶炼铸造。

继位后的殷纣王帝辛，励精图治，攻克东夷，平定东南，发展中原和东南之间的交通，奠定了中原文化向东南地区交流传播的基础。殷商富国强兵，《史记·殷本纪》说它"诸侯毕服"，民谣传唱："纣王江山，铁桶一般。"

纣王以为四方归顺，于是志得意满，终日坐在摘星楼上，夜夜笙歌，不问民间疾苦，以致"暴虐无道，杀害生民"。

纣王的叔父比干，多次前去进谏，纣王非但不听，反而愈加反感。

纣王的异母哥哥微子，劝谏纣王，纣王置之不理，微子极其失望，投奔周武王而去。

纣王的伯父箕子劝告纣王，纣王置若罔闻，箕子披头散发装疯，纣王把箕子囚禁了起来。

比干非常痛心，深深叹息："主过不谏，非忠也；畏死不言，非勇也；即谏不从且死，忠之至也。"他决定冒着生命危险，向纣王进谏，一连三天，猛烈抨击纣王的罪过。

纣王问他："你为什么这样坚持？"比干回答："修善行仁，以义自持。"

纣王恼羞成怒，说："我听说圣人的心都是有七窍的，但不知道你是否符合。"他当即命人把比干拉出去，剖胸摘心。《史记·殷本记》中记载，63岁的比干被剖心致死。《西河九龙族谱》记载，纣王杀死比干后，取出心来观赏，并向全国下令说："少师比干妖言惑众，赐死摘其心。"

3000多年前那惨烈的一幕，几乎抹去了商王朝的亮色，而比干舍生取义的浩然正气,却长留人间。他的以死相谏,开启了历代忠臣甘愿为民赴汤蹈火"忠谏"的先河。

《尚书·武成篇》记载,周武王深为比干所感动,伐纣后,派大臣闳夭前去封比干墓,在比干潜埋处,加盖封土,划定墓区范围。

学者耿玉儒考证,殷周时期的帝王陵墓,不封不树,没有坟丘,武王为比干封的墓,是我国有史可考的第一个坟丘式墓葬。

北魏太和十八年(公元494年),魏孝文帝因比干墓而修建比干庙,此后,历代尊崇,或修葺或封谥,比干庙成为第一座墓庙合一的祠庙,称为"天下第一庙"。

万民敬仰

大暑日,赤日炎炎,大地如同蒸笼。

卫辉市城北3公里处,规模宏大的比干庙建筑群,在烈日下一片寂静。

庙院坐北朝南,朱墙环绕,进山门10余米,是一座高6米、宽10米的照壁。比干庙景区负责人吴建国介绍,照壁建于明代,壁的前后,镶嵌24块绿色琉璃砖,构成牡丹花卉图,构思精巧,色彩绚烂。牡丹花根长在一个花瓶中,寓意万根同本,繁衍不息。

山门、二门、木枋、碑廊、拜殿、大殿等主要建筑,分布在南北中轴线上，庙宇宏大，古朴典雅，保持着明代弘治七年（公元1494年）重建时的规模。

庙院内古柏交柯，86通碑碣，记载着历代朝圣者的虔诚之心。

大殿后，阴阳墙相隔的，就是比干墓。墓顶隆起，高20米，直径20米。墓冢周围，砌着青砖，铺有小径，墓周古柏掩映。工作人员说，比干墓原来占地有5亩之大，直到1994年才围起了眼前的青石券。

巨大的墓冢，寄托着后人的无限哀思。据称，孔子经过此处，用佩剑刻下"殷比干墓"碑，清乾隆皇帝为该碑题写"宣圣真笔"。学者考证，这通碑是现存于世的几通上古名碑之一，研究金石学的著作，对它都有记载和考释。

历代的统治者，或为标榜圣明，或为稳定局势、安抚人民，多郑重其事地拜墓祭祀，留下一篇篇珍贵的文字。阅读这些文字，好似看到一幅幅尘封已久的画面，读到一个个生动鲜活的往事。

周武王封墓后，题写铜盘铭：左林右泉，前岗后道，万世之灵，于焉是宝。

北魏孝文帝在危机四伏之中，带领82位官员，两次亲临吊祭比干，感慨"胡不我臣"，渴盼忠臣君子辅佐朝政。并撰写《皇帝吊殷比干文》，立碑保存。祭文语言瑰丽，行文浪漫，魏碑体书写的碑文，字体瘦硬、古拙，被历代书法家所珍视。

唐太宗李世民在戎马倥偬之时，祭祀封谥，追赠比干为"太师"，疾呼"惜善爱仁"，留下《皇帝祭殷太师比干文》和《赠殷太师比干诏》碑。清乾隆皇帝享受着太平盛世，也希望臣子能够"披沥以陈，甘于殒弃"，御书《过殷比干墓》碑……几通碑行文铿锵有力，字体或气势磅礴，或端庄严谨，也是书法艺术中的佳品。

元代元仁宗为比干立碑塑像，泰定帝赐田地九顷六十亩；明代明成祖、明英宗和明宪宗修墓及祠……他们称比干是"三代孤臣""谏臣极则""浩然正气忠良臣"，每当春、秋两季，就用"太牢"（牛、羊、豕三牲全备）、"少牢"（羊、豕二牲）之礼祭祀。

草木有情

比干之死，感天动地，一草一木都关情。卫辉市非物质文化遗产传承人徐永志老先生讲述了有关比干的传说。相传比干被剖心后，经神人指点，骑马出朝歌南行到心地（新乡）去补心，但是途中不能与人说话。他走到牧野荒郊时，遇见一老妇人在高声叫卖无心菜。比干好奇问她："菜无心能活，人无心能活吗？"老妇漠然回答："菜无心能活，人无心即死。"一语道破天机，比干顿时口吐鲜血，倒地而死。骤然间，天昏地暗，狂风大作，飞沙走石，卷土成墓，掩埋了比干的尸体。随后，墓冢上长出三叶无心之草，传为比干七窍玲珑之心所化。

至今，比干墓冢上和庙周围的田野里，仍然生长着一丛丛茂盛的三叶小草，百姓叫它"无心菜"，并称：此草只在庙中生，走遍天下难寻觅。

比干庙内，古柏森森，大多树干伟岸，然而却有数十株造型奇特、与众不同的"开心柏"，其主干顶端三枝外裂，中间空虚，传说是树通人性，欲献心给比干；更有多株奇特"板柏"，主干平直，向阳面如斧劈锯切，棱角分明，如同一块经工匠加工打磨的木板，传说上天欲为比干做棺木，侧柏有灵而自献；还有"平冠柏"，古干粗皱低矮，顶平若帽似盔，如同向墓地弯腰致哀……山门东西古柏，一株郁郁葱葱，一株干枯而死。据称，东边那棵植于1500多年前，300多年前枯死，如今仍巍然屹立，传说它能"千年不倒，千年不朽"，百姓为它取名"忠柏"，象征比干为国尽忠，虽死犹生。

专家考证说，庙院内的柏树形状，是受到独特的地理环境所影响，但神奇传说所表达的，正是百姓不忘比干的一种精神寄托。

拜祭祖先

古时，人们认为进行思维的不是大脑，而是心脏，心窍越多，人就越聪明。纣王"剖比干，观其心"，他看到的比干之心，到底有几窍，史书中并没有记载，但是比干死后，后人相信他有一颗聪慧之心，是极其聪明之人。

儒家评价比干是智者,但是智者怎么会被剖心?那是因为智者是保证自己的不惑,而不是单纯的圆滑保命之徒,若智者生活在君主昏庸的时代,只能是技穷。《史记·孔子世家》中记载孔子的感慨:"使智者而必行,安有王子比干?"他说的是,如果有智谋的人能够畅行无阻,还怎么会发生比干被剖心的事情呢?

比干"以义自持",儒家将他确定为仁者的楷模,在后世的心目中,他更是圣人的化身。

相传,比干死后,纣王并不罢休,定要满门抄斩,以除后患。当时,比干妻子陈氏已怀胎三月,为了保住忠烈一脉,她在4位婢女的护送下,星夜南逃,躲避在长林山的石洞里(今卫辉市狮豹头乡龙卧村附近),之后生下遗腹子坚。

坚出生后,遭遇到纣王追兵的盘查,他们质问婴儿的姓名,陈氏望着满山林木和洞外泉水,急中生智,指林为姓,以泉为名,说孩子的名字是"林泉",才躲过杀身大祸。

武王伐纣,商纣灭亡,周武王感念比干忠烈,派人寻找比干后裔,比干夫人携子归周。武王以其长林而生,赐姓为林氏。由此,林坚成了第一个以林为姓的人,被尊为林姓始祖,他的父亲比干被尊称为太始祖。长林(今河南卫辉)成为林氏的发祥地。

这一故事,记录在了比干庙内。大殿外的西侧,有一明代嘉靖十七年(公元1539年)卫辉府同知裴骞撰写、近千字的

《重修太师殷比干祠墓碑记》，蟠龙碑帽，庄严肃穆。全文叙事简约，韵味深沉，既有对比干的颂扬，也记载了林姓的由来，是国内仅有的一通追溯林氏起源的石刻文物。其中"无林不开榜"一句，赞扬了林氏的忠孝传家，人文昌盛，尤其为后人所津津乐道。

20世纪80年代末，世界各地的林姓子孙们纷纷来到卫辉比干庙，寻根问祖。自1993年起，每年的农历四月初四，卫辉市都会举办"比干诞辰庆典"，接待来自世界各地的林氏拜祖团体。

在比干庙盘桓半日，伫立比干像前，又想起数千年前的故事，仿佛能看见他笃定前行的背影……

找寻周王朝典籍的蛛丝马迹

　　春秋时期，诸侯争霸，一个动荡的大时代。公元前520年，周景王还没安排好王室的继承大事就撒手人寰了，留下王子们血腥争国。王子猛被贵族大臣拥立为周悼王，一向受宠的王子朝攻击并杀了他，自立为王。4年后，晋国攻打王子朝，拥立王子匄为周敬王。王子朝见大势已去，就携带大量周室典籍向南投奔楚国而去，随行者中除了召、毛、尹、南宫四大贵族外，还有周王室图书档案馆的官员和学者（如老子，可能辞官，也可能同行）。《左传·昭公二十六年》记录："王子朝及召氏之族、毛伯得、尹氏固、南宫嚣奉周之典籍以奔楚。"

　　因为手中拥有象征周朝王权的典籍，即使离开了京城，王子朝仍然认为自己才是正统继位的周王，多次派使者到各个诸侯国去寻求支持，然而无人理会。《左传·定公五年》载："王人杀子朝于楚。"公元前505年，周敬王派人刺杀了王子朝。有人推测，此事或许与周敬王追索周室典籍有关，而王子朝以死为代价，拒绝交出典籍。从此，这批价值连城的典籍神秘消失，留下了中国文化史上的未解之谜。

周室典籍缘何贵重

王子朝出逃时准备得相当充分。中国社科院学部委员、中国先秦史学会会长宋镇豪分析，王子朝所奉的周之典籍，主要是西周的档案文书和商代、夏代以及更早的文献典籍，是最有价值、又能代表王统的文献。王子朝失利后的南奔，本来是个政治事件，却因为典籍的消失演变成了一个影响深远的文化事件，即使在今天的史学研究中，这批典籍也是对"夏商周断代工程"和"中华文明探源工程"的研究、推进具有不可估量的重要价值，而且对于中国历史、中华民族甚至整个人类文明历史，都具有十分重要的学术意义。

孔子想把收集到的书保存到周王室，子路给他出主意："我听说周王室的史官老聃，已经回到家乡隐居，先生想要藏书，不妨问问他的意见。"《庄子·天道》说道："由闻周之征藏史有老聃者，免而归居，夫子欲藏书，则试往因焉。"大约老聃的免职，也与周室典籍的失踪有关联。

这批典籍如此重要，王子朝及其后裔会怎么处置它们？根据记载，王子朝在去楚国的路途中，听到了楚平王刚刚去世的消息。楚国同样是政局动荡，一行人只好滞留在南阳西鄂一带（大致相当于今南阳卧龙区以石桥镇为主，包括方城县博望镇、南阳宛城区新店乡和鸭河工区皇路店镇的部分区域）。学者推测，无价之宝或许有几种遭遇：可能有一小部分流传于世，《易经》原是周室秘藏典籍，所谓孔子五十而读《易经》，表明《易经》已经外传，此时正是王子朝奔楚后的十多年，也许孔子是在收集到相当数量的周室典籍（应为转抄本）后，才删定了《尚书》《诗经》。有学者说，藏书的外传，客观上还促成了日后诸子百家学术的繁荣局面。也可能大部分已经被王子朝秘藏在某处或某几处，其后裔始终保守秘密，至今它们仍静静地"躺着"。事实上，考古从未出土过周王室的原始档案文献，也没有出土过商代、夏代或者更早时代的文书档案原件。

《吕氏春秋·先识》有："凡国之亡也，有道者必先去，古今一也……夏太史令终古见桀惑乱，出其图法，执而泣之……太史令终古乃出奔如商；殷内史向挚见纣之愈乱迷惑也，于是载其图法，出亡之周；晋太史屠黍见晋之乱也，见晋公之骄而无德义，以其图法归周。"中国先秦史学会副会长、清华大学教授刘国忠说，"有道之国"是一种古老的文化传统，从这段记述中能看出来，周王室图书馆收藏的有夏朝、商朝的图册文物。中华文明有比其他文明更完整的记录，但东周以前的历史，关于黄帝、炎帝、尧舜禹的历史，至今仍然模糊不清，周室典籍的下落不明，不得不说是中华文明的重大损失。

一个令人不解的现象是，2500年来，没有人追问过这批无价之宝的下落，甚至对此事也是无人问津。王子朝"奔楚"到达的是西鄂，三国时期成书的《皇览·冢墓记》中有一句："子朝冢在南阳西鄂县。"他死后也葬在了这里。王子朝的冢是否还在，失踪的典籍会不会随他一起深藏在这一带？

"不见冢"或与王子朝相关

细雨蒙蒙，踩着一路泥泞，记者来到卧龙区石桥镇夏庄村的最东头。一望无际的麦田笼罩在迷离烟雨中，微微泛黄的小麦长势正旺，预示着又一个丰收年。

一片地势稍高的土地上，杨树笔直，如同撑开的巨伞。小树林中分散着三间瓦房，正中一间的墙上写有"冢岗庙"三字，南边，有一通近2米高的青石碑，字迹清晰，是道光元年李氏家族所立的"重修不见冢庙碑"。中国先秦史学会顾问、洛阳大学教授蔡运章解释，"见"此处读"现"，"不见冢"是"现存大冢"之意。书碑者或许从出土的器物中已经确认墓葬的年代，所以李氏家族数百年关注不见冢，还在此立碑建庙。

75岁的村民李广文一边比划一边讲，他说原来的冢又高又大，冢上的封土是三层棱台形，面积大约有2亩，冢上有庙，庙基是清一色青石条，庙门处有9通高大的石碑，庙宇很气派，有三间前殿和四间后殿，还有一个重约250公斤的大钟。可惜这些在20世纪70年代全被毁掉了。庙被拆后，周围百姓都来抢冢上的白土粉墙，到了20世纪80年代，大冢已经被夷为平地了，如今只比周边农田稍微有点高度。这些年，盗墓贼没放过不见冢，多次盗挖。村里人说，4年前，盗墓贼挖出过近4吨的铜锭，觉得没价值，当作一堆废铜卖掉了。后来，又有盗墓贼挖出过一个大鼎，有人报了警，鼎不知所终。2017年10月，当地学者在冢的西南侧20米处，搜捡出盗墓贼从盗洞中带出来的黑色炭块20多块，总重量近80克。

在当地人武学贵的家里，一张1966年出版的老地图在他的手里慢慢铺展开来，他指着标示说，冢岗庙那时高约8米，周边的村庄都是以它为标志起名的，如庙岗、庙底、晁庄、大龙窝和小龙窝等村庄。

1904年版《南阳县志》记载："王子朝墓在西鄂故城西。"南阳籍著名考古学家、教育家张嘉谋，在1927年11月27日的日记中记录："按今南阳县北五十里许石桥镇鄂城寺，西鄂古城也。其西有冢岗，旧尝于此地耕，得古编钟，色黝，有乳，无铭。"他怀疑"不见冢"就是王子朝冢。

2017年5月，南阳市鸭河工区邀请文物部门对这一带进行文物普查。经过3个月的勘探，传来惊喜消息，"不见冢"是一座东周时期的大型"甲"字形竖穴土坑墓，总长约66米，墓室长40米、宽38米、深18米，墓室四周有阶梯状台阶，它的西侧，是一座长70米、宽7.5米的大型车马坑葬坑，周围还有多座大型墓冢。据称，这一车马坑是河南省迄今为止发现的最大车马坑，比洛阳东周"天子驾六"车马坑还要长28米。2017年11月，中国科技大学科技考古实验室，对墓中带出的黑色炭块经过碳14检测，得出结论："遗址的年代范围应在战国时期，不排除年代进一步提前的可能。"

文物考古专家一步步发布接近谜底的事实，引来了当地人怀古的热情，村民们自发组织起来一个护冢队伍，轮流值班，对络绎不绝的"观冢者"保持高度警惕，防止再发生盗墓事件。

蔡运章说，冢岗庙大墓是迄今为止南阳盆地发现的形制、规模最大的东周时期高等级墓葬，从实地调查、文献研究、传说故事多个角度来看，它或许就是苦苦寻找的王子朝墓葬。正统周天子的陪葬应拥有九鼎，但是王子朝居西鄂之地突然被杀，随行人员没有九鼎八簋，最可能是用他们所带的最珍贵的周王室典籍陪葬。

王子朝死后，其后代为躲避迫害，便以"朝"音改姓为"晁"，汉代以前，晁氏是南阳望族，后来因为战乱逐渐迁徙到各地。《史记·晁错传》记载："晁氏出南阳，今西鄂晁氏之后也。"值得一提的是，文物考古部门还在鸭河工区发现了一处近5万平方米的东周村落遗址——晁庄遗址。

2018年4月，中国先秦史学会批复设立"中国先秦史学会王子朝奔楚暨南阳先秦遗址保护研究基地"。随着考古发现和研究论证向前推进，或许"奔楚"事件将在南阳大白于天下。

是谁撰写的《山海经》

春秋战国之时思想迸发，是文化史上的一段华彩乐章，同时留下了许多难解之谜。学者王红旗说,这一时期有三大文化之谜,即《山海经》作者之谜,《道德经》作者、大思想家老子辞官隐世之谜、周室图书档案典籍失踪之谜,种种迹象表明,三者之间有着千丝万缕的联系。

《山海经》是中国古代的一部奇书,它既记述了神州大地的山川风貌,又描述了许多貌似荒诞的事物。近代学者认为,《山海经》作者或是春秋至秦汉时的楚人、周人、齐人,还有人说是古印度人、古巴比伦人、古美洲人撰写了《山海经》或其中的部分章节。

中国古史专家徐旭生在《中国古史的传说时代》写道:"《山海经·中次十一经》记载的山名散布于南阳、镇平、南召、鲁山及附近各县境内。"这一范围大多处在南阳境内的伏牛山南部。多年研究《山海经》的学者周付详分析,《山海经·中山经》详尽记述了楚地山川及楚民神话习俗,《山海经·西山经》则详尽描述了周地山川及华夏神话习俗,表明编写者同时熟悉两地的山川民俗典故。东周时期的楚与周,长期对抗为敌,时有征战,不大可能有学术大家兼通两地风情。但却有一个例外,就是王子朝一行或他们的后裔,他们中有原周王室图书档案馆的官吏、学者和太师。

王红旗说,或许有过这样的情节:王子朝在携典籍奔楚途中,接受老子的劝告,对外伪称不慎失火将典籍烧毁,以绝人念,暗地里则将它们藏匿起来。老子可能因参与秘藏典籍之事,不便公开活动，遂辞职隐居直至终老。王子朝秘藏周室典籍之地可能就在西鄂，《山海经》的成书与这两件事密切相连。

王红旗认为，《山海经》有某种总体框架，应当有一个写作纲领或者编辑方针，并有一个彼此关系密切的写作班子。《山海经》中常跳跃出四言韵句，《道德经》中也常用到，不少学者怀疑，四言韵句就是上古史官兼巫师的一种常用修辞方法。同时，《山海经》中的大量内容，都源自周王室图书典籍资料，其中包括夏、商的典册和文物，远方异国的函章和文书，以及采自民间的神话故事。这些资料其他人难得一见，但却是随王子朝奔楚的史官或其后裔耳熟能详的。他们依据这些档案资料，撰写《山海经》，并在书中寄托了自己的理想：事在四方，要在中央，众多小国安居乐业。

初夏，伏牛山腹地的宝天曼国家森林公园，树木葱茏，溪流蜿蜒，空气中带着丝丝潮湿，夹杂着草木的芬芳。沿着陡险的山路到达山顶，极目四望，周边山势巍峨，怪石嶙峋，不由人心生敬畏。想那2500年前，王子朝奔楚的一行人途经此处时，会有怎样的无奈和落寞？江山或起或落，在那苍茫一片的密林深处，又隐藏过多少雅士高人的离合悲欢？

"不见冢"里究竟能见到什么，是否真的能够触摸到曾经的风云往事？众多的谜团依然在等待破解……

远芳古道崤函路

这里曾经商旅云集,车轮滚滚,东来西往的车马驼队留在石灰岩古道上的车辙蹄印,见证着久远时空里的一次次兴衰浮沉。

漫长的丝绸之路,其地貌或遭风雨侵蚀,面目全非;或因人畜破坏,不复存在。只有崤函古道石壕段,作为最直观、最有力的见证,完好保存了下来,并于2014年被列入《世界文化遗产名录》。它是丝绸之路联合申遗项目中唯一一段的道路遗存,显得格外珍贵。

崤函古道东起洛阳,西至潼关,蜿蜒数百里,延续数千年,遗迹星罗棋布。作为丝绸之路上极为险峻的路段,既是"襟带两京(西安、洛阳)"的锁钥,也是中原通关中、达西域的咽喉要道。

千年古道　丝路唯一

出三门峡市区东 36 公里，到达陕州区硖石乡车壕村东南的金银山南麓，环视四周，沟壑纵横，层峦叠嶂。

盛夏的山谷，阒寂一片，路边的艾草芳香浓烈，草树连绵，翠绿无边。飞鸟掠过褐红的山体，寂静的林野瞬间多了些许生动，古朴旷远的气息扑面而来。

蒿草深可及腰，几乎淹没了古道。蹲下身子，摩挲着脚下凸凹不平的岩石，陕州区文物局局长曹铁刚说，古道是借助自然地势修筑而成，遗址呈 S 形，在山坡的中部，由西北走向东南，全长 230 米，最宽的地方达 8.8 米，最窄处 5.2 米。遗址上可以看到三种车辙印痕：作为一车道的主道印痕和作为辅道的二、三车道印痕。

古道的北段是一车道，车辙印迹宽窄不等。车道北侧有一个小水池，杂草丛生，残留着积水。曹铁刚说，它是古人利用自然形成的坑凹地形，修整而成的蓄水设施，这样的蓄水池在北坡和坡顶路两侧还有三个。石壕段地势较高，缺乏水源，加上坡陡路险，不免人困马乏，人们就存蓄雨水，供应来往行人和牲畜饮用。

东侧一处两车辙印的中间，有一个深 0.5 厘米的小石坑，那是马、骆驼多次践踏而形成的蹄形印痕。山坡的顶部，在主车道两侧，各增加了一条辅助车道，便于会车，它们修筑在深二三米的壕沟内。专家推测，壕沟是以自然形成的山坡为基础，加上人工刻凿、自然风化和长期的车辆碾压而形成。

古道南段地势高且陡，人、畜行走时都会有不小的的难度。文物部门探测到，道路的下面，还铺有整齐的垫石层，以保持道路两边与中间取平。

从高处俯瞰，古道早已失去了昔日的险峻，然而遥想当年，修筑此道时却费尽周折，清代《硖石山修路记》碑文记载："伐山取薪火灼之，后续以椎凿，自硖石抵乾壕计二十里，仅周岁而抵平步。"与今日现代化筑路设备相比，工程速度慢得惊人。

没有水泥、钢材，没有开山辟路的设备，在避不开的石质路段，人们"草木烧石，冷水击淬"——用草木烧石以冷水淬碎，开山凿石，终成坦途。

"长安城东洛阳道，车轮不息尘浩浩。"两京之间，无论是皇帝百官、庶民百姓的往来，使者、僧侣的旅行，还是商贸物资的运输，崤函古道都是不二的选择。西汉武帝时期，张骞凿空西域，开辟丝绸之路；随着东汉建都洛阳，丝绸之路向东延伸，崤函古道随即成为丝绸之路的重要路段。波斯、西域商人往来京洛，洛阳使者"相望于道"，胡商蕃客络绎不绝，崤函古道联结起了更为广阔的空间。

一段真实完整的古道，成为丝绸之路最辉煌、兴盛、繁荣时期"历史信息的宝贵记载"。遗址内出土的铁马掌、残铁钉、铁质车轴配件等遗物，见证了当年的车马频繁；遗址附近崖底乡刘家渠村的汉唐古墓中，发掘出了波斯古币、日本宽永通宝货币，讲述着东西方贸易的兴盛；陕州区和灵宝市出土的大量胡人灯俑，深目高鼻，头戴胡帽，身着右衽汉袍，体现出传统汉文化与外来文化的融合。

交通锁钥 兵家重地

唐太宗李世民在《入潼关》中写道：崤函称地险，襟带壮两京。

三门峡职业技术学院副院长李久昌在《崤函古道研究》中说，崤函古道的修筑，并非一个朝代所能完成的，它起源于先人拓荒的新石器时代，兴盛在我国古代最为称羡的周、秦、汉、唐诸王朝。西周时，在镐京（今西安地区）和洛邑（今洛阳）之间，修建了一条大道，号称"周道"，又称"王道"，《诗经·大东》描述：周道如砥，其直如矢——大道平坦似磨石，笔直像箭杆。

这条横贯东西的大动脉，在西周至北宋的3000年间，历尽繁华与战争，勾勒出西安与洛阳"双都轴心"间的关系，被称为中国古代最负盛名，且最具有政治、军事魅力的干道。

陕州区崤函古道保护管理所所长张辉介绍，在《隋书·食货志》、《旧唐志》等史籍的记载中，汉唐两代，为保障民生，每年经此道，由洛阳输入关中的粮食多达数百万担。范文澜在《中国通史》中说，陕县一带的汉代墓葬中，动辄有大量殉钱出土。近年来，在古道遗址沿线，出土了历史上不同时期的大量窖藏古钱币，多达1000多公斤，显示出当年的物资交流和经济繁荣。

崤函古道是中原通往关中最为便捷的通道，极为险恶，为兵家必争之地。古道上的秦函谷关、汉函谷关、雁翎关、潼关等雄关要塞，都是用来阻拦、防御敌军进攻的，因而古道又有"山河表里"之称。

被称为"中国历史上最早、最干净、最彻底的伏击歼灭战"——秦晋崤之战，就发生在石壕段遗址附近，南、北二陵之间的峡谷绝地之中。

2600多年前的一个春日，崤山山谷一片死寂。秦国名将孟明视指挥三军，正返回秦国，行进到"文王避风雨处"（北陵）与夏后皋墓（南陵）之间时，突然听到了山谷里惊天动地的呐喊声，他们遭遇到了在此埋伏的晋军！

原来，早已占据有利地形的晋军，见秦军全部进入到了伏击圈，随即封住峡谷的两头，把秦军装在了这个二三十里长的"口袋"里，来了一次"夹击"战。仅仅一天时间，晋军就"获其三帅"，二万秦军全军覆没。

3年后，铆足了劲儿的秦军出兵伐晋，大获全胜，算是报了崤陵丧师之仇。战后他们再次进入崤山谷底，掩埋此前阵亡于此的秦军将士遗骨。经过此战，秦国基本控制了崤函古道，一年后，秦国称霸，"益国十二，开地千里，遂霸西戎。"

时光又过了 800 多年。东汉末年的一个八月，关中热浪滚滚。曹操大军厉兵秣马，西进讨伐关陇一带的韩遂、马超等十数支割据势力。大军取道于此，"在春秋古道的基础上，更开北道"，即北崤函，亦称"曹魏古道"。北道缩短了运粮距离，使粮草充足的曹军势如破竹，一举平定关陇，实现了整个北方的统一。

李久昌说，发生在函谷关和潼关的重要战争，有历史记载的 50 多次，许多战争直接影响或改变了当时的政治格局、军事格局。崤函之地的得失，甚至成为军事成败的一个决定因素，顾祖禹在《读史方舆纪要》中评价：春秋时，崤函，晋有也，故能以制秦；秦得崤函，而六国之亡，始此矣。

"九里山前古战场，牧童拾得旧刀枪。"采访硖石乡村民时，他们说在田地里劳作时，以前经常能捡到铜箭头之类的战争遗物。

文化交融　意象丰富

由古道、长亭、驿站、古城、古战场构成的崤函古道，成为文人墨客反复题咏的对象，仅唐代留下的诗作就有千余首。刘禹锡当年感慨：两京大道多游客，每遇词人战一场。

遗址南段，向东北方向大约 1.8 公里，有石壕村。它静卧在谷底深处，被崤山夹成了狭长形，一弯小溪穿村而过。这个普普通通的村庄，因为"诗圣"的偶然投宿而在中国历史上赫赫有名。

1257 年前,一个春天的傍晚。47 岁的杜甫风尘仆仆,急匆匆走过石壕路段,暮色苍茫时,投宿在一个村民的家里。也就是在那个夜里,"有吏夜捉人",杜甫目睹了那令人震惊的场景。

他用"呼""怒"与"啼""苦"的对比,用老妇与差吏的对白,描写了战争带给人民的苦难,成就了伟大的现实主义不朽诗篇——《石壕吏》。中国文人的心中因此增加了一孔窑洞,安置悲壮沉郁的文化人格。

959 年前,那是个早春。苏轼和苏辙兄弟二人,从古道一路西来,经西安赴开封赶考。此时的崤山古道春寒料峭,阵阵冷风刺骨,他们手脚冻伤了,两匹瘦马也冻死在路上。这场冻馁经历,让兄弟俩"长途怕雪泥"。

三年后,苏轼中举,外放陕西凤翔为官,再次走过此道时,写下《和子由渑池怀旧》,"人生到处知何似,应似飞鸿踏雪泥。泥上偶然留指爪,鸿飞那复计东西……往日崎岖还记否,路长人困蹇驴嘶。""雪泥鸿爪",由此成为一种人生态度的诗意象征。

遗迹也是一条丰富的文化长廊。老子骑青牛古道西行,函谷关上,著就千年绝唱《道德经》;"白马驮经"沿古道东行到洛阳白马寺,开创了中国佛教的兴盛;西方的景教、犹太教取古道入中原,沿此传播;日本密宗创建人弘法大师经古道进长安,带回 180 多部佛经,写成《文镜秘府论》,对中日文化交流产生深远的影响。

中原与关中，因为山河阻隔而有崤函古道。时光荏苒，曾经的周秦古道、曹魏古道、隋唐古道、宋元古道和明清古道在历史的风雨中渐次销蚀，失去了原来的模样。而后世的道路总是叠加在前朝道路之上，交错覆盖，细细密密，见证着中国与世界的经济交往和文化交流，也记录下勤劳的中国人民"走出去"的宏大决心与改造自然的艰苦进程。

时空悠悠，沧海桑田。崤函古道旁，如今已有了不断拓展的陇海铁路、郑西高铁、310国道和连霍高速等现代交通系统，然而当你踏上悠悠绵长的古道，遥望山谷时，依旧能够触摸历史，回望千年。

桀骜不驯黄河水　气定神闲嘉应观

清康熙末年,在河南武陟县境内,奔腾的黄河水两年间连续决口5次。雍正元年(公元1723年)七月,黄河又在武陟县的梁家营和詹家店两处决口。

雷电交加,大雨倾盆,河水暴涨,淹没了彰德(今安阳)、卫辉,经卫河进入到海河,洪水直逼京畿,危害华北,成为清王朝的心腹之患。

大学士张鹏翮(曾任河道总督)会同几名要员,夜以继日坚守决堤现场,排除堤防险情。并加紧筹划黄河堤防体系。

与此同时,一座耗资巨大的道观,正在武陟紧锣密鼓,日夜赶工。

雍正三年(公元1725年)二月,集宫、庙、衙署三体合一的黄淮诸河龙王庙,在武陟建成。雍正皇帝格外欣喜,赐御制匾额,定名"嘉应观",取意嘉瑞长应。

嘉应观从此与黄河息息相通,休戚与共,它的喧嚣、安宁与黄河的泛滥、平静交织在一起，勾勒出一个个文化切片与历史场景。

黄河屡犯武陟

从青海省巴颜喀拉山北麓发源的黄河，奔腾迂回数千里，古有"河润九里，其顺轨安澜，滋液渗漉，物蒙其利"之说。

然而，在一望无际的中原大地上，黄河却如一匹脱缰的野马，恣意纵横，经常性暴发洪水，"三年两决口，百年一改道"，令人敬畏又恐惧。

武陟地处黄河中下游的分界点（分界点有两种说法，一在孟津，二在荥阳桃花峪。武陟与桃花峪隔河相望），古称"悬河头，百川口"，自武陟而下，地势平旷，河道滚动无常。

《山海经》《汉书·地理志》和《水经注》先后记载一条大河的变迁：北宋之前，黄河从武陟"折北而流"，延伸入海；从金代初年到清代咸丰初年的700多年间，武陟以下形成多股并流，夺淮入海；咸丰五年（公元1855年），黄河又在兰考决口改道，形成线形河道，延续至今。粗略统计，从公元前602年到1938年的2500多年间，黄河决口1549次，其中在武陟境内就决口了115次。

《河南黄河志》载："康熙六十年（公元1721年）八月，（黄河）决武陟詹家店、马家营、魏家口；六十一年（公元1722年）正月，马家营复决，九月决秦厂"。大量泥沙淤塞在了运河粮道上，事关国计民生。

一时间，河南巡抚、河道总督以及怀庆、彰德、卫辉等府、道官员们云集武陟，堵口复堤。意外的是，河道总督赵世显消极怠工，延误工期。

病中的康熙派出皇四子雍亲王胤禛，赶赴武陟督战。细心的胤禛很快觉察到了河工的"玄机"。原来，黄河堵口时所需的人员、石料、土方数量都是无底洞，赵世显深谙此道，侵贪的白银高达40多万两，仍然在拖延工期，等待拨款。

盛怒之下，胤禛将赵世显送到刑部，任命陈鹏年为河道总督，协助大臣牛钮、齐苏勒负责堵口。同时，他下决心根治沁河口这一段黄河"豆腐腰"，解除对北方，特别是对京畿的威胁。

正值汛期，水激浪涌，黄河顺着马家营决口处北去，情况险恶，马家营的决口处，堵上四次，又被黄河水冲开了四次。

陈鹏年再次在邙山下开挖引河，"使水东南行，入荥泽正河"。他日夜驻守在工地上，直到雍正元年（公元1723年），第五次堵口疏流终于成功，陈鹏年却积劳成疾，吐血而亡。雍正皇帝十分感动，赐予他谥号"恪勤"，称"此真鞠躬尽瘁，死而后已之臣"。

就在那一年的秋汛前，9公里长的巍巍大坝刚刚筑成，就遭遇到黄河、沁河的同时暴涨。汹涌的河水冲向大坝，大坝坚不可摧。汛后水退，一个奇迹出现了：南岸的河水主流冲击河沙，刷深了河道；大坝背水面，泥沙淤积，成了高滩。

雍正百感交集，次年四月，亲书"御坝"二字，派遣首任河北道黄河同知孔传焕勒石铭记。

如今，立在御坝村南的这通碑，远望很有气势，近看书法雄浑刚劲，盘龙的碑头显示着它的与众不同。百年来，大坝因为河床的逐年增高，不断加厚加高，使它成为一个明显的坐标。

祭祀黄河之神

从武陟县城向东南方向而行，大约13公里处的黄河北岸，一处色彩浓烈的古建筑群傲然呈现，红墙碧瓦交相辉映，楼阁殿宇翅檐飞舞。

蓝色琉璃瓦覆顶的山门，面阔三间，正中的青石拱券门上方，有"敕建嘉应观"的石刻匾额，五个金色大字幽幽散发着皇家贵气。

观内沿中轴线进深排列，依次是御碑亭、前殿、中大殿、过厅和禹王阁，两侧有钟鼓楼和东西龙王殿等配殿，东西跨院有河台、道台衙署。观内建筑方正谨严，逶迤交错，气势雄浑，虽是深秋时节，这里仍旧绿树浓阴。

相传，雍亲王胤禛负责武陟河工时，曾许下诺言，若堵口告竣，即在武陟修建大清疆域内大小河流的总龙王庙。

"国之大事，唯祀与戎"。保有祭祀特权与强大军力，自古以来就是一个国家立于不败之地的根本。胤禛即位后，从当时仅有的 800 万两库银中，拨出 288 万两，"特命河臣于武陟建造淮黄诸河龙王庙"，并对嘉应观御定规格，钦撰碑文。

黄河是中国古代四渎之一，《释名》中解释："天下大水四，谓之四渎，江、淮、河、济也，各独出其所而入海也。"

雍正撰文并书丹一篇祭文，祭告黄河河神，字字句句都是心里话，他推崇黄河为"四渎称宗"，意在祭龙王、防水患、保社稷、固江山。

御碑十分独特，碑外是铜，里面是铁，铁胎铜面，两者紧密包容在一起，碑高 4.3 米，宽 0.95 米，厚 0.24 米。

421 个字的祭文被一笔一画刻在了铜面上，文末有"雍正御笔之宝"的玉玺印记。碑头有 3 条龙环绕"御制"二字，周边雕有 24 条龙，条条巨龙精雕细刻，环目张口，吞云吐雾，栩栩如生。碑座上，有"龙头、牛身、狮尾、鹰爪"的河蛟，二目瞪圆，大有翻江倒海之势。

河蛟之下，有一口深井。水井与河道相通，而河蛟头上有一个小洞口，向内投一枚铜钱，就能够根据回声的大小，预测黄河水的涨落。

仔细观察御碑，发现碑的两侧各有一道裂缝，锈迹斑斑。冶金专家认为，铜、铁两种金属的熔点、凝固点大不相同，将碑铸成铁胎铜面，合而为一，充分显示了我国工匠的高超技艺和科技创新思维。它能在 200 多年前铸造而成，令人称奇。

御碑亭为黄色琉璃瓦覆顶，上部圆形，下部六角形，颇似清代皇冠的式样，御碑亭体量虽小，分量最重，印证了康熙皇帝说过的一句话："河涨河落维系皇冠顶戴，民心泰否关乎大清江山。"

中大殿内的藻井之上，彩绘有65幅精美的龙凤图案，姿态各异，色彩如新，弥漫着热烈的满族文化风格。

嘉应观建成后，雍正四年（公元1726年），黄河水清澈异常，绵延2000里，持续36天，雍正为此写下数千言的《圣世河清普天同庆谕》，并撰写《祭告河神文》，命河南巡抚田文镜赴嘉应观，祭祀河神，立石为记。

嘉应观一跃高居江渎庙、淮渎庙、济渎庙之上，成为全国江河神之首，也成为雍正王朝专门祭祀黄河之神的庙宇。雍正在位的13年中，曾4次亲撰祭文，命人祭祀。乾隆皇帝也曾在嘉应观祭拜河神，并书写了"瑞应荣光"匾额。

立在中大殿东北侧的黄河水清碑，高大雄伟，碑头为二龙戏珠，碑身四周图案富丽，上为双龙飞舞戏牡丹，下有一对狮子滚绣球，两侧为四龙赏牡丹。

果真是上天对嘉应观格外眷顾？河南黄河河务局研究员赵炜解释，黄河是多泥沙河流，河清，历来被古人视为祥瑞之兆。"河清"产生的原因，用现代眼光看，是多种因素共同作用的结果，包括水量、来水（降雨范围）的区域，以及河床的地质条件，等等。

尊崇治黄功臣

黄河穿越黄土高原而来，含沙量之多，是世界河流之最。黄河善淤泥、善决、善徙的特性，使得治理黄河成为一个持续不断的挑战。

《中国国家地理》曾载文说，一个伟大的民族，必然存在着一个自然的对应物，这个自然的对应物与这个文明互相砥砺，互为对手，培育着这个文明的成长。在中国，黄河的洪灾是中华文明成长的对应物，黄河洪灾在与中华文明上演着持续不断的对手戏。围绕着治河，从尧舜禹到夏商周，以至历朝历代，上至皇族贵胄，下至民间布庶，都被裹挟其中。这是一场人与自然的互动史，一部社会组织的动员史。

嘉应观不仅仅是国家祭祀的场所，还能找到每一位与黄河对决的个体。

它的东、西两侧，有两组院落，造型简洁，朴实无华，同富丽堂皇的主体建筑风格截然不同。东侧的"河道衙署"，是治黄指挥中心，被称为清代的"黄委会"；西侧的"道台衙署"，为治理黄河的地方行政机构，管辖彰德、卫辉、怀庆府的21个县。

雍正下令，在嘉应观的西侧，为功臣陈鹏年建陈公祠，同时纪念、表彰谢绪、黄守才等历代十多位治黄功臣。

嘉庆二十四年（公元1819年）七月，武陟马家营再次决口，时任河督的卢顺参将，率领军队堵口。第二年的三月十五日，在合龙处的西侧，又冒出一个大缝隙。卢顺见状，立即上前指挥抢修，突然，缝隙迅速扩大，堤坝大面积坍塌，卢顺当场落水，被激流卷走，殒命黄河。嘉庆皇帝追封他为"武功将军副将衔"，并在嘉应观西侧建祠庙，与陈公祠并列。

以虎门销烟闻名天下的林则徐，也是治水"专家"，治理过黄河、运河、白茆河、浏河等河流，修筑过杭嘉湖和上海宝山一带的海塘。

道光二十一年（公元1841年）七月初，黄河在开封祥符县决口，林则徐奉命从流放新疆的途中折回，参与堵口工程。他百病缠身，仍和民工一起打桩抬土。堵口合龙后，他又被遣送伊犁。押解途中，他写下"苟利国家生死以，岂因祸福趋避之"的诗句，以表心志。林则徐死后，被道光皇帝赐太子太傅，谥号"文忠"，江苏、陕西为他建庙祭祀，嘉应观在西大殿供奉着他的塑像。

禹王阁的西侧，一条小路通向一座清幽的院落。这里青砖铺地，大树参天。南北对称的房舍，墙体厚，大窗宽敞明亮，屋顶有山窗通风，地板下也有通风口，带有浓郁的苏联建筑风格。1950年，首任水利部部长傅作义、首任黄委会主任王化云、苏联专家布可夫、清华大学教授张光斗、北京地质学院教授冯景兰，就是在这个小院落里，指挥修建了中华人民共和国成立后的第一个引黄灌溉工程——人民胜利渠。

踏在厚厚的木地板上,似乎能听到他们往来穿梭的脚步声,办公室里还保持着当年的模样:泛黄的书本、手摇电话机、精巧的马灯、简单的家具……那些与专家们朝夕相伴的物件,记录下他们殚精竭虑的往昔岁月。

时光流转,青史浩然,今天的黄河中下游,已是岁岁安澜,河水日渐清澈。

不过,黄河的问题依然还在。赵炜说,下游河道淤积抬高的总体趋势不会改变,这是下游治理的一项长期任务。如何解决水土流失、水污染防治等黄河流域的生态问题,改善它的生态环境,实现黄河的长治久安,仍任重而道远。

陕州地坑院　民居活化石

1933年9月，一个万里无云的晴朗日子，欧亚航空公司的飞行员、德国人乌尔夫·卡斯特，驾机由上海飞往洛阳、西安等地。经过三门峡陕县南部低空飞行时，他俯瞰了一眼大地。突然，发现了塬上星罗棋布的神秘坑洞。

他迅速按下莱卡相机的快门，定格了四个瞬间。

1938年，他出版《中国飞行》一书，其中不仅有地坑院的鸟瞰图片，还有详实的文字记载："这是一座地下村落。四四方方的是约10—15米深的井口，一间间供人居住的洞穴均是从井的底部挖出来的。由于黄土足够结实，故洞穴根本不需要木头支撑。在中国，特别是在黄土地区，这种洞穴式的住房特别适用，还有冬暖夏凉的优点……"

1964年11月9日，美国建筑师伯纳德·鲁道夫斯基教授在纽约举办"没有建筑师的建筑"展览，选用了卡斯特航拍的地坑院图片及黄土高原图片，让地坑院跻身于世界乡土建筑之列。

鲁道夫斯基在他的专著《没有建筑师的建筑：简明非正统建筑导论》中，赞叹地坑院为"大胆的创作，洗练的手法，抽象的语言，严密的造型"。

时至今日，在陕州的张汴塬、张村塬和东凡塬3个高平台平原地带的100多个村落中，仍然散落着"地下挖坑，四壁凿洞"的近万座地坑院，这些坑院被称为"民居史上的活化石"。

险崛陕地

一阵鸡鸣，唤醒了漫野的沉寂。一扇扇门次第开启，招呼应答，一户户人家盛装出门。

2017年2月1日，正月初五，一个个地坑院张灯结彩，热闹非凡。虽然塬上北风呼啸，扑面而来的，却分明是火一般的激情。

"陕州锣鼓书震天吼，吼得五岳低了头；陕州锣鼓书震天吼，吼得太阳绕地球……"这个院落，是粗犷震撼的陕州锣鼓书，锣鼓喧天，载歌载舞，强烈冲击视觉和听觉；那个院落，男士、女士各拿剪刀，边剪边唱，纸随剪动，剪落曲终，"斗剪"妙趣横生；另一个院落，狮舞龙腾，西张村镇五花岭村71岁的老人张喜庆，骑着"毛驴"，在舞狮队里往来穿梭……

地下舞台，特色表演，民俗民艺，年味浓郁，陕州地坑院热烈的新年景象，也随着春节期间央视20多次的播出，传遍了大江南北。

"刷屏"的陕州，自古闻名。

西周初年，周成王的两个叔叔周公和召公，以陕州境内的"陕塬"为界，分陕而治，"陕"以东由周公管辖，"陕"以西由召公管辖，"分陕之重"的成语由此而来。

《括地志》记载："陕塬，甘棠西南，分陕以塬为界"。古籍所称的"陕西"，是指陕塬以西的地区，元、明两朝之后，陕西省的得名，也由此而来。

陕州，东据崤山，关连中原腹地；西接潼关、秦川，扼东西交通之要道；南依青龙涧；北对晋地，锁南北通商之咽喉，历来是兵家战略要地。

滔滔黄河，从南至北依古城流淌，转折向东划出了一条弧线，逶迤而去，今天的豫、陕、晋三省，又以陕州为界，居河而治。

重峦叠嶂的崤山与沉郁雄浑的黄河，历经200多万年的冲撞挤压，挥洒下险崛而奇特的一块陕地，烘托出黄土累积的三道塬。陕塬之上的一个个地坑院，正是自然与人类联手写下的、最具创造力和生命力的一部大书。

陕州地坑院景区管理处副主任张春红介绍，民俗专家钟敬文在《中国民俗史》一书中考证：在黄土高原地区，先民营造穴居一般为两种形式，一种是利用沟坎断崖来开掘洞穴，就是后来的民居——靠崖窑；另一种是在平原地区开竖穴为居，这就是原始的地坑院。

《诗经·绵》记载："古公亶父，陶复陶穴，未有家室。""亶父"为周文王的祖父，当时的窑穴与地坑院的形态很相似，距今大约3500年。

南宋绍兴九年（公元1139年），左宣教郎试秘书少监、充枢密行府参谋郑刚中，在《西征道里记》中记载他的见闻："自荥阳以西，皆土山，人多穴居"，并讲述挖窑洞的方法："初若掘井，深三丈，即旁穿之，自此高低、横斜无定势……人不可知地下，系牛马，置碓磨，积粟，凿井，无不可者。土久弥坚，如石室。"

今天的豫西黄土塬上，留存着或成排，或成行，或散点分布，大小不一的地坑院，呈现出"见树不见村，进村不见房，入户不见门，闻声不见人"的神奇景象。

精心营造

一道道山梁、一条条沟壑、一块块平原，错落有致；黄墙、青砖、蓝瓦，对比鲜明。坑院大气凝重，又极富黄土气息。

地坑院为何多分布在这一地带？郑州大学建筑学院唐丽分析，土体土质是地坑院营建的重要元素。这一地带多积累了深达100多米厚的黄土层，豫西窑居利用的正是黄土层本身所具有的受力特性。

陕州地坑院分为靠崖式、下沉式和独立式三种，营造十分讲究，要经过选址、定坐向、下线桩、打窑、剔窑、泥窑、修窑脸、定门窗、做拦马墙等过程。每一步施工，都要根据土壁土体的干湿情况，决定是否继续。土体过于潮湿，强度低，容易崩塌；土体过干，也不宜挖掘。挖掘与晾干两种工序，往往重复数次，不能操之过急。

地坑院主窑的方向为"上"，是长辈居住的地方，装一门三窗或一门两窗，两侧偏窑装一门一窗。窑院一般是八洞六窑、十洞八窑或十二洞十窑，等等。

院落的西北角，多栽下一棵梨树或石榴树。人们相信，那会带来"大吉大利"和"人丁兴旺"。

院内置有三口井，分别是吃水井、渗水井和储藏窑。

陕州三大塬区，十年九旱，降雨量偏少，很少有大暴雨，即使偶遇洪涝，由于平塬三面都是沟壑，雨水出路通畅，一般不会殃及天井院落。

丁酉年正月初六，张汴乡曲村。

走过一条长约13米的弧形坡道，进入地下，再折过12米的暗道，就是村民李贵良的宅院。他说，院子是他姥爷建的，至今已有80多年，留下了几代人的记忆。日子久了，窑洞内壁有时会脱落，只需要刷一层白灰，再糊上一层纸，就能修补好，非常坚固。

观察窑洞，能看到坑院的建筑材料多是黄土、砖、石头、麦秸、瓦、石灰，营造工具也多是村民干活时所使用的农具。

质朴的村民，能干的窑匠，凭借着传承的经验和简单的工具,在大自然的怀抱中,精心营造,建成了成本低廉,却古朴温暖的"家",成就了中国北方的"地下四合院"。

与中原地坑院相映成趣的,是南国福建的客家土楼,北地坑与南土楼,一北一南,一凹一凸,一下一上,一阴一阳,成为中国生土建筑的生花妙笔。

乱世惊扰

站在地坑院,仰望夜空,点点星光框满了小院。风在树枝、枯草间流动,远处,偶尔传来眉户调的小曲儿声和阿狗阿猫的叫声。

岁月流逝,记忆深刻,静谧的地坑院,见证过乱世的惊扰。

清光绪二十七年(公元1901年)九月,避难的慈禧从西安赶往北京,途经陕州,天色已晚,只得落脚在了地坑院。陕塬人腾出最好的窑院,点起"穿山灶",摆开八仙桌,让她品尝了当地美味"十碗席"。高高在上的慈禧,也感受了一次"高高在下"的普通人的舒适。

1944年4月2日,日军进犯陕州,在西张村塬上烧杀抢掠。西张村镇庙上村的张宗仁,当时是国民党胡宗南部下整编78师的参谋长,回家探亲时,带领了10多个便衣,击毙三名驻扎的日军,取下日军军旗一面,拉开了张村塬便衣队抗击日军的序幕。

当地群众自发组织,编成一支300多人的便衣队。7月15

日，便衣队和日军展开激战。他们利用地坑院复杂的地形，居高临下的山寨地势，击毙20多名日军，缴获一门钢炮、20余支枪，保住了村子几百口人的性命。

10月31日，恼羞成怒的日军纠集600多人，携带10多门钢炮，从四面八方向张村塬集结，合围庙上村。

便衣队殊死一搏，杀了40多名日本兵，又苦战三天三夜，最终弹尽粮绝，不得不撤到土寨的地道内。

夜色中，日军的机关枪不停扫射，山谷里火光冲天。26人冲出洞口，跳入35米深的壕沟，16人得以逃生，10人被打死。第二天，未能突围的75人，被日军俘虏，全部投进了30多米深的水井中。

庙上村北，张来旺院内的这口水井，被当地人称为"血泪井"。70多年过去了，目睹惨状的90多岁的张大爷说，他们忘不了这起惨无人道的血案，更忘不了日军犯下的滔天罪行。

守望乡愁

残雪尚在，点点勾画着一个个坑院。谁家的拦马墙散出一缕炊烟，缭绕飞过，塬上顿时活泛了起来。

冬日里的陕塬人没有闲下来，白天男人们唱几嗓子陕州梆子、扬高戏，女人们捶草印花、刺绣纺织，晚上一家人围坐火炉旁，喝着热腾腾的酸滚水，小日子就在这一方天地中，平平淡淡，生生不息。

张汴乡曲村人李琪峰，在上海生活了 8 年，漂泊中他愈发想念地坑院，思念家乡的味道。2014 年春天，26 岁的他回到老家，又住进了坑院，在自家做起了微商。

正月初七，记者走进他的家。坑院上空，是大红灯笼，院子中央，是当地特色——7 米长的穿山灶，炉灶呈斜坡状依次而上，灶心相通，9 个灶孔同时放置了 9 个锅，分别具备炖、焖、保温等功能。

他说，他家的坑院有 200 多年历史，自己是生长在坑院里的第五代人，无论走多远，还是家难舍。春节期间，他用香辣咸酸、荤素搭配的"十碗席"招待各方来客。

一座座院落，一户户人家，春节期间几世同堂，阖家团圆。

坑院之外，故友新交彼此相见，也都笑脸相迎，互道祝福。

暮色苍茫，塬上，炊烟袅袅升起，塬下，一条大河裹挟着黄沙滚滚东去。隐于地平线下的古老院落，始终在守护着一个叫做"家"的地方，也守望着乡愁，续写着传奇。

石窟珍宝鸿庆寺　白鹿山下石佛村

义马市东部15公里处的石佛村，位于秦岭余脉崤山的延伸带，古村落背靠白鹿山，南望大涧河，远眺凤凰山，村庄依山傍水，农田环绕其中，风景秀丽，曾经连接中原腹地与西部边陲的交通要道"崤函古道"，从村落旁穿过。

古村落以古围墙为界，依山势、背山水，布局讲究，鸿庆寺石窟、街巷、民居、古井、古木有序分布其间。这个颇有特色、聚族而居的古村落，为中国第二批传统村落。

石刻精华

大地苏醒的消息，早让春风传遍了山野。刹那间，泥土被涂上了黄绿色的染料，鸟语花香弥漫在自然中。走在白鹿山上，一个转身，就能望到一朵朵的小野花在风中摇曳。

眼前的山不过五六十米，土多石少，鸿庆寺立于山脚下，院落一角，有金代大定年间的一块石碑，记录着鸿庆寺当年的庙产地界。

推开寺院一扇吱吱呀呀的木门，登上高高的平台，五孔石窟就排列在呈"L"形的山崖间，面东，方形，北侧崖段被现代建筑遮挡，洞窟所在的西侧山崖，大致呈南北走向。

这里是黄河大拐弯后直奔向东的中游，茫茫秦岭蜿蜒东西，巍巍崤山群峰点点，石窟东临洛阳，西望长安，曾经的丝绸之路重叠在村旁的崤函古道上，路的两旁绿树红花，碧绿的涧河水汇集了众多无名的溪水，在其脚下缓缓流过。

据河南省文物保护研究院研究员李中翔考证，这里实际发现的洞窟有8座，清理出的第五、七、八窟还有丰富的遗存，崖壁上方，雕刻着小龛群，总计现存和有遗迹的大小佛龛106个，佛像120尊，佛传故事5幅。还有7件散存石刻造像，8通碑刻及石雕建筑构件。

北一窟的窟室较大，为最精美的代表窟。窟的外部崩塌，一堵厚厚的砖墙上，镶嵌着明嘉靖四十二年（公元1563年）的《重修白鹿山鸿庆寺古佛龛碑序》，记载着鸿庆寺的渊源。石刻被人们摩挲得油润亮泽，字迹清晰。曾经，这里奇峰嵯峨，林壑深秀，门前清流潺潺，背后瑞气融融。它原名"三圣庙"，是一座道观。武周圣历元年（公元698年），武则天带着孙女安乐公主巡游至此，忽见成群的大雁飞翔于寺院上空，云集在白鹿山上，武则天大悦，欣然提笔，赐名鸿庆寺，并下旨扩建寺院房舍，之后历代敕修无数，金元明清时期，屡毁屡建。

绕过砖墙，俯身进入洞窟，中心处凿有四方塔柱，背后一面龛像残存，西窟壁上雕刻着众多人物。

拿起手电筒，打一束亮光在浮雕上，阴暗的石墙立刻生动了起来。墙上雕刻，用直线和锐角转折表现城墙的曲折和高大，城门上有仿木结构的单檐四阿顶城楼，靠左边的城墙之上，建有两座亭阁式城观，轻巧秀丽，衬托出城池的宏伟气势。城门外雕有菩提树，树下的人物戴高冠，披圆领大衣，双手置于胸前，昂首而立，神情严峻。中间为坐佛一尊，佛下有四只鹿对立，前肢做跪状，佛两旁各有十多人手持莲花。宫墙高耸，楼阁隐现，一派静谧。树、石、殿宇以及人物形象，刻工精巧细腻，被雕刻者安排得疏密有致，均衡而有变化。虽然年代久远，石质大多疏松，有的人物形象也已经剥落，但是仍然能够依据细节，推测出各种人物的不同神态。

窟室的北壁中心，在5.9米宽、3米高的大画面上，分为三部分，有众魔鬼怪在奔腾跳跃，他们挥舞着兵器上下穿插，魔女站立一旁，妖媚诱惑。有的妖怪抱着石头不能举起，有的举着石头放不下来，兵器停在了空中，恶蛇吐信却伤不到他们，整个画面动态十足，透露出运动与力量的气势之美。

河南省文物建筑保护研究员李光明认为，西壁是"出城娱乐图"，这组浮雕宫城建筑，不仅在同时期的河南石窟中鲜见，即使在北方石窟中，也仅见于麦积山127号窟。而雕凿在北壁的这幅"降魔变"浮雕，场面宏大而热闹，虽然同一题材在云冈、麦积山、龙门石窟中都出现过，鸿庆寺石窟显然又胜出了一筹，是国内发现同类作品中最大的一幅。魔怪形象的刻画，凶猛而不丑陋，夸张而不怪诞，这说明早期常见的荒诞离奇的妖怪形象，已经更趋于人格化，且随着中国化、世俗化的深入，故事中的魔影已经变成了人间的强盗和恶棍，外来的佛教艺术中，已经融入了浓厚的民族化色彩。

第4窟的窟顶别具特色，窟内藻井雕刻重瓣莲花，外绕飞天之神，她们长裙裹腿，不露足，手托鲜果、鲜花。莲花外伸四个枝条，与顶边四条边桁相连，边桁上下饰以莲瓣、宝珠、流苏等纹饰，构思精巧，画面繁而不乱。浮雕上的菩萨，倾身俯视，诚挚而庄严；弟子虔诚肃立，眉角紧蹙，似乎正担忧着人世间的苦难；还有那些清秀俊逸的飞天、活泼稚气的童子。李光明分析，石窟巧妙地把作品的主题美、形式美与装饰美相结合，刻画宗教人物时，华贵而又亲切，充分反映出北魏晚期现实主义与理想主义相结合的审美观。

石窟珍宝

石窟浮雕手法娴熟，动人心魄，成就极高，罗哲文等著名文物专家赞它是"中州文明，华夏之光"，2001年，鸿庆寺石窟被列入全国重点文物保护单位。

石窟开创的准确年代，史书并无记载，河南省古代建筑保护研究所副所长、研究员牛宁认为，从鸿庆寺窟龛形制、题材与布局等方面来推测，应该不晚于北魏景明年间，距今1500年，石窟以其完整的布局、出色的雕刻艺术，代表了北魏晚期中原地区小石窟的艺术成就，它与同时期的甘肃庆阳北石窟、泾川南石窟、辽宁万佛堂石窟等，同为北魏晚期的佛教造像重要遗存。

牛宁说，石窟还有一个显著特点，就是总体上的规制严谨，无论单窟还是窟群，总体布置都很规制，相互连接，紧凑严密，毫无半成品或者"败笔"之迹，可以想见，它为一次性施工。推测一下，或许在施工之前，即有一个总体规划，各窟室的雕凿内容也作了构思与设计。鸿庆寺石窟虽然属于一个小规模造像，耗资不多，但整体风貌所呈现的特点足以表明，营造者绝非平民百姓，或是官方，或是权贵。从雕刻技法看，直刀法与圆刀法的结合，表现出匠师们丰富的经历和娴熟的功力。有意思的是，从形象到技艺，它与巩义石窟非常相似，如出一人之手。

北魏晚期，在孝文帝迁都洛阳前后，洛阳掀起了大规模的开窟造像活动，其中最为著名的，是龙门石窟的开凿。牛宁说，若以洛阳城为参照坐标，城东一个巩义石窟，城西两个，即鸿庆寺石窟和宜阳虎头寺石窟，城北三个，城南四个，十个石窟如同众星捧月一般，分布在北魏洛阳城的周围。

石窟，一般指的是开凿在山崖上的佛教洞窟，如此众多的石窟开凿在洛阳城的周围，与北魏的佛教政策紧密相连。太原学者杨超杰考证，北魏王朝迁都之初，对佛教的崇信、支持活动，地点只能是在城外，因此都城的周围，开凿出大量的石窟，到了北魏末期，按照《洛阳伽蓝记》记载，都城内有佛寺1300多所，都城外的石窟，很快趋于衰落。

北魏洛阳城位于洛阳盆地，周围群山环抱，北有邙山，西为秦岭之熊耳山，南有外方山，东有嵩山余脉，都城周围丰富的岩石地貌，为石窟的开凿提供了适宜的岩体。他分析，石窟大多开凿在洛阳周围的重要关隘和交通要道附近，应该与军事也有关系，这些地带往往人员密集，通行便利，一方面是传播佛教文化的需要，另一方面，可能守关的官吏和士兵们，就是礼拜和供奉佛教的主体。

曾经香火缭绕的鸿庆寺，早已听不到晨钟暮鼓的悠扬，见不到香客如流的景象，漫漫岁月也带走了石窟那张秀丽的容颜。如今，这里只留下了残垣断壁，陈砖旧瓦。陇海铁路就在石窟旁经过，一列列疾驰的火车呼啸而来，霸气、嘹亮的鸣笛声响彻云霄，带走了胜景无数。

李家大院

顺着鸿庆寺向东走去，五座四合院紧密相连，青砖蓝瓦，一字排开，建筑群坐北朝南，每一座院落古朴典雅，院门上方，是前伸的屋檐和精美的砖雕。

义马市委常委、宣传部长刘小旺说，石佛村古称"轵谷"，绝大多数居民为李氏，据《李氏家谱》记载，元代末期，他们躲避战乱，迁移至此，繁衍生息，是一个以血缘关系为纽带形成的宗族居住聚落。李氏祠堂中曾有一副楹联："初来渑邑三昆弟，始去亳州五百年。"李氏从安徽亳州而来，兴盛时，有土地6000多亩，多人在朝为官，担任过布政使理问、盐运司知事等职务。宏大的李家大院始建于清咸丰年间，距今已有150多年。

完整保存的大院，人称"五过庭"，一号院、二号院等几十余栋清代建筑，大院落连着小院落，数量众多。细细看来，院落的建筑用材十分考究，屋顶梁架，清一色的成年桐木，既保持构架经年不变形，又能减少屋顶负荷。宅院大门开于院落的东南位置，院大而门小，取其"聚气"。大门内侧，用青砖砌成拱门，迎面为照壁，顺着回廊迂回进入，院内依次为外院、过庭、里院和上房，地势逐级上升，前、后院由过庭相隔，且独立成院，错落有致。

整个院落青砖铺地，石砌台阶，柱磴青石上的兽头等雕刻，极其精细，门楣的莲花浮雕图案，也是惟妙惟肖。门窗套格花棂，雕有灵芝福寿图，造型逼真。李家大院风格淳朴，集木雕、砖雕、石雕于一身，被专家称为"标准式清代建筑的范本"，与山西王家大院、乔家大院有异曲同工之妙。

不知李氏后代的各种命运，眼前的一处处院落，有的成了混杂的住家，穿梭在一个个院落里，有些墙上、屋脊上、门窗上的雕刻残缺不全，有的屋梁有些摇摇欲坠，正在抓紧抢修。

一些小草随时会在什么地方冒出来，心里会猛地一疼，而在最初的年代，对待它们，也许连眼睛都不会眨一下。

《义马历史故事》的作者徐海龙，讲述一段李氏放粮的故事。清道光二十七年（公元1847年）三月，豫西再次地震，豫西境内，饿殍遍地。

简陋的渑池县衙内，赵知县向众乡绅一一施礼，恳请各位赈灾救民。乡绅李景阳率先表态，愿意捐出祖田100亩，白银1500两，随后，乡绅们相继捐钱捐粮。

一个晴朗的早晨，寺院的钟声刚刚响过，一箅箅热气腾腾的馒头已经出笼，一锅锅热汤正在沸腾。前来领取舍饭的灾民扶老携幼，来到了鸿庆寺外的广场上，李景阳还召集了数百名前来讨饭的青壮劳动力。他说：从今天起，你们就是轼谷（今石佛村）的村民了，鸿庆寺有住不完的房屋，李家有3000多亩田地，只要你们肯出力，肯干活，这里就是你们的家。

冬去春来，万象更新，明媚的春天悄然而去，一个个丰收的季节随即而至。咸丰元年（公元1851年）秋天，豫西大地，遍地是沉甸甸的大豆玉米和谷穗，处处洋溢着收获的喜悦。

渑池县衙的赵知县，已经官至五品，赴任前，专程给李景阳送来了"义周仁里"的匾额。忙碌的李家大院门外，没料到聚集了越来越多的人，原来，他们要来还赈灾的粮款，有的人根本就没租种过李家的田地，却非要上缴粮款。

李景阳感动不已，拱手告诉众人："当年放粮是积德行善，不求任何回报，如今的这些财物，李家更是一粒不收、一文不要，将全部用于修建学堂、修桥铺路。从今晚起，李家管吃管住，大戏三天，款待乡邻……"

石佛村向南一公里处，有一株古柏，高约 7 米，老树虬枝，满眼青翠。村民们说，它栽植于明代，约有 500 年的历史，被尊为柏王爷，村民们时常带着孩子来，把它拜为"干爹"，古树无言，目送着繁华走远。

一条条小街依然是原来的模样，只是多了一份岁月的遗产，淳朴民风延续至今。

一街连多巷，村落山环水抱，沿着小路走走停停，春日的树木都带着盈盈的新绿，环绕着小村落，遍地是各种各样的小花野草，婆婆娑娑延续了不知多少岁月。

中原深邃处　新密有古城

斑驳的光影里，新密县衙透出威严；起伏的檐瓦下，似乎仍能听到惊堂木的清脆。

沿一条光滑的青石板路，向新密古城走来，远远就望到了这个建筑群，以它为中心，中轴线上依次排列着城隍庙、文庙、法海寺、桧阳书院、关帝庙……

翻阅清嘉庆二十二年（公元1817年）《密县志·城郭图》，图上清晰标注的县衙、城隍庙、卓君庙……都能在今天的古城中找到苍老的身影；魏氏家祠、进士第……数不清的民间建筑，隐身于僻静小巷，一切还是从前的样子。

古城老街，花开花落。那一份繁华记忆，如同画卷，铺陈开来。

现存最久的官署衙门

新密古城，北有青屏山屏障，南有洧水环绕，是平地与丘陵、山与水结合的一处佳境。

清顺治十六年（公元1659年）《密县志》记载，公元前205年，始置密县（今新密市）。隋大业十二年（公元616年），洧水暴涨，县城西迁到古法桥堡城（今新密古城）。

《新密胜迹》一书说，古城历经1400年风雨，数代修复，至清末，城墙周长3.5公里，高8.3米，宽6.7米，成为中原地区一座有名的古城垣。民国"重修县城碑记"说："此城虽蕞尔弹丸，但襟嵩、带洧，万山耸翠，亦桧阳之大观也。"

隋代迁址，首建县衙，又以它为圆心，向四周展开，确定出城郭的总面积。

秋色中，坐北朝南的县衙，在蓝天下显得高阔宏大。

大门前，两个石门墩高大威武，雕刻依稀可见。古城管委会旅游开发部主任马洪涛介绍，一对石墩，每个高0.7米、宽0.85米、厚0.4米，重约800公斤，为建衙时所立，从隋代留存至今，十分珍贵。

大门之内，仪门前甬道两侧，各有一莲池，荷叶田田，随风律动，为威严之地平添了几分景致。这莲池，是清康熙年间续修县衙时，特意开辟的。古建筑专家说：密县县衙是中原地区唯一建有莲池的县衙，寓意"出淤泥而不染"，提醒官员廉洁自律。

县衙大堂前的卷棚，是五品官衙在建筑形式上的反映。大堂和卷棚连接之处，没有封闭，下雨时，自然形成一道水帘，被称为:"两檐滚珍珠,水帘挂前堂",象征衙门是清廉之地。

建筑群落布局严谨,自南向北沿中轴线排列,形成九层的五进院落,亭、台、楼、阁、榭、坊、桥、池一应俱全,青砖灰瓦,气势雄伟。马洪涛说,新密县衙是国内现存最久的官署衙门,有"华夏第一衙"之称。元代毁于战火,明洪武三年(公元1370年),在原址上复建,清代顺治、康熙年间续修,至今保持着明、清的建筑风格。

县志记载,从汉代第一任知县,到民国末年的最后一代知事,有史可查的200多位县令,在气象森严的衙署中,留下过深浅不一的印迹。

《后汉书》《后汉纪》和《资治通鉴》,都记录了西汉密县县令卓茂的故事。

卓茂任县令后,视民如子,用善行教导大家。几年后,教化生效,密县地域民风淳厚,路不拾遗。汉平帝时,中原大地蝗虫肆虐,卓茂组织官员民众用各种方法大力灭蝗,把蝗灾降到了最低。那时河南省内20多个县受灾严重,密县的庄稼受灾最轻,人们争相传说蝗虫"独不入密境"。后来卓茂赴任京部丞,密县百姓聚在道路两旁,依依不舍,挥泪送别。

汉光武帝刘秀登基甫定,即屈身探慰70多岁的卓茂,封褒德侯,下诏表彰:"前密令卓茂,束身自修,执节淳固,诚能为人所不能为……"

卓茂去世,皇帝赐他棺椁和墓地,刘秀身穿素服为他送葬。

密县百姓感念其德，修建了卓茂祠和卓茂衣冠冢。

汉以后的密县官员都以卓茂为楷模，历代县令到密县任职，必先到卓茂祠敬拜。明代大儒顾炎武到此瞻仰后题诗："拱木环遗祠，空山走部民。循良思旧德，执节表淳臣。几杖中兴礼，丹青御座亲。至今传俎豆，长接大隗春。"

县衙大门东侧，有一座受过皇封的螭首纪念碑，由清康熙年间知县衷鲲化重修衙署时所立，碑额上刻"密侯衷公重修县治碑记"，碑文记载了卓茂被皇帝封侯一事，也确定了在唐武德三年（公元620年），密县县衙是密州州治衙署。

大堂以南，设有监狱。该狱建于隋代，后屡次重修。监狱围墙的厚度是衙门建筑之最，达到0.9米，墙高近5米，墙头布满荆棘，铜墙铁壁，戒备森严。

监狱形制齐备，24间牢房分为男监、女监和地牢三部分。

新中国成立后，这里增建了岗亭等建筑，仍然作为监狱使用，直至2003年，使用时间长约1390年，成为我国使用年限最长的监狱。

法海寺与城隍庙

在河南博物院的二楼展厅，有两个小巧精致的三彩器物：一个是三彩舍利塔，高98.5厘米，底边长30.5厘米；一个是三彩舍利匣，高47.3厘米、底边长33.2厘米。两件物品的表面为褐、黄、绿等釉色，色彩鲜艳，造型秀丽，结构严密，光彩夺目。

工作人员介绍，这两件文物都出自新密法海寺。当年，同时出土还有一个稍小的三彩塔，目前在国家历史博物馆。

出县衙向西约40米，就是法海寺所在。县志中说，它建于北宋咸宁四年（公元1001年），明、清两代续修了四次。其取名"法海"，意为佛教的经藏如同大海一样广阔。

法海寺声名远播，缘于寺院内的一座玉石塔。按照记载，塔为石结构四方形，外檐九级，颇似楼阁，高13.08米，除了塔门、栏杆与塔顶等处使用汉白玉装饰外，全塔皆以青石雕砌而成。石塔自下而上由地宫、基台、基座、塔身、塔刹等部分组成，十分壮观。

石塔四壁，自下而上镌刻着一部《妙法莲花经》，字体隽秀工整，约六七万字，因此它又被称为法海寺莲华经石塔。

塔成胜景，万人争睹。宋人张哲留下一篇《法海寺石塔记》。北宋文学家秦观住在法海寺期间，抄写了一部七万字的《妙法莲花经》作为功德，离别时，又写下一首《赠法海寺平阇黎》。

1936年，建筑学家刘敦桢写下《密县法海寺塔》，梁思成先生也曾于民国时期来密县考察，写有《密县法海寺石塔调查记》，两个著名的建筑学家都对这一宋代建筑称赞不已。

1963年，石塔被列入河南省第一批省级文物保护单位。

历经战火硝烟仍旧完好的古塔，却在"破四旧"运动中，惨遭灭顶之灾。1966年7月，仅仅半天时间，千年古塔就成了一堆乱石。

石塔被夷为平地，人们又开始向下挖。没想到，一个宝库赫然出现。

塔基距离地面5米左右，深藏着地宫，它分为上、下两层，用6块石板砌成一个方形石函，石板向内一面，雕刻着四幅佛教故事，雕线纤细，形象生动。

石函内的物件，让人大吃一惊：大小不等的三彩琉璃方塔2座，三彩琉璃舍利匣1件，瓷舍利盒2个，银舍利盒2个，铜佛像3尊，其他各种琉璃器物50多件，都是北宋早期的文物珍品。

古城管委会主任刘金法说，出土的方形琉璃塔，对研究北宋早期砖、石建筑结构，具有重要的标本作用。

与法海寺一墙之隔的城隍庙，也遭遇过一次浩劫。

城隍庙坐北朝南，创建于明洪武四年（公元1371年），因为受过皇封，庙门建成了5孔的午朝门形制，比其他1孔或3孔的城隍庙更显得庄重。

庙内现存明清建筑93间，戏楼集钟楼、鼓楼、乐楼于一体，八角楼形状，采用了悬空梁结构，午门及西边廊房也多采用悬空梁结构，这在全国的古建筑中也很罕见。

80多岁的王衍村老人回忆说，庙前曾有一面彩色琉璃影壁，由红、黄、紫、绿几种色彩的琉璃砖砌成，上有二龙戏珠，配有花朵,色彩艳丽,栩栩如生。不幸的是,1966年,城隍庙内的琉璃影壁墙和铁狮、石坊,毁于一旦。

今天的城隍庙,浓荫匝地,花草葱茏。古城管委会工作人员介绍,每逢农历十五,这里都会热闹非凡,香客摩肩接踵,香烟袅袅不绝。

古建与民居

细雨后的老街,行人寥寥,抬眼望去,青苔染上陈年的青瓦,仿佛有无限心事。

行走在东西大街上,偶尔会看到屋顶花脊,檐垂莲柱,门楼考究,匾额古朴;宽街窄巷旁的荒草丛中,随手还能捡拾到一块残砖断瓦,一截基座构件,其花纹繁复精美,传递着岁月的信息。

杨家拐、孙家胡同、阁门路……仅仅看这些街巷的名字,就有无数猜测,一个转身,就站在了"旧时王谢"的门前。

东街路南,三个明清院落组成了一个郭家大园。东阁门口路南,曾是元末辅国大将军郭汾的宅院,如今只存有三分之一。院内凿有水井、植树栽花,一入庭院,满目清爽。郭汾的后人中,进入仕途的有骠骑将军1人,知府1人,知县3人,是古城的名门望族。

明万历年间举人郭遧的居所和清代郭家大园,都是四进宅院,两层楼房。穿过照壁、门楼、绕过仅一人通行的窄房山,即看到豁然敞亮的院落。房屋多为单檐硬山建筑,门楼前有砖雕,门墩上有石刻,门窗装饰花格,前廊配有花饰,细微之处显示着大户人家的富庶。

规模不一的四合院星罗棋布,或处于繁华街面,或隐于幽静深巷,大则占地几亩,小则不过数丈,有的残破不堪,有的生机盎然,或独家独户,或数户、十几户合居,清代建筑有数千间之多,古意悠远。

河南省古建研究所原所长、研究员张家泰颇有感触:"新密老城古建筑保存之完好程度,在中原地区乃至全国县城中,都是十分罕见的。"

新密市委宣传部副部长李绍光介绍,20世纪70年代末至90年代初,县政府各个机关陆续搬迁新城后,古城的公有建筑易作民用,老城、新城相距不远,因为煤矿沉陷区和铁路阻隔的原因,才使得古城1400年的城址延续至今,传统街道布局和旧城肌理,都得到了保存。

千百年来,战争、灾难在饱经风霜的古城身上,留下了一道道印痕,它一次次倾颓,又一次次挺立。

历史街区、文物古迹和传统民居如何保护,二十多年来一直牵动人心。新密市正积极筹划,将对古建筑进行科学修复,力图全方位展示出一个古色古香、韵味浓厚的历史文化名城。

夕阳落山,古城沉静,桂花清香,沁人心田。一阵风过,零零星星的花瓣轻轻飘落在了脚边。

正月，大伾山下赶庙会

1600多年前，滚滚黄河流经豫北平原浚县大伾山脚下，每到雨季就会波涛汹涌泛滥成灾。十六国后赵皇帝石勒，听从西域高僧佛图澄的建议，在大伾山东麓，依山雕凿出大石佛，以期"镇黄河"。

大佛岿然端坐山崖，目光如炬，嘴角轻扬，慈悲带笑，双腿自然下垂，左手抚膝，右手屈肘前举，手心向外，相传这种姿势是能够镇除妖魔的。这尊"北方最大，全国最早"，俗称"镇河大将军"的大石佛，不仅受到当地百姓的顶礼膜拜，黄泛区的百姓也纷纷前来朝拜。

孤峰凌云的大伾山上，石佛巍然。后来，漫山遍野林立起了一个个朝拜之地，佛、道、儒三大教派云集，成为三种文化的微缩。四方游人、八方香客逐渐增多，香火旺盛，行人接踵，庙会由此而生。千百年来，庙会起时，方圆百里的群众犹如潮汐一般涌向大伾山。古庙会潮起潮落，绵延不绝。

浚县正月古庙会（每年农历正月初一至二月初二）、北京妙峰山庙会（每年农历四月初一至十五）、山东泰山东岳庙会（每年农历三月二十八至四月十八）、陕西白云山庙会（每年农历四月初一至初八）通称为华北四大庙会。而浚县古庙会以其历史悠久、规模之大而被誉为"华北第一古庙会"。

大地回春的正月，大伾山石佛脚下，又是人山人海，香烟缭绕……

狂欢的社火

2018年，2月24日，戊戌年正月初九。

凌晨3点半，浚县卫溪街道西街社区16岁的李聪就被闹钟叫醒，她翻身起床，一路小跑赶到照相馆化妆。有过4年"上会"经验的她，这次表演的是踩高跷，角色是青蛇，爱美的小姑娘握着小拳头说，今年一定要达到"人美技炫"。

卫溪街道东街社区4岁的冷家贺，也一大早就被叫了起来，要随着叔叔伯伯们去敲响指挥社区表演、直径一米多的大盘鼓。

晨色熹微，浚县古城内，各社区（村）的喇叭声此起彼伏，声声催促着演员们。7点，社火队高擎起如林的彩旗，擂动着动魄的大鼓，吹响了长长的号角。尽管寒风扑面，火热的气氛却弥散在大街小巷的每一个角落。

踩着高跷来的，划着旱船来的，扭着秧歌来的，打着腰鼓来的，全都着了戏装，画了脸谱，戴了面具，歌舞鼓吹，五花八门，10余个社区（村）近20支民间社火表演队伍，把个古城闹得春阳浮动，人心沸腾。男男女女老老少少数万人簇拥着，潮水一般，从北大街到大伾山山门，延绵三五里。

社火，是"节日迎神赛会所扮演的杂戏、杂耍"。浚县的社火中，踩高跷、背阁、扭秧歌、舞狮子、跑旱船、骑竹马、玩龙灯……杂戏、杂耍一应俱全：大伾山上吕祖祠门外的平台上，锣鼓震天，人声鼎沸。高跷低的数寸，高的三尺有余，角色中有满脸涂金、身穿黑袍、手拿木棍的大金脸，手提花篮的红衣小生韩湘子，黄巾扎头、白胡子长垂的老渔翁，还有头戴毡帽、皂色束腰、手拿船桨的撑船公，黑衣黑裤黑帽子、耳朵上挂着红辣椒、脸上红一道白一道、背上用麻绳牵着个瓷夜壶、怀里抱着个傻小子的憨婆婆……他们边扭边唱，单腿跳、大劈叉，奇特亮相，引来叫好一片。

身着黄色武士服、头扎黄色武士巾的青壮年，背上一高约2米的铁制背架，架顶固定的儿童演员装扮成杨宗保、穆桂英等英雄形象，武士走动扭摆，架子上的孩子也随之摆动。当地人说，只有浚县北街社区还保留着这种有400年历史的"背阁"表演形式。

拥挤在人流中，相携相挽，又身不由己。在最稠密的地方，无一线缝隙，只被人群推拥向前。孩子们左钻右挤，上蹿下跳，急得爹娘又气又恼。

当地遗俗，新年第一天，人们串了亲戚拜完年，就拿着早已备好的礼品来到浚县城南的浮丘山给"老奶奶"过年。礼有数种,必备有二:一是枣馍,用白面蒸成塔状,上插红枣;二是煮鸡蛋,蛋圆能转,谐来年运转,万事称心意。有谣曰:"上山转,百病散。老奶奶,显灵验。"这算是庙会的序曲、小高潮。到了正月初九"老天爷"的生日和正月十六的元宵灯节,浚县庙会的面貌才得以真正展露。

初九上大伾山,几十家社火依次排成长龙,在山顶祭祀表演;十五、十六登浮丘山,山上社火热烈,古城张灯结彩,精彩纷呈,引人入胜。

历史悠久大伾山

我国第一部区域地理著作《尚书·禹贡》中说,大禹治水"东过洛,至于大伾"。大伾山是我国文献记载最早的名山之一,"伾"的释义为层叠、有力气、再成之山,古时地名曾为黎阳也称黎阳山,因东汉刘秀在此筑坛祭天也称青坛山。

海拔只有135米的大伾山,曾为古黄河的转折点。

北魏年间为大佛而建的天宁寺,守候大佛1400年。寺内碑碣林立,其中后周显德六年(公元959年)的"准敕不停废记碑",记录下周世宗柴荣令全国废除寺院,准予大伾山寺不停废之事。明代万历三年(公元1575年)建起的两层藏经阁,阁顶用各色琉璃瓦砌成饰纹图案,古朴端庄。彼时,礼部从南京天宁寺移出经书一部6053卷,收藏于此。穿过藏经阁便是大佛楼。

大石佛高 22.29 米，比龙门石窟卢舍那大佛高出 5 米多，比乐山大佛早了 400 多年，被称为"中国最早，北方最大"。百姓对大石佛无比敬畏，沿着山崖佛身又盖起一座遮风挡雨的楼阁，佛足深踏地面之下一丈，楼高七长，人称"八丈佛爷七丈楼"。

大石佛附近有摩崖石刻 300 多块。明代弘治十二年（公元 1499 年）秋，新科进士王守仁（亦称王阳明）奉旨送浚县名臣兵部尚书王越的灵柩到浚县安葬，随后登大伾山，题诗一首："晓披烟雾入青峦，山寺疏钟万木寒。千古河流成沃野，几年沙势自风湍。水穿石甲龙蟠动，日绕峰头佛顶宽。宫阙五云天北极，高秋更上九霄看。"诗借山势，山助诗情，镌刻于崖上，令人过目难忘。

大伾山因佛而盛，生发出唐代千佛寺、宋代天齐庙、清代吕祖祠等建筑群，渐成宗教圣地。北魏石兽，北齐、后周碑石，唐代石窟、浮屠、经幢、题记，宋代龙洞，比比皆是。道家有吕祖祠，儒家有阳明书院。大伾山是中原历史的微缩，也是中国儒、释、道三种文化的微缩，儒家入世，佛家出世，道家隐世，它们团团云集，错杂为邻，和谐共处。

登临山顶，黎阳古城尽收眼底，黄河故道走过城东，虽然早已是沃野平畴，却让人依稀看见大河滚滚的背影。

山下弯道飘如练带，连着对岸的浮丘山，其山势状若漂浮之舟而得名，又因在浚县城南，称为南山。明嘉靖年间建成碧霞宫后，香客来赶正月庙会，有两个必选项目："南山朝顶，东山（大伾山）观景"。碧霞宫前戏楼两侧的一副对联，描述出庙会盛况："山水簇仙居，仰碧榭丹台，一阙清音天半绕；香花酬众愿，看酒旗歌扇，千秋盛会里中传。"

大伾、浮丘两山对峙，淇水、卫河两水环穿。民俗学家孟宪明说，有神、有佛、有庙、有寺，这具备了庙会的第一个基础；有粮、有钱、有繁华的商业，又具备了第二个基础；一条卫河穿城而过，汤汤活水带来了舟输漕运之便。所以，有唐以降千多年来，浚县山庙会愈办愈大，愈办愈久，到今天已成为时历月余，地跨数省的盛大庙会了。

文化深厚古庙会

来赶庙会的，有香客游人也有文人墨客。明崇祯十七年（公元 1644 年）正月，李自成的农民军攻占孟津，正在孟津老家养病的吏部尚书、书法家王铎避难到了浚县，寄住在挚友通政司刘尚信的"摄生阁"。

正月庙会正高潮，王铎同刘尚信逛庙会，登临大伾山。《浚县正月古庙会》中记述，他们行走至山之东麓，但见龙洞幽深，出雾吐岫，大伾山下紫金湖波光粼粼，白鹭飞翔，王铎挥笔题写了"鹭涛虎岫"。住了几日，他听到李自成攻打北京的消息后，当即乘船赶往京城，行至内黄县时，又传来消息，说李自成攻陷了北京，崇祯皇帝在煤山自缢。王铎大为震惊，只好调转船头返回，再次寄居在"摄生阁"。王铎心情沉重，与刘尚信在茫茫暗夜重登大伾山，并留下"仙崿"二字和诗作《再至青坛》："窅窅崇青色，中兴谥此坛。石稠原少树，洞背故多寒。帝子留神鼎，河渠自汉官。为怜骐骥歇，暂得憩安磐。"

相传，王铎的题记和题诗是写在墙壁和纸张上的。清康熙十一年（公元 1672 年），浚县知县刘德新差人把它们镌刻在了石壁上。"鹭涛虎岫"，字径三尺余，用笔流畅，个别笔画兼有篆意，为隶书中之佳作；"仙崿"为隶书，字径三尺；《再至青坛》为行草，题面宽 3.5 米，高 0.85 米。山体之上的三幅字，笔力雄健，气势跌宕，笔端流露出国仇家恨与个人忧思。

大伾山下，曾是著名的古黄河渡口黎阳津的所在地，隋代在此设有官仓黎阳仓，李密率瓦岗寨义军与隋军大战，夺取了黎阳粮仓。相传，一位名叫杨玘的大将驻守此地，面对战死的年轻兄弟，他无以为祭，便挖起地上的黄泥捏造些泥人泥马，作为死者上路的陪侍。岁月更替，泥人泥马也早已变成了一个个生动古朴的泥玩儿，当地人唤它泥咕咕。朴拙憨态的泥咕咕是当地人的爱物，也是中原民俗的代表性符号，如今的杨玘屯村，有过半的村民从事泥咕咕产业。

63 岁的中国民间文化杰出传承人、泥咕咕王氏第九代传人王学峰说，浚县的泥咕咕不像淮阳的泥泥狗，泥泥狗必做形和性的夸张，泥咕咕则力求美观和朴拙，所画多用原色，少有兼色。黑、棕做底，上绘红、黄、蓝、绿、白，颜色因是鸡蛋清调成，涂上后明光发亮，很为抢眼。泥咕咕也能吹响，尖尖的声音像孩子的哭喊。当地风俗，年轻的媳妇和年长的老妪赶庙会时必买泥咕咕，回去分送给见到的孩子们。

　　孟宪明说，浚县人会享受，一个正月会把好吃好乐的年节延长成一个多月。浚县人会经营，把一个多月的庙会变成了不动镰刀的丰收季。晋、冀、鲁、豫、皖、鄂，前来朝拜的万千香客和舟载车运的行商大贾把他们的香火钱、地皮钱，还有吃喝拉撒睡等等的繁杂事务，一股脑儿全都交给了浚县。浚县人不仅自己找乐，还邀请千井百里的朋友们同乐，在找乐、同乐的同时，平增了半年的收入。

　　这是浚县人的智慧。

雪泥鸿爪龙耳寺　崤函道边苏秦村

大雨倾盆,来去匆匆,到处湿漉漉的。柏树高大,郁郁葱葱,渑池县西南12公里处的苏秦村,就隐藏在那大山深处。沿着泥泞的小路走到山岭,向下望去,植被茂密,竟很难发现小村的踪迹。

村落依山而建,地势东高西低,村北,有河流依村而行,村南,有山势延伸而去。村民说,这种规划遵循了"负阴抱阳、背山面水"的祖训,即使经历战乱,也能为村民们提供很好的隐蔽。

村内有龙耳寺,900多年前,苏轼沿着险峻的崤函古道而来,相传在寺院小住,兴之所至,题诗壁上。

阁楼、庙宇、祠堂,十几处明清院落,遥遥相望,绿树密密匝匝,青砖灰瓦点缀其间。苏秦村是否与战国著名的纵横家苏秦有关?千年古村落,会收藏多少不为人知的往事?

雪泥鸿爪

小村宁静，雨的洒落，使得满街滋润，格外清爽。谁家的架子上，红红的西红柿挂满了水珠，摘下一个，湿润润一咬，酸酸甜甜。一只小花猫从一个墙角钻了出来，向空荡荡的街巷扫了一眼，又极快地消失在街的尽头。由于迅疾，像突然发生又未发生。几个结伴女学生的出现，比它从容，学生们坐在画架前，一笔一画点染着，小村的一草一木、一砖一瓦，活泼在了水粉画中，艳丽、柔和、明亮的色彩，招摇着新鲜与迷离。千年时光就在这新鲜与迷离中转瞬而逝了。

村中心的中央洼地处，有一座二层建筑，一层是涵洞，宽约3米，高约6米，由巨大石条铺设，层层垒砌，二层曾经供奉过"文武二圣"孔子和关羽的塑像，村民称为文武阁。村内有碑记载，它重修在清雍正十年（公元1732年）。文武阁青砖到顶，完好无损，注视着人来车往。

村南的土山，莽莽苍苍，好似一条长龙，恰在龙耳朵的位置，建有一寺，取名龙耳寺。古人建造寺院，常选在深山幽谷之中，龙耳寺亦然。若从高处俯瞰，寺周围的九条土岭，如同九条巨龙，龙耳寺就坐落在最大的一条龙的耳朵上，四周山清水秀。

寺院面北而立，依山而建，山背面有一座小山，满山青翠的柏树，柏树山由此而得名。

龙耳寺山门前一棵高大的梧桐树，遮天蔽日。山门两边的山墙上，雕刻着一对儿麒麟，山门的房檐下，青石雕刻的六条龙，活灵活现。龙头凶悍，獠牙锋利，龙眼饱满，鬃毛清晰。龙身摇摆弯曲成弧线，周边点缀云纹，似在水面，又似在云端。

寺分两院，中有大殿，建筑多是五脊六兽，狮子海马，筒瓦滴檐，非常气派。神案前，香烟缭绕，偶尔，一两声磬音，在空寂的院落里回响。

金大定、元至正、明嘉靖年间，寺院相继重修，立碑为纪，万历四十五年（公元1617年），又立下一通八角石柱。

《渑池县志》中写到，寺院建于唐永贞元年（公元805年），宋熙宁元年（公元1068年）四月十一日，敕封为寿圣院，《宋寿圣院牒》记有"渑池县苏秦村龙耳院（寺）房舍三十二间……宜特赐寿圣院为额。"

寺院声誉日隆，访客往来不息。

900多年前的一个早春，苏轼、苏辙兄弟二人，沿着崤函古道一路西来，经西安赴开封赶考。此时的古道，残雪照山，冷风刺骨，崎岖难行，他们的手脚冻伤了，两匹瘦马也冻死在了路上。相传，无望之时，两人走进了附近的龙耳寺。

寺院老僧奉闲见有来人，和颜悦色，殷勤相待，温暖了饥寒交迫的兄弟二人。或许是感激，或许是欢喜，苏轼、苏辙多了几分真性情，题壁一挥毫，不羁与洒脱跃然壁上。

三年后，苏轼中举，外放陕西凤翔为官，又要经过渑池，苏辙送苏轼到郑州，分手回京，作诗一首《怀渑池寄子瞻兄》，"相携话别郑原上，共道长途怕雪泥。归骑还寻大梁陌，行人已度古崤西。曾为县吏民知否？旧宿僧房壁共题。遥想独游佳味少，无言骓马但鸣嘶。"

苏轼再次途经崤函古道，来到龙耳寺时，早已物是人非，老僧奉闲去世，留下了一座藏骨灰的新塔，题诗的墙壁也已经坏掉。往昔艰难，人生偶然又无常，他多了几分感慨，写下《和子由渑池怀旧》，相和苏辙，诗云："人生到处知何似，应似飞鸿踏雪泥。泥上偶然留指爪，鸿飞那复计东西。老僧已死成新塔，坏壁无由见旧题。往日崎岖还记否，路长人困蹇驴嘶。""雪泥鸿爪"由此成为一种人生态度的诗意象征。

苏秦旧宅

出得龙耳寺山门，走下石板铺就的台阶，是一道小坡，顺坡而下，坡底有一条小溪，溪水潺潺，长年不断。溪水两岸，花草繁茂，溪水之上，石桥小巧。桥的尽头，有一村庄名为庵北村。从前，村里的女人们常常三三两两，在溪边挑水、洗衣。龙耳寺东侧，相传是桃花庵的旧址，如今有一片桃树林，每到春季，满树桃花，一派妖娆。

龙耳寺碑文记载，到了金大定十三年（公元1173年），"此地奇功，圣像同宗，翠摇精字，壁挂寒松，层林映月，绿水流通，绵绵南北，密密西东；飒飒林敲松伴月，清清筼撼水前风"。那时的寺院,该是久负盛名了。

相传,战国末期曾佩六国相印的苏秦,曾在这里生活。

司马迁《史记·苏秦列传》开篇的第一句话是:"苏秦者,东周雒阳(今洛阳)人也。"史料记载,周时,渑池为雒阳边邑,秦统一后才置县。

清代嘉庆版的渑池县志,引用《伽蓝记》中的一段原文:"乃今渑亦有苏秦村并五女之冢,或为苏秦之别业欤?"县志由此推测,这里可能有"苏秦旧宅"。

《伽蓝记》又称《洛阳伽蓝记》,是一部集历史、地理、佛教、文学于一身的名著,北魏人杨炫之所撰,成书于东魏孝静帝(公元534年至551年)时期。书中历数北魏洛阳城的佛寺,分城内、城东、城西、城南、城北五卷叙述,对寺院的缘起变迁、庙宇的建制规模及与之有关的名人轶事、奇谈异闻,都记载详实。它与郦道元《水经注》一起,被认为是北朝文学的双璧。

1988年版《辞海》"苏秦"条为:"苏秦,战国时东周洛阳人。"1999年版的《辞海》,"苏秦"条则改为:"苏秦,战国时东周洛阳乘轩里人",有人说,这一带大约是在今天洛阳市洛龙区李楼镇太平庄村。两地各自论证,至今无果。

苏秦村村民说,1000多年前,这里就被称为苏秦村,苏秦故里还会是别的地方?

苏秦的生平事迹,主要记载在《战国策》《史记》,1973年长沙马王堆三号汉墓出土帛书中的《战国纵横家书》，又为苏秦生平提供了新的重要资料。

战国时期，诸侯纷争，众多读书人以游说的方式来实现自身价值。苏秦、张仪等众多优秀的谋臣策士，经常到各国游说，阐明自己的政治主张，成为战国时期的一道风景，其中最耀眼的明星，首推苏秦。他落魄过、辉煌过、恐惧过，最终结局又极为悲惨。他的行为，他的励志，无不带着浓郁的传奇色彩。

苏秦本是一介寒士，住在土洞茅舍，但他勤奋，拜师学习，师从齐国的鬼谷先生，学成之后，就开始到各地游说，总是无功而返。特别是他游说秦惠王时，一连上了十次书奏，他的主张终究未被采纳，灰溜溜地回家。回家时，他绑着裹腿，穿着草鞋，背着书箱，担着行李，形容枯槁，脸色黝黑，穷困潦倒，十分落魄。

兄嫂、弟妹、妻妾纷纷讥笑他，受辱的苏秦"很受伤"。他偶然得到一本《阴符》奇书，刻苦攻读，常常学到深夜。他手拿一把锥子，一打瞌睡，就用锥子在大腿上刺一下，猛然间的疼痛，让他一个激灵，再坚持读书，"锥刺股"的典故由此而来。

五女之冢

苦读一年的苏秦，再次出征。苏秦屡次游说各国，满怀豪情而去，总是无功而返。他屡战屡败，屡败屡战，一而再，再而三地游说失败，却并没有一蹶不振。苏秦文采飞扬，辩才超群,一次比一次坚定,一次比一次坚强。他周游到燕国时,燕文侯听了苏秦的"合纵"策略后,如醍醐灌顶,马上给苏秦配备车马,送他到赵国游说。

苏秦针对不同的对象,顺应其心意,或激或励,或羞或诱,成竹在胸。最终,赵国、韩国等六国听从苏秦安排,组成合纵联盟,让他做盟长,统一调度本国的车马军队。苏秦同时担任六国相国,风光无限。

苏秦约定六国联盟后,被赵肃侯封为武安君,苏秦将合纵联盟盟约送交秦国,从此,秦国不敢窥伺函谷关以外的国家,长达十五年之久。

《史记·苏秦列传》说,苏秦不费一兵一卒,说服齐王归还了燕国的十座城池,却遭到燕国其他权臣的妒忌、诋毁,燕王不再让他担任官职。苏秦与燕王做了推心置腹的表白后,才消除了燕王的顾虑,继续让他担任原来的官职。同时,燕王也知道了自己的母亲与苏秦私通,不但没有怪罪苏秦,反而对他越发优待。

即使这样,苏秦仍怕被杀,非常恐惧,终日如履薄冰。于是他主动请缨,要求到齐国做卧底,为燕国服务。

齐湣王在位时,齐国大夫多人与苏秦争宠,便雇人去刺杀他。苏秦当时没死,带着致命的伤逃跑了。苏秦临终时对齐王说:"请您在人口集中的街市上,把我五马分尸示众,刺杀我的凶手一定可以抓到。"齐王照办,凶手果然主动出来,被齐王杀掉了。

司马迁称苏秦"其智有过人者"。《盐铁论·褒贤》说:"苏秦、张仪,智足以强国,勇足以威敌,一怒而诸侯惧,安居而天下息。"

苏秦的一生,大起大落,他的家室,史料中并无过多的记载。龙耳寺所在的柏树山南坡,向西不远处,有四个大土丘,一大三小,呈不规则排列,相距分别有数十米、上百米,村民称为"五女坟",相传是苏秦五个女儿的长眠地,也是《伽蓝记》中提到的"五女之冢"。

据说,苏秦成名后,把夫人和五个女儿安顿在这里,女儿个个相貌出众,聪敏贤孝,加上门第高贵,一时难以出嫁。

大女儿、二女儿相继忧郁而死,葬在柏树山上。三女、四女不幸染病而亡,葬在前两个女儿旁边。五女18岁时,苏秦被车裂而死,苏夫人悲痛欲绝,不久于人世。五女殡葬母亲后,自缢而亡。乡人把五女葬在了大女儿的身边,同一个墓冢。而后,在四个墓冢前栽下柏树,后来柏树漫山遍野。

80多岁的村民讲述,老人们说过五个女儿的四个冢是相通的,地上留有多个通气孔。他们在墓冢不太远的地方走路时,经常会听到脚下的空洞声。五女坟曾多次被盗掘,损失如何,不得而知,或许会埋藏着千年秘密。

院落相连

雨后初晴，盈盈的绿色在灰瓦上缱绻，它的旁边，一个院子废弃了，不再住人。

石板路带着湿润的印记，踩上去，有沁人的清凉。沿石板而行，转进一条窄巷，拐过一个斜坡，一片残垣，又一个院落，一排排老旧的墙砖灰瓦。

没有了欢声笑语，或是浅吟低叹，也许屋门再也不会开启，沉沉睡在了岁月里。

大约建于明代的进士住宅，二进院落，五脊六兽，主房宽阔，方砖铺地，做工考究，门前三级台阶，木质大门，纹饰木窗。村民李氏父子家的院落，一连两座院，坐北朝南，青砖到顶，立木砖混结构。十多处老宅相望，当年精心修葺家园的人，早已淹没在了时光深处，建筑却流经百年。木窗上有精雕细刻的梅兰竹菊、八仙过海、福禄寿喜……不同的画面，或许蕴含着主人不同的心性，那些深深浅浅的雕刻，伴随着他们起起伏伏的人生。雨打花窗的黄昏，他们会以何种心情推窗听雨？月朗星稀的夜晚，他们又会以何等姿态临窗赏月？抬眼处，仿佛看到一个个远去的身影。

是什么人建起了长长的院落，他们有过怎样的过往？大多数村民只言片语，含糊不清。村子东北部的台地之上，有清代建的李氏宗祠，青砖墁地，祠堂的墙壁上，镶嵌着两块碑，碑文有些模糊，隐约能看到李氏宗族的族谱，但是宗族的历程，却又语焉不详。

渑池县交通运输局局长侯建星说，苏秦村附近有两条著名的古道，丝绸之路上的崤函古道和三国时期的北山高道，苏秦村就在北崤道上，北山高道从村子的西北4公里处蜿蜒西行，小村交通可谓便捷。崤函古道分为南北两路，南崤道，由陕州沿青龙涧、雁翎关等地，进渑池县境，入洛河河谷，再经洛宁、宜阳东行至洛阳；北崤道，由陕州城沿涧河东行，经龙耳寺、朱城（俱利城）等地，过新安，顺谷水达洛阳。北崤道是崤函古道东段最为险要，也最为便捷的一条通道。或许是这两条古道相邻，带来了苏秦村来来往往的兴盛。

龙耳寺从唐代建院伊始，每年的正月二十五，会在寺院举行一次盛大的文化庙会，已传承1000多年。2019年的庙会上，聚集了踩高跷、扁担官、"垛子"、划旱船，还邀请了威风锣鼓、柳园狮子和濮阳杂技、魔术表演。那是村民小有成就者张新峰出资请全村人看大戏，逛庙会，围着大锅吃杂烩菜，连续三天，村民"狂欢"。

苏秦村的老宅院，没人说得清楚它们的历史，村民们却乐得讲述苏秦的诸多故事，五女坟的神奇传说。苏秦，是他们最久远也最亲切的记忆。

去新郑，踏访郑韩故城

　　1923年8月，新郑，天大旱。退职军官李锐的老宅院里，一群工人正在打一口水井。谁也不曾想到，此刻他们的脚下，正沉睡着一座千年大墓，更不曾想到，他们从井口打开的，还有河南文物事业的一扇大门。

　　百余件春秋时期的珍贵文物在新郑出土！消息不胫而走，全国各地的报纸连续报道；金石学家和考古专家云集新郑，参观考察；北京大学、天津博物院、中国古物研究社等机构，纷纷致电河南巡帅吴佩孚，请求接收这批文物。河南官绅和民众强烈要求，将这批文物留豫收藏。

　　尘埃落定。这批文物中的大多数留在了河南，少数则四处辗转，被多地收藏。

　　此后90多年，新郑考古发掘惊喜不断，铺陈出2700多年前的一段辉煌盛景。

新郑彝器

新郑李锐家，因建有二层砖瓦楼房，得名李家楼。1923年8月25日的那个傍晚，工人们挖到地下10米多深的时候，意外挖到了四件青铜器。李锐大悦，把其中的一件大鼎和两件中型铜鼎卖给了古董商人，同时命雇工昼夜不停，继续下挖。驻兵郑州的北洋陆军第14师师长靳存青认为，钟鼎重器非一般文物，应归国有。他要求李锐应将所获交公，李锐慷慨允诺。靳存青便将前期出土的70多件铜鼎、铜鬲等物品，运往郑州保存，并派官兵监护现场。挖掘工作到了10月5日，获得的青铜器、碎铜片、陶器和贝币已有1500多件，它们被统一命名为"新郑彝器"，发掘的古墓也被称为李家楼大墓。

1966年5月，河南省文物考古研究所再次来到李家楼，清理当年现场，认定该墓应是郑国一男性贵族大墓，所以又称它为"郑公大墓"。

话说当年，出土文物该如何处理？河南省政府代表同吴佩孚协商决定，成立河南古物保管所。

1923年10月2日下午，在军队的押送下，第一批文物抵达开封南关火车站。《新郑郑公大墓青铜器》记录："督署已派有军乐队及警厅警乐队到站欢迎，各校学生亦均整队到车站欢迎，各机关及各商号，早由警方通知悬挂国旗以示郑重，沿路军队保护。周至经过地点，观者如堵，赞不绝口。"

在新郑市博物馆内，一通高约 3 米的"河南新郑古器出土纪念之碑"，是当时靳存青撰文立下的。碑首和碑座早已不见踪影，碑文却清晰可见："识者咸啧啧称羡，谓为郑国宴享祭祀之器……知神物数千年蕴藏地之所在，春秋佳日，觞咏其间，未始非为新郑县邑增一名胜，多一韵事。"

1927 年 7 月，在河南省政府主席冯玉祥的倡议下，省政府在原古物保存所的基础上，组建了河南博物馆。"先有郑公大墓，后有河南博物馆"，正是这批文物，奠定了河南博物馆事业发展的基础。

1935 年至 1936 年在英国举办的"中国艺术国际展览会"上，有以莲鹤方壶为主的八件李家楼青铜器展出。之后，它们又先后在上海、南京展出，备受赞赏。

抗日战争爆发。为了确保国宝免遭日寇掠夺，河南博物馆精心挑选出包括莲鹤方壶在内的文物珍品 5678 件、拓片 1162 张、图书 1472 册，分装为 68 箱，在 10 多人的保护下，辗转武汉、重庆，最后藏在了偏僻的宜宾县柏溪镇。这一路，艰难困苦，险象环生，"着实为一次险恶之旅"。

1949 年冬，国民党"速令河南存渝古物运送台湾"。11 月 29 日，38 箱文物被用小船经水路运送机场，装入两架运输机送抵台北。

11 月 30 日，中国人民解放军攻克重庆，全部接管了河南在重庆存放所剩的 30 箱文物。当年使用并贴有"中国人民解放军重庆军事管制委员会一九四九年十一月三十日"封条的包装箱，至今存放在河南博物院。

李家楼出土的青铜器，如今被五家博物馆分藏：河南博物院56件、台北历史博物馆21件、中国历史博物馆18件、北京故宫博物院5件、深圳博物馆2件。

一对相依相伴的莲鹤方壶却"劳燕分飞"，一个在北京故宫博物院，一个在河南博物院。

郭沫若曾对莲鹤方壶高度评价："此鹤初突破上古时代之鸿蒙，正踌躇满志，睥睨一切，践踏传统于其脚下，而欲作更高更远之飞翔。此正春秋初年由殷周半神话时代脱出时，一切社会情形及精神文化之一如实表现。"

郑韩故城

新郑地处中原腹地，《竹书纪年》《史记》《汉书》等历史文献记载，最早的郑国在陕西，春秋时期，郑武公东迁，灭郐、虢两国，在有熊之墟上建立郑国都城，为了区别陕西的旧郑，改名新郑。战国时期，强大的韩国灭郑之后，迁都到新郑。郑、韩两国先后在此建都，长达500多年之久。

如果说李家楼郑公大墓的出现，是纯属意外的话，郑韩故城遗址的发现，则是早早有备。

丰富的文献典籍，理所当然地成为中国第一代考古学家开展最初田野考察工作的参照。按照郦道元《水经注》的记载，考古工作者在20世纪50年代，踏遍新郑县域，反复调研，最终确定郑韩故城面积为16平方公里，故城遗址在1961年被列入首批全国重点文物保护单位。

冬日，站在新郑市区北入口处，遥望古老的北城墙，但见壮阔雄伟，古风扑面。新郑市博物馆馆长杜平安讲解，城墙全部是黄土或红黏土分层夯筑而成，保留在地面上的城墙，绵延20多公里，城墙下部为郑国城基，上部为韩国增高加宽部分，最高处达18米。当年，处于中原中心地带的郑韩两国，西有秦晋，北有燕赵，东有齐鲁，南有陈楚，群雄环伺，四面受敌，不得不把城墙修得又高又大。留存至今的古城墙，成为世界同时期保存最高大、最完整的古城墙之一。

故城依山傍水，俗称"四十五里牛角城"。城内中部有一道南北向的城墙，将城址分为东西两城，西城为政治中心，有郑、韩两国的宫殿区、贵族府邸等；东城为经济中心，有手工业作坊区、平民居住区、宗教礼仪性祭祀区和郑国贵族墓葬区等。

寒风正烈，站在城墙旧址之上，环顾四野，一眼千年。

2700年前的郑韩故城，交通便利，商业发达，是东周时期名闻天下的一座名都，以此为都城，春秋时期的郑国和战国时期的韩国，国力强盛。公元前375年，郑国被韩国所灭。公元前230年，韩国又被强秦所灭。自此，这里的繁华消失在历史的尘埃中。

尽管如此，留在历史深处的故事，在史册中依然清晰可见。

《左传·僖公三十年》中"烛之武退秦师"的故事与北城墙相关。春秋时期，晋国公子重耳回国执政，为报复郑国，准备与秦国联合出兵伐郑，郑文公派烛之武去劝秦穆公退兵。晋秦联军包围了郑国国都，烛之武乘夜色让人用绳子把他从北城墙吊下去，私下去见秦穆公。烛之武从晋、秦之间的矛盾入手，劝说秦穆公："为什么要灭掉郑国而给邻邦晋国增加土地呢？邻国的势力雄厚了，您秦国的势力也就相对削弱了。如果您放弃围攻郑国而把它当作您东方道路上接待过客的主人，出使的人来来往往，郑国可以随时款待他们。这对您有什么坏处呢？""东道主"，从此成了接待或宴客主人的代名词。

《史记·孔子世家》记载的一段往事与城墙东门有关。当年，孔子在郑国与弟子走散，有人对正找寻老师的子贡说，东门边有个人，"累累若丧家之狗"，大概是你要找的人。后来子贡以实告孔子。孔子听到有人把他形容为丧家之狗，欣然说：然哉！然哉！

古城墙边，行人寥寥。驻足聆听，仿佛能听到古人往来穿梭的脚步声，他们中应该有子产、弦高、邓析、韩非子、张良……故城中，还有许多有意思的故事，后来变做成语：多行不义必自毙、背后一箭、朝秦暮楚、买椟还珠、郑人买履……

国君大墓车马坑

新郑故城深埋地下的秘密，总是与考古人员不期而遇。

1993年，在故城祭祀遗址，出土了一套24件的青铜编钟，虽然比湖北曾侯乙编钟的音域要窄一些，却比它早了200多年。

1996年至1998年，在郑韩故城东城区西南部，发现了17座礼乐器坑和44座殉马坑，出土春秋时期郑国公室青铜器348件。此次出土的青铜器，数量之丰富，组合之完整，工艺之精美，在郑韩故城考古工作中尚属首次，郑国社稷遗址也被评为1997年度"全国十大考古新发现"。

1996年7月，新郑市文物局在进行普探时，在郑韩故城东城区西南部，发现一座长25米、宽21米的特大墓葬和一座长约10米、宽约8米的车马坑。2002年，河南省文物局在此发掘出郑国国君墓和车马陪葬坑，并认定这一带是以郑国国君为中心的郑国高级贵族墓地。贵族墓地占地约240亩，墓葬4000多座，6米以上的大型墓葬180余座，且不乏15米以上的特大型墓葬，大中型车马坑23座。墓葬分布之密集，几"无卧牛之地"，这在全国同期墓葬中极其罕见。

尤其是郑伯"中"字形大墓，轰动一时。该墓是一座带有南北斜坡墓道的大型竖穴土坑墓，平面状似"中"字，总长45米，是国内发现的第一座春秋时期带墓道的大墓。

新郑，郑国车马坑景区。郑伯"中"字形大墓仍保持着出土时的模样，其形制，堪称巨大。该墓为两重棺，三重椁，层层叠叠，显示出墓主人的高贵身份，墓中放置着复制的部分青铜器随葬品。

《庄子·天下》《荀子·礼论》有："天子棺椁七重，诸侯五重，大夫三重，士两重。"此墓五重，印证它正是一座诸侯国君墓。

杜平安说，大墓出土时，骨殖已经腐朽不存，隐约见有局部的骨质粉末。勘测表明，墓室在战国时期已经被严重破坏。韩国灭郑后，为了破坏郑国风水，有意采用了起墓土、盗掘、建铸铁作坊、弃埋未成年人和残疾人等行为。墓室明显的盗洞有26个，棺椁遭到极大破坏。据推测，这些盗洞大约是汉代至民国时期盗墓贼留下的。尽管如此，还有不少的鼎、方壶等重器残片和精美的玉器遗留在墓室，随葬品的规格、大小、种类远在李家楼郑公大墓之上。

该墓南墓道长21米，北墓道长10米，墓道底部，随葬木质车辆总数达45辆，大、中、小型车辆齐备，是春秋时期高级车辆大观。有的车辆用动物长骨制作车厢，有的车辆绘有彩色图案，一辆较大的安车车厢后部车踵上，安装着一件长达32厘米的大型象牙雕龙饰件。马骨被压在车体和立轮下，头西尾东，肢体依次叠加，东西向4组，每组约12匹，全坑葬马有40匹以上。

春秋时期，各诸侯国之间战事频繁，车辆是衡量国家军事实力和经济基础的标志。此墓陪葬车辆超过百辆，对于"千乘之国"的郑国而言，也是豪华阵容。专家称，这里规模最大的地下车马军阵，比闻名中外的秦陵兵马俑军阵还要早400多年。

2017年11月，在郑韩故城东城内西南角的贵族墓地里，郑国3号车马坑经过9个月的挖掘，又清理出安车4辆、殉葬马匹122具，成为郑韩故城内挖掘出土的最大车马坑，再次惊艳世界。

郑韩故城能够留存至今，与它超强的使用价值密不可分。从选址而言，它夹河而筑，环水而就，现存高度一般在6米~19米，加上护城河水的深度，自成天险，易守难攻。

壮观的古城，曾遭遇两次劫难：一是如《史记正义》所说，秦始皇统一六国后，为了防止旧贵族东山再起，曾经"毁拆东关诸侯旧城郭"，破坏了部分城门、城阙和城垣；二是1944年，日寇曾对故城进行狂轰滥炸，城墙虽顽强屹立，但也遭局部损毁。

2700多年斗转星移，故城恢弘的宫殿、喧嚣的车马早已随风而去，也没有人能说得清楚，这片神奇的土地下，究竟还隐藏着多少秘密。只有那雄伟的城墙，与缓缓流过的溱洧之水默然相守，勾勒着古城壮美的轮廓……

奇山秀水两岔河　古意悠远朱阳村

灵宝市西南部伏牛山、小秦岭山脉交会处的朱阳镇，海拔千米，层峦叠翠。站在朱阳，抬头一望便是灵秀：北可见巍峨的小秦岭，向西有雄伟俊秀的佛山，南临弘农涧水环绕青翠，向东是碧波荡漾的龙湖。相传，朱阳是太阳的故乡，是女娲炼出五彩石补天羽化成太阳鸟的地方。

万水千山，红色记忆，物产丰饶，富甲一方，朱阳镇上的中国传统村落两岔河村和朱阳村，一草一木、一砖一瓦都在风中向人们讲述着耕云种月的神奇往事。

源头活水

100多座伏牛山山峰、30多座小秦岭山峰层层环抱着朱阳镇，西河、木子河等10余条河流穿境而过，深山峡谷，富藏黄金。北魏时置朱阳郡，隋唐时设朱阳县，朱阳素有"中原重镇"之称。

盛夏时节，草木葱茏，一条宽大的弘农涧穿越古城而过，水量充沛，波澜不惊，散射出点点金光。两岸少有行人，水面多了一份闲适。

道路整洁，车行迅速，出朱阳镇西南，沿弘农涧河水前行。到三道河桥时，河谷越来越窄，山涧中仅一条小路，地势陡峭，水流湍急，怪石嶙峋。抬头看去，古树藤蔓交错生长，或缠绕岩石，或屹立青岩，或飘逸岩缝，或倒映水面，绿意盈盈。山谷寂寂无声，只有鸟儿在呼朋唤友，声声清脆。

又前行近40公里，河水旁，绿树间，闪出几间房舍，几户人家，小村庄躲在了大山深处，它因居于两条河流的交汇处，得名两岔河村。

弘农涧的主要源头，缓缓流过小村庄。当地人习惯把发源于伏牛山脉朱阳镇芋元西的小支流南河，称为南弘农涧，把发源于秦岭小山脉朱阳老虎沟藏珠峪的小支流西河，称为西弘农涧，两河交汇后悠悠向南。

古老的弘农涧在战国时被称为门水，《山海经》中有："门水出焉，而东北流注于河。"后又被称为鸿胪涧、鸿关水、鸿胪水、洪溜涧河和弘农河。北魏《水经注》中说它："故谓斯川为鸿胪涧，鸿关之名，乃起是矣。"清代《读史方舆纪要》中说："弘农涧，在县治西。会崤、渑诸水，北入于河。"

古籍中的"河"指的是黄河，弘农涧全长88公里，跨越峡谷，穿行灵宝，经函谷关北流入黄河。灵宝深得其滋养，称弘农涧为母亲河。

汉元鼎三年（前114年），函谷关迁至新安县，同年在函谷关故关置县，因弘农涧而得名弘农郡，设立之初，管辖范围包括今天的三门峡市、南阳市西部以及陕西省东南部的商洛市，是军事政治要地。

隐匿深山的两岔河村，水源充沛，山泉水顺山势而下，沿河谷又形成多条小河流。村庄呈南北走向，形态狭长，四面环山，树林茂盛。小村犹如天助，山脉是天然防御的屏障，河流带来丰富的水源，在河道的平坦处，人们开垦出一片片农田，一层层梯田。从远处望去，一条条绿色曲线或平行或交叉，若隐若现，美如画卷。

在一条南北向的河谷中，东高、许家楼和老婆沟三地的房屋依山而建，清一色的青砖蓝瓦四合院。据记载，明末清初，名医胡俊海为躲避战乱，来此定居，家族世代行医，名气颇大，后代180多人纷纷建起房屋，渐成村民聚落。

石砌的老井，保留着井绳磨出的槽痕，叮叮咣咣的响声从井底泛上来。房屋四周撑开一棵大树，都是苍劲虬枝，刚强的筋骨，不知走过多少时光。就这些树木，也让古村落与外面的世界有了疏离。

灶台上，铁锅还留有余温；草丛间，有群鸡在觅食，羽毛斑斓的公鸡振动翅膀，哗啦啦就飞上了树枝；山坡上，几头老牛还在悠闲吃草；偶尔还能传来一两声狗吠，有的房前屋后有几方油绿的菜地……纯然的生活场景让人几多感动。

少有人来的小山庄，村民诚诚恳恳，说一句，是一句，一切停留在了从前。

鱼水深情

朱阳镇朱阳村居于秦岭南麓，弘农涧两岸，依山势建寨，遥相对应，气势恢宏。朱姓人家最早来此居住，又因地处大山南向阳的一面，村庄得名为朱阳村。古城坐北朝南，雄踞二层地台之上。

朱阳村南部的烟火崖自然村，东、西、南三面为坡岭，北临弘农涧，借用自然之势，形成一处平坦的崖台。

烟火崖最高处，是一烽火台，周长60米，高6米，平台呈半圆形。站在烽火台上，视野开阔，层层梯田，尽收眼底，东北可望五亩乡梁凹烽火台，西南可望董家埝烽火台。村民说，烽火台周围，经常能翻出来好多陶片，专家说，那是战国与汉唐时期的陶土与灰片。

山野间的风呼呼作响，枪林弹雨的战场好似扑面而来。

1936年10月8日，红二十五军74师派出8个侦察兵，乔装成吹鼓手，来到灵宝秦池联保处，侦察敌情。10月11日，陈先瑞、李隆贵率领红74师，从卢氏的木桐来到朱阳镇的下河村、秦池村，一举打垮了秦池地方保安团，吓死了保长吴凤仪，并放火烧毁了敌保安处的炮楼。后来，他们又消灭了保安团的黑衣队，兵分两路，会合在朱阳镇东南制高点烟火崖村。

朱阳保安团并不甘心，在红军驻脚未定的时候，突然向红军发起进攻，敌我双方就在烟火崖下的朱阳街上展开一场激战。红军战士越战越勇，把保安团打得逃离到山下的莲花寨。

大战之后，红军队伍在烟火崖四个场地上宿营休息，又从烟火崖经运头、董寨到小河，经过老虎沟卢灵关向陕西陈耳迂回。

朱阳镇村民范长新听老人们说，那天晚上，沟底的部队如同长龙一般向山上的烟火崖盘旋，逃到山上躲避的村民看在眼里，慌在心里，像挂了个秤锤，摇摆不定，担心自家的东西被抢走。仗打完了，村民急着下山回村，推门一看，连一根火柴棒也没少。他说，有的红军住在村民家里，把吃过的面、油、盐，穿过的村民鞋子，详细写在了纸条上，放了铜钱。红军还铡草喂了牲口，走时把屋里屋外打扫干净。

鱼水深情，百姓极为感动。贫苦农民刘永福、李月婷夫妇，请求部队留下两名重伤员，由他们来照顾。他们洗伤换药，烧饭端茶，细心备至。为了确保伤员的安全，夫妻俩夜以继日，在土窑洞的炕头下，挖出一个地洞，看到有人来时，紧急让伤员躲进去。在两人的悉心照料下，两名伤员伤势迅速好转，痊愈归队。不幸的是，这件事情被国民党民团知道后，把刘永福一家残酷杀害。

村民忘不了红色往事，在烟火崖烽火台、烟火崖红军会师宿营地旧址、烟火崖抗日战争碉堡和防御工事的旧址上，遍插红旗。火红的旗帜在风中飘扬，让人轻易就踏入昔日的场景，回忆从前。

烽火台下，一棵古老的皂角树郁郁葱葱，树干遒劲，支撑起庞大的树冠，如同巨伞。古树高十余米，树干直径2.4米，四人尚不能将其合围。日久年深，树干已然中空，一成年人栖身其中仍有空余。三三两两的村民喜欢来到老树前祈福，也喜欢坐在树下，聊聊前尘往事和说不完的你我他。

塬上老宅

一路上车子迂回腾挪，向山上盘旋，山峰障眼，土塬绊路，林木茂盛，野草蓬茸。朱阳村村民说，从前塬上都是密密麻麻的林木，是一个避乱逍遥的好地方。

忽见一只鸟儿，栖息在老宅的檐角上，以一种安详的姿态眺望远方，尔后清脆呼唤着离去，或许是见到了山水，也寻到了故乡。

塬上老宅是清代郭家大院，三座院落，坐北朝南，大小相等，形式相同，四合院结构，它始建于清代嘉庆年间。

郭氏后人说，明代最早迁移到此的郭氏兄弟，看中了这里远离城镇、背靠塬岭的隐蔽性，在此落脚。烟火崖自然村完全隐没在了青山苍翠的山岭后，站在朱阳街上，看不到村庄里任意一处的民居。

院落中间为主厅，东西两侧为厢房，房屋为两层。檐下饰有木板窄廊，墙角用精心打制的石条铺就。三座院落依山势而建，大门都设在厅房的北侧，并占用了一间房屋的面积，使得院落房屋的后墙和山墙自然成了院墙。

木雕大门，砖雕垂柱，或石或木的精美雕花，组合成松鹤延年、喜鹊登梅、福寿双全等吉祥图案。曾经的主人，或许是在四合院里养花种草，几世同堂，过着清闲安逸的生活，同享天伦欢愉的乐趣。他们将美好的祈愿插进老式花瓶，将寻常的故事锁进木质抽屉里。四合院是他们生命的居所，心灵的故乡，在这里，他们永远守护着自己的梦想。

院落的大门上，曾有一块匾额，是清代道光年间，灵宝县令王稼瑞所题写，如今被存放在厢房的阁楼上。黑色的木匾上，"忠厚可风"四个正楷大字敦厚圆润，字迹虽有些伤损，仍让人遥想起当年郭氏家族的显赫。

郭氏在这院落中延续了近十代人，每逢家族有红白喜事，150多口人还是喜欢聚集于此，十分热闹。

阳光浅淡，一地碎影，老宅院里，有的厅房有些坍塌，垂柱裸露，有的精雕细刻任由光阴消磨，斑驳老旧，再无当年的风采。人有悲欢，月有盈亏，楼有兴废，往事掠过行人的衣袖，犹如听到了流年的叹息。

精雕细刻

剪一片闲逸时光,一个人行走在朱阳村的小巷里,如同走在了一条通向过往的长廊,这里的悠闲和缓慢,会让人误以为年华忘记了转换。

屈家旧宅的大门是一条过道,门上部有天花板和走马板,两边有砖雕垂柱,垂柱间有砖雕花纹,门上是砖雕匾额,上刻"忠厚传家"四个字。两侧砖雕对联,上联是"创业维艰务本节俭",下联为"守成不易应戒奢华"。门下的青石门墩上,云纹环绕,刻有孔子绝粮、颜回讨饭等故事。右侧上方阴刻着"民国戊寅"(1938年)。

大门两侧各有一个大幅砖雕,高2.3米、宽1.27米,雕花精致,极为考究。左侧有喜鹊登梅、牡丹和鹿等11组图案,右侧为蝙蝠、二龙戏珠和喜鹊登梅等11组图案。迎面的砖雕影壁上,硕大的"福"字立于中央,周边用细碎的蔓草、莲花、云纹等雕饰。木门上,龙、凤、麒麟的图案造型生动,栩栩如生。

正方客厅的大门两侧,木雕对联清晰,上联为"对亲友问天良总求无愧",下联为"为儿孙留地步要学吃亏"。

有古旧的气息从残损的门板上,从斑驳的墙粉中,从青石的缝隙里透露出来,牵引着路人的向往。百年小巷,历经枯荣,吱吱呀呀的木门,为来者开启昨天的记忆。村民说,屈家当年家境丰厚,又乐善好施,在灵宝一带威信颇高。

四合院落满风尘，像沧桑老人，平和讲述风云故事，而这院落里，也分明飘落过杏花烟雨，收藏过朗朗明月。世间总有太多的繁华，撩拨着平凡人本就不平和的心境，摩挲着细腻入微的砖饰，似乎能感受到主人那份向往平实的心境。

清代张家的四合院旧宅，坐北朝南，存有东、西厢房，面阔三间，屋顶有砖雕牡丹花草纹脊，正面有兰瓦，檐下有木板楼，楼前有横额，横额为木雕花草纹。东厢房的影壁上，砖雕花卉细细密密，仙鹤、飞鹿呼之欲出，足见匠心。

学者李伟说，河南是中华文明的发祥地之一，在人们所追求的"以礼为本，注重中和"等固有思想观念的影响下，传统民居形成了符合儒家文化标准的独特的建筑体系。

朱阳村的民居砖石雕刻，极大美化和装饰了住宅。雕刻题材并非随心无欲，都有自己的寓意与内涵，承载着居住者的美好愿望。历史典故、山水人物、字画花鸟等多种因素，凸显出较为浓郁的地域气息，是当地文化和工艺技巧水平的集中体现。

民居还体现了儒家的中庸之道与追求实用特性的完美融合。它们体量普遍不大，多为三开间，砖木结构承重，屋顶以硬山为主，前后封檐，整体外形变化较小。建筑墙体多采用外面青砖里面土石，或者中间填土石外面为青砖。无论是经济性、耐久性还是热工性能，都很优秀，且各种材料间的连接安全可靠。这些民居自然而有节制，大气而不失精致。建筑装饰精巧生动，繁简对比恰当，有着北方传统民居建筑凝重、简素的特征。

晚风拂过山间，彩霞铺满天际，行走在蜿蜒古道上，朱阳村更有了一种格调。时光经年，物是人非，但大地依然是原来的模样，始终有种子在旺盛生长。

汝河岸边，大军过处……

1947年夏季，中原大地硝烟弥漫。

中国人民解放战争的形势发生了很大的改变，解放区军民取得了歼灭国民党正规军97个旅（112万人）的重大胜利。刘伯承、邓小平率领晋冀鲁豫野战军，6月一举突破黄河防线，发起鲁西南战役，8月7日甩开敌人，开始挺进大别山。8月23日，他们到达汝河北岸时，突然遭遇国民党的重兵围堵。危急关头，刘伯承司令员提出"狭路相逢勇者胜"的响亮口号，邓小平政委强调："我们要不惜一切代价，不怕任何牺牲，坚决打过去！"

8月24日下午4时，3万大军200多辆军车全部渡过汝河，胜利进入大别山区。

李达上将后来回忆说："刘邓指挥部在进到汝河北岸时，遇到前有阻师后有追兵的险情。这是战略进军中遇到的最大的难点。"刘伯承元帅也常常提起汝河之战："我们能否在短短几个小时内强渡汝河,关系到整个跃进行动的成败,从而也关系到整个战局。"

这一战役,就发生在新蔡县余店镇杨湾村。

深秋,记者来到新蔡,重走汝河岸边,聆听70多年前那场战役的艰难险绝,再次感受到子弟兵与人民群众水乳交融、生死与共的一片深情。

狭路相逢

出新蔡县城向西南行驶,一路坦途,自余店镇政府再行驶,途经蛟停湖滞洪区,许多道路因建设滞洪区而修建,曲折如蛇形,异常颠簸,拐了30多个弯,才到达汝河岸边的黄刘营村。

新蔡县委党史研究室主任郑连峰说,汝河三岔口北岸的黄刘营村附近,就是当年刘邓大军司令部所在地。从前河道相连,这里离渡河处大约1000米左右。20世纪70年代,汝河取直时,在黄刘营西岸筑埂,杨湾村一分为三,一部分留在汝河西部,称老杨湾;一部分迁到汝河东部,称新杨湾;一部分迁到渡河处南岸,称高杨湾,行政区划归正阳县。

一眼望去,取直的汝河河床最宽处大约100米,水面平静。两岸树木茂盛,虽已是霜降,依然绿意盈盈,景色如画。

71年前的汝河之战,就在这里运筹帷幄。

那一年,党中央审时度势,把握有利战机,毅然决定转入战略进攻,打到外线去,把战争引向国民党统治区,将中国革命推向新的高潮。为了实现夺取中原的战略目标，中央军委制定了两翼牵制、中央突破、三军配合的战略部署。刘邓大军胜利渡过黄河、沙河之后，刘伯承、邓小平向全军指战员宣布了跃进大别山的任务。为了加速前进，他们埋藏和炸毁一些笨重武器和车辆，提出"走进大别山就是胜利"。

8月19日，刘、邓率指挥部从新蔡县杨埠渡过洪河。刘邓大军三路前进，8月23日，东路第三纵队到达淮河北岸；西路第一纵队到达汝河北岸；中路第二纵队主力在新蔡东南渡过了洪河，刘伯承、邓小平率野战军指挥部第六纵队抵达汝河北岸黄刘营村附近。

看着眼前一条波光粼粼、并不算太宽阔的汝河，许多人兴奋得喊起来："大别山！大别山！跨过这条汝河，离你就不远了！"

汝河，在一般地图上很难找到，在1∶50000的军用地图上，它也只是一条细线。汝河宽约60米，河床深陷，两岸陡峭，南岸尤甚，夏秋两季水深流急，若没有渡船根本无法通过，而渡船已被当地民团搜砸一空。

担任先遣任务的第六纵队第十八旅，逢山开路，遇水搭桥，为后续部队扫清障碍，开辟进军道路。他们分头寻找船只，搜集渡河工具。

汝河上空，国民党军的红头侦察机正在盘旋低飞。原来，国民党第八十五师吴绍周部3个旅，已经先于刘邓大军，占领了汝河南岸汝南埠周围10公里的河岸与乡村,并派出200多人,抢占汝河南岸大雷岗村。

先遣队找到一只船和秸秆扎成的筏子,开始渡河。有的战士扑进河里,开始泅渡,有的索性抱了根木头跳下水。渡过河的五十二团一营,冒着排炮的轰击和飞机的俯冲扫射,闪电般夺取小雷岗支撑点。

天黑透了,敌人集中火力轰击北岸,炮声隆隆,火光冲天,汝河沿岸从油房店到汝南埠一带,连绵15公里,村村被放了大火,房子、草垛在燃烧……

中原局、野司直属队和六纵2个旅的3万人,孤悬在汝河北岸,一场激战,一触即发。

夜已深。刘伯承、邓小平等赶到了杨湾村,迅速进入离渡口100多米处的小草房里。晋冀鲁豫军区参谋长李达,在桌子上铺开一张地图,报告最新情况:"汝河南岸有3万人,企图拦住我军主力;后面追击我们的罗广文兵团整编第五十八、四十八等3个师,离我们只有25公里的路程了。敌人企图在洪、汝河之间与我军主力决战。"

一直凝神静听的刘伯承,抬起头,巡视着每一张焦急的面孔,说道:"狭路相逢勇者胜,大家明白这句话吗?情况确实是严重的,我们已经听到追击的敌人的炮声了!如果让后面的敌人赶到,把我们夹在中间,不但影响战略跃进,而且有使全军处于极为不利的地位。因此,从现在起,我们一定要采取进攻的手段，从敌人的阵地上打开一条血路冲过去！不管敌人有多少飞机大炮，也不论白天黑夜，我们一定要前进，一定要实现毛主席的战略计划！"

邓小平接着说："桥断了，再修！敌人不让路，就打！现在没有别的出路，我们要不惜一切代价，不怕任何牺牲，坚决打过去！"

很快，"狭路相逢勇者胜"的口号，像电流一般传遍整个部队，激励着每一位参战人员。

强渡汝河

架桥！

敌人的飞机几乎贴着河面轮番轰炸，很快就把浮桥炸断。战士们从附近村子扛来门板、芦苇、秸秆，再架！架好了敌人又炸，敌人炸了我们再架。但全村能用的架桥料已经基本用完，怎么办？先遣队指挥员肖永银下令，依靠群众，征用民房木料。当地群众听说这件事后，120多户人家捐献出120多根树木、檩条，30多副门板，30多车麦秸秆。在当地党组织的带领下，群众冒着枪林弹雨，把收集来的材料运到黄刘营、杨湾村的汝河岸边。

漆黑的夜空被战火照亮，战士们神速般架通了一座能通行车马的坚固浮桥。无数战士的身影在火光中一掠而过，踏过浮桥的队伍冲向敌阵，团长、营长、连长同战士们一起端上步枪与敌人近战，他们打下一个村庄，又冲向另一个村庄。

8月24日清晨，东方泛起了微微的亮色，突击队打开了一条长5公里、宽4公里的通道，血路杀出来了！

浮桥贴着水面随波起伏，刘伯承拄一根断木作拐杖，跟着冲锋战士踏上浮桥，邓小平紧挨在他身旁，两人大踏步走过浮桥，又走向阵地。

许多战士发现身后站着的首长刘伯承、邓小平，群情激昂。

大军过河后，是一片平坦开阔的岗地，岗地外尽是大坑凹，加之高粱、玉米、芝麻、棉花等高秆秋作物长势正旺，形成南进部队的天然屏障。

上午8点左右，有几段浮桥被炸坍，险恶的形势已经不允许重新捆绑加固，一排排战士跳进水里，用肩膀扛起门板，让部队通过。人、马、车辆、辎重踏碾在身躯托起的桥梁上。下午4点，3万大军、200多辆军车全部渡过汝河。

当晚，六纵主力与中原局、野司指挥部在息县彭店镇会合。连续30多个小时没有吃饭休息的指战员们，终于可以喘口气了。刘伯承高兴地对六纵政委杜义德说："这一仗打得好！我们能突出敌人的重围，主要靠我们向敌人采取了坚决的进攻，迫使敌人（进攻）变成防御，主动变成被动。打仗就是这样，在关键时刻只有勇猛才能战胜敌人！"

2017年，85岁的杨万喜荣获"50年以上党龄荣誉纪念章"时，还向人们讲述当年的情景。那天，他正在村里放牛，一名穿灰军装的人问他："小家伙，能否帮忙找些渔船、门板？"看那人态度和蔼，这个十几岁的放牛娃，一口气跑回家，把一副门板摘了下来，还把藏着的两条渔筏子，都给了那个人。

杨万喜的家，原来在汝河北岸，属新蔡县余店镇杨湾村，汝河取直后，搬迁到了正阳县境内。杨万喜说，战斗结束后，他找到了他家的那副门板。他珍惜这副门板，从汝河北岸搬家到汝河南岸时，一路都带着它们。2018年2月，杨万喜把门板捐给了正阳县档案馆。

那副深褐色的门板，多处残损，只有门闩两侧，被磨得发亮，留存着一段无法磨灭的记忆。杨万喜说，他想让更多的人记着那场战役，让更多的人记着，今天的日子来之不易。

挺进大别山

秋阳灿烂，风吹过，汝河岸边暖意融融。在黄刘营我军指挥部旧址处，乘着一只渡船，摇摇晃晃到了河对岸。下河埂，沿河边荆棘小路，步行约800米，到达刘邓大军的强渡汝河处。

汝河南岸，树木郁郁葱葱，高大的杨树在秋风中摇摆着叶子，哗哗作响；北岸，除河沿有些树木外，其余的改作农田，农民早已播种上了小麦，田野间冒出了一层新绿的小芽儿，周边一片祥和。

改道后的汝河，不似从前那般湍急，碧如蓝天，静若处子。郑连峰说，汝河河床如今有50米左右，河面宽20多米，最深处6米,南岸的河沿,距离河堤高度有20米左右,相当陡峭。不难想象,当年大军渡河时,该是何等惨烈。

我军强渡汝河后,敌人又向南岸的小雷岗、大雷岗发起攻击,企图截断我军南下的部队。我军越战越勇,敌人再告失败。

汝河之战胜利后,我军于8月25日拂晓解放了息县县城,扫清了渡淮的最后一道屏障。26日,刘、邓率六纵队抵达淮河岸边,与先期到达的二纵队会合。下午,淮河水位开始回落。次日凌晨两点,刘伯承亲自查勘水情,果断决定徒涉。27日清晨,刘邓中路大军5万多人马刚刚渡完,淮河水位陡涨,随后赶到的国民党军只有望河兴叹。

当天,刘邓大军全部进入大别山区,开启了战略反攻的序幕。

在我军解放战争史上,提到战略反攻,必然提到刘邓大军千里跃进大别山;而提到千里跃进大别山,必然提到汝河之战。在此后的几十年中,当事人不断撰文回忆这段历史。杜义德回忆说:"汝河之战,是我军挺进大别山途中最重要的一次作战,也是一场最激烈的作战。"

81岁的村民余桂香老人,清楚地记得当年的刘邓大军。当时,她还是个十来岁的小姑娘,那天早晨,她看到士兵在河堤上吃着小米饭,馋得直流口水。一位40多岁的解放军大叔端着饭碗走到她面前说:"来,小妮,我给你倒点儿。"说着,就把她的木碗倒得满满的。余桂香老人说,自己舍不得吃,端回家给了弟弟，弟弟那时才 5 岁，两三口就把小米饭吃了个精光。

这时，她家门口的狗突然叫了起来，她出门一看，那位解放军向自己家走了过来。他进了屋，解下身上的干粮袋，递到她爹手上说："老乡，这些粮食留给孩子吃吧，大人吃野菜可以，孩子不吃点儿粮食怎么行啊。"说完，解放军大叔放下干粮袋就走了。她爹捧着干粮袋，望着老兵的背影，流泪了。

余桂香老人说，大军渡过汝河后，她爹就帮助部队打扫战场。当时死的人很多，他们的任务就是掩埋牺牲的战士。在那些牺牲的战士中，她爹一眼就认出了那个送粮食的解放军。他身上中了七弹，血把衣服都染红了。她爹把那位解放军的尸体抬回来，摘下家里的两块门板，把他安葬在了汝河岸边。每年清明，她爹都要去看看那位牺牲的战士，烧烧纸，说说话。她爹临终前特意嘱咐儿子，每年清明节，别忘了看看解放军大叔。余桂香老人有些哽咽地说，后来弟弟也去世了，她的三个侄子就逢年过节到坟前凭吊这位解放军。

寒来暑往，清明时节，更多的人会到汝河岸边祭奠烈士，表达对他们深深的敬意。

71 年转瞬即逝，余店镇发生了翻天覆地的变化。蛟停湖滞洪建设项目是国家十三五规划重点工程，滞洪区群众依托丰富的水资源，大力发展水产养殖业，生活越来越富裕。行走在汝河岸边的一个个村庄，满眼绿色，树木葱茏，流水潺潺，村民沿河而居，二层小楼舒适美观。长眠于汝河两岸的英烈们，看到今天的繁荣,一定会感到欣慰!

曾经暴躁不羁的洪河与汝河,经过多次治理,变得平静温婉,似两条巨大的丝带,环绕新蔡县城东流而去,30多个湖泊星罗棋布,点缀其间,如一幅水墨画。

当年,这里的百姓冒着生命危险,助大军渡河;和平年代,他们在党和政府的领导下,正打赢一场脱贫攻坚战……

茶香古树看姚庄

一

一条万里茶道,在此轻盈而过,驿道之上,有茶亭在等你,来来往往间,便让人生出诸多的念想。

中原村寨,姿态万千,或许,是因了这条茶道,一个内陆乡村才有了众多的茶馆,沿袭下饮茶的习俗。或许,当年苏轼经过此处时,心生欢喜,最终长眠在了广阔天地。

"姚庄在望"的红色牌坊,站立在四通八达的道路中央,它雄伟,采用四方十六柱四十八楼的框架形式,从哪个角度看,都气度非凡;它柔和,像守望你回家的亲人,又像是热情相邀你驻足的友人。

麦收之后的田野,空空荡荡,麦场上隆起一个个圆圆的麦垛。女人们忙前忙后,晾晒麦粒,男人们割草喂牛,平茬整地,要趁着雨后的墒情播种玉米或大豆。

草木葱茏，道路整洁，走进中国传统村落郏县姚庄乡，便有了水汽、茶香与走走停停。

一条运粮河穿乡而过，河两岸，一字排开的茶社热热闹闹。炉火正旺，黑旧古老的大茶壶排列整齐，咕噜噜冒着热气，一些水涌了出来，带着欢快。一人手搭一条毛巾，提起一把，放上一把，不亦乐乎。

一切仿佛昨日重现：两岸绿波，满河清漪，一只只船儿载着号子悠悠而来。船到了这里，就非得要上岸歇会儿，为的是有一壶茶等在那里，还有一桌新朋老友的情谊。不管熟悉与陌生，只要一碗清香兑上，便无需多说，全在了杯中。

时光流转，爱茶依旧，缘何如此？

二

有人考证到了"万里茶道"。在清初到民国长达200多年间，一群山西商人通过一条古商道，向俄罗斯运送了25万吨以上的茶叶，其价值至少有100万两黄金。《茶叶之路·欧亚商道兴衰三百年》中说，通过"万里茶道"运送俄罗斯的中俄茶叶贸易，曾引起马克思的特别关注。

"万里茶道"从福建武夷山到俄罗斯恰克图，总长5000公里，纵贯中国南北方，横跨亚欧大陆，与"丝绸之路"齐名，是重要的国际贸易通道。保存在山西乔家大院大德城商号三则档案中记录，"万里茶道"经水路至河南赊店转旱路，经汝州

（今平顶山）到河南府（今洛阳）。

　　平顶山市地域文化研究会理事刘继增说，运送茶叶的车辆多为马车和牛车，也捎载从当地采购的产品，如郏县所产之布和酒曲。跟随运送茶叶车辆的商人，衣着朴素，做事谨慎，以"免惹盗贼"和不测事件的发生。路经汝州时，还需歇个脚，他们"每日里，十点眠，五点即起。小满节，每日四点即起。"

　　遥想当年，一样的赤日炎炎，也许，古道上的姚庄茶亭，一壶壶热茶，一张张笑脸，不经意间，就抚慰了晋商人在旅途的艰辛。

三

　　也有人说，当地人爱茶，缘于地下矿泉水。

　　相传，周定王元年（公元前606年），楚庄王统兵征陆浑（今伊川），在姚庄乡境内，平定了尹斗越椒叛乱，杀得"尸河山积，血染河红"，人称"清河战役"。楚庄王大获全胜，心情舒畅，饮下一杯运粮河畔的泉水，顿觉清爽，赞它胜似琼浆，随即命名"玉泉"。

　　爱这泉水的还有苏轼，相传他曾来此问茶。我无法猜测他走的是哪一条小路，但他一定能望到"峰峦绵亘，状如列眉"的小峨眉山，看到了中顶莲花山的一片烟霞，或许，他还有了一丝会心的微笑。

　　玉泉连着地下甘泉，用水沏茶，倒入杯中，满而不溢，含于口中，甘甜滑润。河南省产品质量监督检验院化验此水，其中含有丰富的锶、锗等40多种有益人体健康的微量元素，为优质矿泉水，尤其是锶的含量较高，有预防心血管疾病的作用。天津天和医院梁子羽的研究证实，锶型天然矿泉水还能强壮骨骼，提高智力，延缓衰老。

茶亭相连，陈设质朴，里里外外，座无虚席，一把把茶壶，一堆堆茶碗，老人、壮年、男人、女人，面色红润，说说笑笑，自在逍遥。茶碗里始终有水，溢散出田野的香气。村里人说，这里的人长寿，就是因为茶，喝到老死，死了还要后人上坟的时候，供一碗茶。这里的百岁老人有2位，90岁以上的67位，80岁以上的256位，姚庄乡被称为"中国长寿之乡"。

117岁的张学礼老人，白发飘飘，笑容可掬，和我聊天时，随口就背起了铭记一生的《三字经》："人之初，性本善，性相近，习相远……"今年3月30日，在央视节目《经典咏流传》中，老人与相差100岁的5个00后，带领众人重温经典，让流传千百年的诗词歌赋，在几代人中焕发出新的生命力。

四

一株皂角树，立于姚庄乡小张庄村张布朗状元桥东，棘刺粗壮，微倾的树干支撑起庞大的树冠，如同一把绿绒巨伞。树干分为两枝，一雌一雄，交替开花结果。500余年的老树，树根渐渐显出地面，西侧树根极像龙头，北侧树根很像象头。在村民眼里，西侧树根与宝丰境内的香山相呼应，北侧树根与堂街镇境内的白象山相呼应，更愿意称它"吉祥树"。90多岁的老人说，盛夏时节，睡在树下，很快就会进入甜美的梦乡。

一株600多年的槐树，植于三郎庙村东运粮河西岸，盘根错节，弯腰扭身，10多年前，一场大火折断了古树，如今又发了新枝，生机勃勃，苍翠成荫。

一株400多年的紫藤树，紧紧依偎着一棵椿树，合二为一，共生共荣，被村民们戏称为"爱情树"。紫藤缠树而生，每当春日，开出朵朵花坠，花穗倒悬，好似紫蝶列阵，摇曳生姿。

古树遥遥相望，或为茶客所植，或因思乡种下，或拴过牛马，或遮风挡雨，早已惯看秋月春风。与之相伴的，还有一一闪现的几间明清建筑。十字街格局的古村落里，房屋地基多为红石垒砌，青石铺地。开窗形式多样，有方型、圆形、古钱币形石窗，绚丽的浮雕、透雕木刻门窗上，多为飞禽走兽、神话传说、人物花鸟等等图案，工艺细腻，而建筑各处的石雕、砖雕，手法多样，栩栩如生。

古村彩霞满天，小桥流水潺潺。远方的客人，来往走动，村民热情相迎，留下喝茶聊天。茶客们举杯品饮，谈天说地，即使不喝茶，也会被那茶香感染，坐一坐，便融入其中。村头的古皂角树上，鸟儿殷勤，声声清脆，唤人归。

中原古城堡　郏县临沣寨

1862年3月的一个清晨,东方破晓,霞光万丈。

此刻,郏县县城东南方向的朱洼寨,一圈红色寨墙刚刚落成。阳光照耀在花岗岩上,让这座拥有长城般的垛口、连绵环绕寨墙的城堡,尤显雄伟。

整个村寨都被红色花岗岩寨墙紧紧包围。寨墙外,是一望无际的芦苇荡;寨墙内,是错落有致的四合院,厚重古朴。

站在寨墙的最高处,俯瞰脚下固若金汤的乡间城堡,主人朱紫峰掩饰不住内心的喜悦,他说:"既然朱洼寨面朝沣河水,就改名为临沣寨吧。"

155年后的今天,临沣寨依然保存完整,被誉为"中原第一红石古寨""古村寨博物馆",是中国历史文化名村之一。

这里既不是边关要塞,也非兵家必争之地,一个中原地区的普通村落,为什么会建造出这个红石寨?又是什么原因,让临沣寨变成了一个坚不可摧的城堡?

三面临水

临沣寨古称"水田村"。《水经注》记载:"柏水经城北复南,沣溪自香山东北流入郏境。至水田村,一由村南而北,一由村北而东,环村一周,复东北至石桥入汝。"

深冬腊月,记者探访临沣寨。大雾弥漫,车少人稀,树叶尽落,寒气逼人。

远远望去,临沣寨就在一片洼地中央,宛若大船。村外河道已干涸,只能想象村寨当年的模样。村里老人们回忆,多年前临沣寨周围有千亩水面,百亩竹园。盛夏时,流水潺潺,苇竹青绿;秋风起,北雁南飞,芦苇摇曳,四季风景宜人。

寨南,有自西向东而流的杨柳河(沣溪),寨北临汝河,寨西是石河(柏水),三面临水,杨柳河在此处汇入汝河。

"水环流则气脉凝聚",明朝蒋平阶在《水龙经》一书中,说出了在中国传统文化中,水所起到的重要作用。临沣寨正好在三水交汇处,水网交错,自然被视为风水宝地。

郏县堂街镇临沣寨保护与利用办公室主任尹亮亮介绍,临沣寨早先叫张家埂,原住民姓张。明朝万历年间(公元1573—1620年),一支朱姓人家,或说是朱元璋嫡亲、晋王朱求桂的子孙,避难到此。

也许,他们就是看重了这里的地势,才停下脚步,在此落户。

世易时移，朱家在此兴旺发达，200多年后，这里的地名也由张家埂改为朱洼寨。

清代道光、咸丰年间，朱氏家族中见多识广的朱怀宗，带着三个儿子朱紫贵（长子）、朱紫云（次子）和朱紫峰（三子），以经营烟、盐而发迹，达到鼎盛。

尤其是朱紫峰，通过捐修黄河，当上了河南盐运司知事。清同治三年（公元1864年）的《郏县志》记载："朱紫峰捐助河工，议叙监知事"。

临沣寨周边的河流，先后汇入汝河、淮河，在江苏淮安入京杭大运河，自北向南到达扬州。奉旨贩盐的朱紫峰，就是利用这条水路，把官道运盐改为了水路运盐。

三兄弟在这条水路上往返，从扬州批发食盐，再从这里转卖出去，临沣寨成了当时南、北运送盐货的交通要道上的重镇。

当地人说，最繁忙时，580条运盐船，连成长龙，在临沣寨外的城墙下卸货，人来人往，川流不息。朱家因此积累了巨额财富。村里老人们说，仅朱家的账房先生，就有20多个，经常到了深夜，四合院里灯火通明，传出噼里啪啦的算盘声。

顺风顺水的朱紫峰也有告老还乡的一天。1849年，他重归故里。

他的家乡郏县，地处嵩山、伏牛山向黄淮平原的过渡地带，一马平川，那种无障碍的地形，却最适合土匪活动。资料显示，从明末到清朝中叶，每年有上百支土匪队伍骚扰全县。河南巡抚琦善在给道光皇帝的奏折中说道："豫中天下腹心，平原千里，一有土匪猖乱，日行千里，夜行八百，历代王朝莫可制之。"

据史料记载，当年郏县大一点的家族，平均每年要遭受民间武装或溃兵三到四次的洗劫、绑票。几乎每一个大户人家，都有一部遭劫的血泪史。

朱紫峰是富豪中的富豪，此后还要生活在郏县，他如何保证自己不受土匪之害？

相传，朱紫峰开出了1万两白银的天价报酬招募"设计师"，决心修建一座空前绝后的城堡，保家园，绝匪患。

步步杀机

朱家高价聘请的设计者向朱紫峰讲述了设计理念，他认为，朱家一要为自己和家人造一个城堡，外人打不进来；二要为万贯家财建造一个仓库，外人攻不进去；城堡应该按照易经八卦的风水原理构建，任何一处结构，都力求出人意料，连进出临沣寨的几条小路的角度，都应该有"意外"。

这个设计正中朱紫峰的下怀，修建城堡就"按此办理"。

指着寨墙外的一条主路，尹亮亮说，这就是清代的官道。仔细观察，在官道呈30度夹角处的方向，还有一条岔道，却是进村的道路。通过官道的人，一般都不会注意到这条岔道，陌生人想要进村，稍不留神就错过了这条岔路。

站在写着"溥滨"二字的城墙东大门前,记者向城内张望,却被房屋挡住了视线。尹亮亮说,得在偏一点儿的角度,才能看到村内的街道,因为街道和村外的道路,形成了一个120度的夹角。这就有效避免了行人窥视和敌人长驱直入。

城堡的东门并非开在村寨正东,而是偏向东南,村里人戏称村寨是"歪门邪道"。

从城门进来,就是临沣寨最宽敞的南大街,村寨内只有东、南、西、北四条大街是直道,其他的小胡同。全部是"丁"字形的死胡同,可以想象,万一敌人攻破城门,立刻就会陷入迷茫的巷战。

迷宫一样的地形,是今天孩子们捉迷藏的好去处,他们再大一点还会知道,自己的村寨是一个巷战的绝佳场所。

南大街西段,一座坐北朝南的建筑,看上去比周边的四合院高出许多,它是临沣寨最大的建筑群落。一进大门,竟是一个封闭的瓮城。尹亮亮讲解,院落内设计了13道连环机关,几乎处处藏兵,步步杀机。瓮城后的亮窗户上,有守兵,可以向内射击;东院门和西院门的守军,也可以向这个瓮城内射击。

向前走,只能看到一条狭长而弯曲的仆人通道,其实它是一个军事陷阱,一步一坎,步步设防。无论敌人从前门还是后门打进来,都要经过13个陷阱,即使有人侥幸打通了13关,主人也早已逃之夭夭。

朱紫峰的心思,常人万难揣测,当初他把自己藏在了哪里?

尹亮亮用手一指说，他，就在刚进大门两边院落的配楼里面。

如果万一哪个莽撞鬼误打误撞闯了进来，或者遇到高手识破了他的行踪呢？

在东跨院和西跨院的二楼之间，有一条连接两院的空中暗道，如果敌人打到西跨院，朱紫峰就穿过暗道，下到东院的小侧门逃走；如果敌人打到了东跨院，他则穿过暗道，下到西跨院的小侧门逃脱。

四合院内，房屋的地基，由17层红石垒砌而成，防止有人破墙而入；每一道大门背面，都有射击孔和两道大穿杠，防止有人破门而入；每一个窗户上面，三条窗棂间套有一条铁窗棂，防止破窗进入；每扇窗户和门的正上方，有一个保护性的小窗户，与楼下的门窗形成掎角之势；情况紧急时，还有逃生地道……

暗道机关，层层设防，160多年过去了，穿行在各个院落时，依然能够感受到，主人内心深处那强烈的恐惧和巨大的不安全感。

朱紫峰宅院落成后，起名为朱镇府，意为"朱氏开府镇守此地"。在朱镇府第一进院会客厅的屋顶大梁上，他还特意留下手书："大清道光贰拾玖年（公元1849年）肆月榖旦监生议叙盐运司知事朱紫峰立"。

这个号称"汝河南岸第一府"的朱镇府，后院接前院，大院套小院，三路五进的四合院院院相连，从南大街纵深直达北大街。眼前高大的门楼，精美的砖雕、木雕、石雕工艺，富丽的油饰彩画，每隔几步的拴马石，让人不禁遥想当年朱府的显赫与繁华。

固若金汤

如此坚固的建筑，依然有土匪多次来袭。朱家三兄弟共同商议，决定用坚固的石头，加固原有的土寨墙。

临沣寨80多岁的老人朱小根告诉记者，朱家当时招募到不少劳动力，要钱给钱，要粮给粮。劳工们从十几公里之外的紫云山取来红色花岗岩，就地打造成需要的规格，用马车、牛车运回朱洼寨，筑起寨墙。

寨墙用红石砌筑，白灰勾缝，弯弯曲曲呈椭圆形，周长1100米，高约7米，宽3至5米。寨墙上每隔1.4米就有一垛口，共800个，设置哨楼5座，还有高低不等、对外射击的射击孔，壁垒森严。

寨墙大门，用厚重坚固的榆木做成，铁皮包裹。锈迹斑斑的铁皮上，"同治元年"的字样清晰可见，铁皮上还留着枪弹的痕迹。

三个大门上方，都设有流水石洞，也叫灭火水槽，即使大火在大门口燃烧，也能从寨墙上浇水灭火。寨门外，另设有两道防洪闸门和向寨外排水的暗道。

当初与寨墙同时完工的，还有宽 15 米、深 4 米的护城河。护城河与红石寨墙构成了一道坚固的防御体系，可抵御攻击和洪水。

临沣寨设东、西、南三座寨门，分别取名为"溥滨""临沣"和"来曛"，每个城门的正上方，各有一座炮楼，每座炮楼之上，24 门机关炮，弓开如满月。

坚不可摧的寨墙曾经抵挡过多少次的兵匪来侵，现已无法找到确切的记录，但是捻军、太平军，以及数不清的地方武装和散兵游勇，都曾经在寨墙外吃过败仗。

1945 年 6 月 3 日，不可一世的侵华日军松本大队，向古堡进攻了整整一天，同样没有攻下，最后放弃攻城，绕道去了鲁山。

1947 年 12 月 24 日，中国人民解放军陈谢兵团付出 100 多人的伤亡代价，才攻入寨内，活捉地主武装头目、寨首朱清宽。《郏县志》记载："黎明破城，朱洼解放。"

坚固厚重的寨墙，机关算尽的院落，让临沣寨走进了中国军事史，近当代几乎所有的中国军事地图上，都标识有临沣寨。

1957 年，又发生了一件大事，让临沣寨的故事更加余音绕梁。

那一年，郏县拆除了 100 多座村寨，拆到临沣寨时，《郏县志》记录，"连降暴雨成灾，降水量达到 720.6 毫米"。

临沣寨地处洼地，洪水淹至寨墙数米而无碍，人们看到了一幕神奇景象：寨外洪水肆虐，寨内安然无恙，临沣寨成了汪洋中的一条"船"。

出于防汛的需要，县长发话："寨墙不能拆。"

临沣寨得以幸存，此后，博得多方赞誉。2002年，中国古建筑学家罗哲文、城市规划专家郑孝燮考察临沣寨后提到："紫禁城9999间半的古建筑中，只有一间半是明代的，想不到临沣寨居然有三间。寨内民居建筑从明至清，非常集中，这在全国实属罕见。临沣寨填补了中国古建筑在村寨方面的空白。"

腊月的中原乡村，寒风凛冽，村寨却是一片繁忙，工人在修补老宅，村民正打扫庭院，准备迎接远行的家人归来。

小巷曲折，屋舍俨然，鸡鸣犬吠，繁华落尽的临沣寨，如今神态安详，弥散着淡淡的淳朴与悠然。

踏访溱洧之源　感受古韵新风

流淌在中原腹地的溱水、洧水，与大江大河相比，既不见雄浑壮阔的水面，也没有一泻千里的奔放。然而它们却带着远古人类的信息，带着《诗经》的浪漫多姿，以其特有的温润哺育了我们的先民，成为中原的历史之河、诗歌之河。

《水经注》确认溱洧源头

仲夏时节，记者从新密市区出发，去探寻溱、洧两条河流的源头。

车窗外是一望无际的收割后的麦田，田间麦茬满地，一片金黄。绿色的树木，蓝色的天空，隐约的城市轮廓，带给人喜悦和希望。

车行新密市东北部的白寨镇牌坊沟村，远远望见了一座小山。那就是岕山。新密市溱洧文化学会副会长杨建敏介绍说：岕山，呈东西走向，是淮河流域与黄河流域的一道分水岭，山南的溱水流入淮河，山北的水流汇入黄河。山的东侧，有一个凸起的山岗，好似一口铁锅倒扣在地上，当地人俗称它为"老锅岗"，地理学家郦道元说它是"鸡络坞"。山岗上杂草丛生，青石密布，如鸡似鸟，如卧似奔。清嘉庆二十三年（公元1818年）《密县志》记载："又东曰鸡络山，溱水出焉……在县东南35里，土人谓之老锅岗。岩石如坞，嵯峨石穴中，有飞、卧、斗、食诸状，故名。"

村民们说，原来这里的泉水非常清澈，多年前山上到处开挖煤窑，水源遭到破坏，导致干涸。他们只得在泉水处用石头砌了一个深坑，作为溱水源头的见证。

这个溱水源头，是1500多年前郦道元发现的。

郦道元是南北朝时期的北魏官员，任过御史中尉、北中郎等职，还出任过地方官，做过冀州长史、东荆州刺史等职。他喜爱游历山水，发现古代地理书《水经》对河流水系的来龙去脉缺乏准确的记载，就开始为《水经》作注。经过实地勘察、核实，搜集大量文献资料，他考证并记述了1252条河流，以及与河流相关的2800座城邑、180座古都和300多次战役，完成《水经注》一书。

当年，郦道元在洛阳任河南尹时，看到《水经》中有载"溱水出郑县西北平地"，但实地考察后，他却摇了摇头说："非也，非也。"

或许是一个阳光明媚的春天，郦道元一行沿着沟谷间的小路，顺着溱水去追源溯流，他们长途跋涉，在当地百姓的指引下，找到了鸡络坞。郦道元在石缝之间，看到了那一泓清泉汩汩而出，向岗下流去，不禁长吁了一口气："终于找到源头了。"于是，他在《水经注》中写下："溱水出郐城西北鸡络坞下。"

溱水全长29公里，串联起五星、张湾等7座水库，自西北流向东南，水量逐渐丰沛。水流到寺河时，经过一片奇石河床，形成响水潭瀑布景观。《水经注》称："溱水又南，悬流奔壑，崩注丈余，其下积水成潭，广四十许步，渊深难测。"

远远就听到哗哗水声，待拨开一人多高的草丛，只见怪石嶙峋，落瀑撞击砂岩，四处飞溅。1000多年后的今天，深渊早已不在，只有溱水依然奔腾不息。

郦道元记述，洧水"出密县马岭山""亦言出颍水阳城山"。洧水经过马岭山、灵崖山、浮山等，全长50余公里，东流到达新密曲梁交流寨，与溱水交汇。由响水潭向西南，走约2公里，下一道沟谷，又上一道陡坡，眼前豁然开朗。站在高处向下望去，洧水由西蜿蜒而来，溱水从北部潺潺而下，二水在交流寨的河谷中相汇，形成双洎河，流入新郑市。

刘寨镇84岁的王衍村老人说，从前河水清澈见底，只是两河水色深浅不同，鱼儿在交汇处嬉戏，若用竹竿击打水面，两水之鱼就会迅即各归其水域，不相混淆。这就是古密八景之一的"溱洧观鱼"。清代翠云和尚诗曰："青山隐隐水迢迢，溱洧交流锦鳞跃。夕阳垂钓柳荫翁，喜看游鱼夺故道。"

环顾周边,杨建敏说,交流寨四面环沟,东有溱水,南临洧水,北绕柳溪,易守难攻,这里优越的地理环境,被春秋时期的郑国看中,公元前769年,郑武公废掉郐国,在溱洧交汇地正式建国,史称"新郑"。公元前672年,郑文公捷即位,将郑国国都迁到了今天新郑市的郑韩故城。

郦道元没有辜负这一地的美景,他一路细心勘察,在《水经注》中用两千多字的长篇,详细记载溱洧二水的源流、经向和两岸胜景。他又搜集《春秋》《左传》等历史文献,记录下溱洧流域发生过的郑桓公伐郐、华阳大战等4次战争,卓茂、郑桓公、颍考叔等17个人物,郑迁溱洧、黄泉见母等重大历史事件,成为今天研究古代密县历史地理的重要文献。

《诗经》留下溱洧身影

"溱与洧,方涣涣兮。士与女,方秉蕑兮。女曰观乎?士曰既且,且往观乎?洧之外,洵訏且乐。维士与女,伊其相谑,赠之以芍药。"

《诗经·郑风》中的《溱洧》,描述了2500年前初春溱洧河边的欢乐景象:欢声笑语中,青年男女互赠香草表达爱慕,少男少女玩闹嬉戏,送一枝芍药,私订约期。

农历三月初三是上巳节,又称女儿节,是中国古代的情人节或相亲大会。春水荡漾,小草嫩绿,这一天,人们到河边采兰,游水踏青。诗歌有声有色,有情有景,勾勒出西周时期的社会风貌。

"青青子衿,悠悠我心……一日不见,如三月兮!""出其东门,有女如云。虽则如云,匪我思存。缟衣綦巾,聊乐我员。""子惠思我,褰裳涉溱。子不我思,岂无他人?狂童之狂也且。"《郑风》中诗句,描绘出男女热烈的爱情。那是一个恋爱的季节,有女子在城阙等候她的恋人,一日不见,如隔三秋;有男子在东门外众多女子中寻找着心上人,一往情深;还有个辣妹子在喊话:"嗨,你要想我,就提着衣襟过溱河。你不爱我,难道就没别人爱我吗?你这个傻小子!"……

郐国,又称桧国,在郑国之侧,郑国强势崛起,而郐君仍然不思进取,郐国有识之士十分忧伤,与《郑风》的明丽欢畅形成鲜明对比,《桧风》多是哀怨叹息。

"匪风发兮,匪车偈兮。顾瞻周道,中心怛兮。"郐国亡了,游子行至途中,望着扬尘中奔驰的马车,心中无限思念,"谁能向西回到故乡?请你给我带一个平安的音讯!"国破家亡,流离失所,渐行渐远的背影里,人们生发出乡情无寄、泣血而呼的悲愤。

学者刘玉娥分析《诗经》时说,郑国称霸中原,富于进取,一切欣欣向荣,生机勃勃的新气象在郑风中表现得淋漓尽致。《诗经》中采自溱洧流域的诗歌共有25篇,《郑风》21篇,热烈、奔放,充满欢乐;《桧风》4篇,苦闷、彷徨,满是忧愁,直击人心。

溱洧岸边，景色宜人，上起西周，下至清代，陶渊明、杜甫、韩愈、司马光、卢照邻等文坛巨匠到此寻访探幽，留下千古绝唱。唐代大诗人白居易曾感怀："莫道溱洧春光好，年年月月有人情。""郑风变已尽，溱洧至今清。不见士与女，亦无芍药名。"

溱洧二水的中下游沿河流域，地势平坦，良田万顷，如何展示出沿岸昔日的优雅风貌，一直是当地人的心结。

烈日下，记者走入曲梁镇溱水河综合治理项目工地，看到的是一幕宏大的施工现场，机器轰鸣，车辆穿梭，一个巨大的蝶湖已展露雏形。新密市委宣传部副部长李绍光介绍说，新密市政府计划投巨资对溱水河进行分期治理，一期"溱水之风"建设已开工。溱水流域，水流落差大，两岸植被密，湖面宽阔，水质良好，治理将以生态涵养为主，在中心部位形成"溱水蝶城"的格局，将古老爱情中的意境再现于这片土地上。

李家沟遗址续接考古缺环

溱水上游的新密市岳村镇，是北方地区最常见的土岗高坡，成片的田野、茂密的树林，溱水在小村中蜿蜒流过。在李家沟村西400多米处的溱水东岸，深藏着著名的李家沟遗址。

北京大学考古文博学院教授王幼平说，溱洧流域分布着大量的旧石器时代和新石器时代遗迹，在近年的考古发掘中，有两项重大发现，填补了中原地区考古发掘的两个缺环：一是李家沟文化，代表着从旧石器时代到新石器时代的过渡期；二是"新砦期"文化，代表着从龙山文化晚期到二里头文化这一时期。

在李家沟遗址生态公园的显著位置，一个巨大的玻璃房子将考古发掘现场保护起来，迎面一个6米多高的巨大黄土层剖面，土层颜色不一，能分辨出来残存着的陶片和动物化石。剖面的不同颜色，清晰展示着过渡时期的文化层面貌。从下向上一层层看土层，依次属于距今10500年的旧石器时代晚期、10000年左右的新石器时代早期和8600年的裴李岗文化，这种三叠层的文化遗址，在国内外十分罕见。

遗址的完好保存，得益于9年前的一次抢救性发掘。那时遗址周边煤矿开采严重，地势下沉，河水侧蚀，这一原始聚落遗址很可能遭到严重破坏。为此，北京大学考古文博学院和郑州市文物考古研究院，联手开展抢救工作。

2009年8月22日，大雨过后，有了一丝凉意，王幼平带着6名学生，第四次来到李家沟。他们在湿润的溱水岸边、通往李家沟那条小路的南北两侧，布下探方，路北称为北区，路南称为南区。每次下清5厘米，工作人员对遗物逐一进行编号、绘图、照相和记录。清理到距离地表3米多时，地层中骤然出现许多陶片和动物骨骼，其中个别骨骼还有被烧灼的痕迹。这个迹象太重要了，说明人类在此活动过。再向下探，先后出土了细石核、细石叶等旧石器时代末期的遗物。当年11月，北大考古实验室的测年数据显示，李家沟南区文化层的样品距今10500—10300年，北区文化层的样品距今10000—8600年。消息传来，工地上所有的人都在欢呼雀跃！

2010年4月至7月，考古加大了发掘面积，收获巨大。王幼平说，旧石器时代从200万年前开始，1万年前结束；新石器时代约1万年前开始，4000年前结束。人类是如何弃"旧"从"新"，完成这个创新的过程，是考古学上长期悬而未决的重大课题。在李家沟遗址底部的遗物中，先民们的生活状态越来越清晰，让人们看到了两个时代的转变：早期的居民，是专业化的狩猎人群，拥有十分精湛的石器加工技术；到了新石器时代早期，他们开始进入定居、半定居状态，以采集植物类食物为主，兼狩猎；晚期的居民，开始定居，从事农业生产，用石磨盘加工粮食等农作物。那时，李家沟人能喝上热水、吃上熟食，文明的曙光已经照耀过来。

李家沟遗址的发掘一鸣惊人。王幼平说：中原地区，联结着我国及东亚大陆的南北与东西，是探讨中华文明起源的核心地带。李家沟遗址从地层堆积、工具组合以及栖居形态到生计方式等方面，多角度揭示了史前居民的演化过程，他们从流动性强、以狩猎大型食草动物为主的旧石器时代，逐渐过渡到具有相对稳定的栖居形态、以种植与狩猎并重的新石器时代。

李家沟遗址填补了此前考古的缺处和空白，2009年入选"全国十大考古新发现"，2013年成为全国重点文物保护单位。

午后时分，热浪滚滚，遗址土层上，野草疯长，仅仅看完部分文化层剖面，已经是汗流浃背，湿透衣衫。一万年前，我们的祖先就在这溱水河畔，披荆斩棘，繁衍生息，每一步都是筚路蓝缕、手胼足胝的艰辛。

站在这里，回望漫漫长路，你会感觉到，中原人探索的执着，从未改变。

风雨沧桑小商桥

小商桥,坐落在漯河市临颍县与郾城区交界处的小商河上。

千年过往,古桥留痕,它的每一寸栏杆,都布满了斑斑陈迹;每一块青石板,都见证过悠悠往事。俯身侧耳,仿佛听得到历史深处繁忙商旅的喧哗和战场厮杀的呐喊。

古桥与英雄:杨再兴之死

南宋绍兴十年(公元1140年),金兵以完颜宗弼(兀术)为统帅,兵分四路大举来犯,岳飞奉命坐镇郾城,指挥抗金。

七月初,金兀术探知岳家军驻兵不多,倾巢出动,直扑郾城,企图利用岳家军兵力分散的机会摧毁岳飞的指挥中枢。

岳家军得到探报:金军1.5万骑兵,着鲜艳铠甲,自北面汹汹而来。金兵中有一支精锐部队,使用的是一种叫做"拐子马"的骑阵,三个一组,把骑士和战马用皮绳串连起来,在大平原上纵横冲突,所向披靡,凶猛异常。

大敌来犯,气焰嚣张,岳家军正面临着一场恶战。岳飞深思熟虑,想出破阵之法。他命令岳云率精锐骑兵,出城迎击,双方展开激战。

《宋史·岳飞传》中说,岳飞又命令步兵"以麻扎刀入阵",专砍马足,近身肉搏,"手拽厮劈"。鏖战数十回合,金军尸横遍野,溃败而去,岳家军取得著名的郾城大捷。

金兀术败退,他痛哭道:"自从起兵以来,都是依靠'拐子马'取胜,没想到今天竟会如此!"

岳家军乘胜追击,岳飞部将杨再兴、王兰、高林等率领的三百铁骑在小商桥与金兵相遇。

一场激战。杨再兴欲活捉金兀术,跃马横枪在敌军中奋勇冲杀,身中数十箭,仍与金军厮杀不止。战斗中,杨再兴不慎连人带马陷入小商河淤泥之中,岸边金兵万箭齐发,射向了杨再兴。

杨再兴壮烈阵亡,年仅 37 岁。

听到杨再兴阵亡的消息,岳飞急速率军赶到小商桥。他万分痛惜,长哭不止,隆重祭奠杨再兴,率全军举哀,火化英雄尸体。《宋史·杨再兴》中记载,杨再兴尸体被焚后,竟"得箭镞二升"。

岳飞把杨再兴的骨灰和遗物安葬在小商桥北 200 米处,并取来一块青石为墓碑,用枪(矛)尖刻下"杨再兴坟墓"五个大字。

中国岳飞研究会会员李文辉在《岳飞〈满江红·怒发冲冠〉考证》一文中说：祭过杨再兴，岳飞站在小商桥上，凭栏远眺，百感交集，他悲愤交加，写下了千古绝唱《满江红》。

也有人说，《满江红》大约创作于绍兴十年七月下旬至岳飞入狱的一年多的时间内。其准确的时间和地点，专家、学者们至今还在争论。

安葬了杨再兴，岳家军继续追击金兵。《鄂王行实编年》中记载，岳飞率岳家军攻抵朱仙镇，击溃金兵数千骑，准备渡黄河乘胜追敌，不料一日之内接到让他"班师回朝"的12道金牌……

800多年前的一段悲壮往事，为小商桥抹上了一层浓重的悲剧色彩。

大暑，阵雨过后，杨再兴墓园树木葱茏，幽静肃穆。

园内，碑碣林立。杨再兴墓冢，周长100多米，高约10米，松柏茂密成林。墓前，青砖修砌的仿宋式碑楼内，留存着一块高1.7米、宽0.7米的断碑，正是岳飞当年刻字的那通碑。碑上，"杨"字已不见踪迹，仅仅留下"再兴坟墓"四个字，灰白字迹，依稀可辨。

杨再兴是当地人心目中的神，被尊为"杨爷"。据介绍，这里一年四季都会有人前来焚香祭拜，来人会抓一把土培到墓冢上去，天长日久，其墓越积越大。

古桥与大师：相见恨晚

1982年6月，中科院自然科学史研究所助理研究员李颖霖，在阅读介绍杨再兴陵墓的文章中，看到提及的小商桥，县志记载它"建于隋开皇四年"。

李颖霖对小商桥的建桥时间非常关注，查阅了大量历史文献，汇总后向有关部门做了反映，引起了我国著名桥梁专家茅以升和中科院自然科学史研究所的重视。

当年9月24日，由中科院自然科学史研究所主持，《中国古桥技术史》编写组派出76岁高龄的袁德熙和胡达、李颖霖三人，赶赴临颍实地考察。

35年前的这一次临颍之行，注定要为中国桥梁史掀开厚重的一页。5天的考察结束后，3位桥梁专家提交了一份考察报告：小商桥是隋代石拱桥，年代可能早于河北赵县的赵州桥。

这可是个惊人的发现！此前，世界公认最早的石拱桥是赵州桥，建于隋代大业年间，比欧洲这种形式的桥早了1200多年，它结构科学、造型优美、工艺精湛，堪称世界桥梁史上的奇迹。

1986年，茅以升在他主编的《中国古桥技术史》一书中，对小商桥进行详细的论述，认为："桥建于隋初，自属可信，现存桥式，是否即创建时形式，尚有待进一步考证。但由此可以推知敞肩式圆拱石拱桥，在隋代赵州桥以前已有相当的发展。"

1992年1月，我国著名古建筑学家罗哲文到小商桥考察。

临颍县 70 多岁的村民邢民甫，至今还清楚记得当年的情景。他回忆道，70 多岁的罗哲文一看到小商桥，简直变成了一个兴奋的孩子，在桥上、桥下来回跑着看，对着桥上的石刻一个劲儿拍照，看桥身时几乎躺在了草地上……罗哲文兴奋不已，不停地说："太好了，太好了！"

在《河南临颍小商桥》一书中，罗哲文说："小商桥是中国古桥中的一个奇迹。它创建于隋，经历代重修，现存桥身主体建筑的风格和饰面雕刻为宋代遗存……此桥现存的情况非常不好，破坏甚重，应当抢救维修。"

河南省古代建筑保护研究所副所长、研究员牛宁说，按照县志的记载，小商桥距今最近的一次维修，是在康熙十四年（公元 1675 年）。1969 年之前，每年还有数百辆汽车从桥上驶过，桥面栏板、望柱早已被撞伤，桥面凹陷，桥面石脱落、破碎，有的甚至形成空洞，桥身上杂草丛生。当地夏季暴雨频发，危及桥身。一遇大风，桥墩便在桥身和券石间剧烈摇动，桥石松动。

由牛宁负责的小商桥维修工作，从 1994 年 8 月开始。工作队先后清理出土了拱券石、龙头石、龙尾石等各类建筑构件 178 件，分类后又一一归位。

特别是栏板和望柱，先后有宋、金、元、明、清五个朝代的构件出土，它们被安装在桥梁两侧，保存下不同朝代的历史信息，增加了古桥的文化内涵与观赏价值。

河道中还出土了大量的枪（矛）、刀、箭镞、铁锤、戟等冷兵器。为了准确探明小商桥的修建年代，工作队从河道中央和桥墩下部的河床内，各截取一段木桩，进行碳-14测定。有意思的是，前者年代为1210±80年，后者年代为930±60年，这意味着，桥下河床的木桩，比桥墩下部的木桩更为古老。这一结果，正符合之前的推断：隋代或唐代有一座桥，横跨于小商河之上，而宋元时期重建的小商桥，可能就是在原来的桥址之上。

小商桥的维修工作历时一年，最大限度地保持了古桥的风貌。2001年，小商桥被列为全国重点文物保护单位。

古桥与时光：流水无言

夏日清晨，霞光洒在古朴的小商桥上，两岸绿柳垂丝，桥下碧波荡漾。

眼前的小商桥，长21.3米，宽6.45米，桥下有一圆弧形主拱，主拱两侧各有一小腹拱，看上去精巧雅致，如同长虹卧波。

桥体全部是红色石英砂岩，石条都经过精心打磨，光滑整齐，上用青石铺面，栏板上，历代修桥捐资的各类题记随处可见。

拱桥遍体石刻，图案众多，两边龙门石上刻有饕餮纹，主拱上分布着祥云、天马、龙、凤、狮、麒麟，拱楣刻有牡丹、荷花、几何纹，大小拱的交接处，装置兽头四只，水兽面目狰狞。

罗哲文称赞小商桥的拱形"结构独创,修造工程技术先进,造型优美"。桥梁专家解释,小商桥采用的是小于半圆的弧段,这一设计的奇妙在于,与半圆形的拱相比,在相同跨度下,它大大减低了桥梁的高度,在相同高度时,它又能得到更宽的跨度,是拱桥技术的一次发展。而小拱架于大拱上,既节省石料,减轻桥梁自重,又可以在河水暴涨时,增加桥洞的过水量,减轻对桥身的冲击。

史料记载,小商河原名小溵河,是颍水的一段支流。北宋初年,为避宋太祖之父赵宏殷之讳,改溵为商,桥也随之改为小商桥。历史上,小商桥为南北交通要道,是兵家必争之地。

当今的小商桥,北去县城13公里,南距漯河市12公里,西靠京广铁路,东临107国道。

1000多年来,古桥历经风雨,饱受沧桑,数次遭到战争的破坏,承受了10多次的地震,仍屹立不倒。

沿着小商河曲曲折折的河岸向上游行走,会惊奇地发现,桥的选址非常讲究:小商河自西南方向先向北流,在距桥200米的上游折向东去,减缓了水势后才穿桥而过,很大程度地减轻了水流对桥的冲击。

对于小商桥的遗存状况,气象学者马合法从气候条件入手进行了认真分析:该地气候适宜,水温长期处于16℃左右,深埋泥水之中的木桩,内外胀缩均匀,很少受到剧烈膨胀、收缩的影响,不易被腐蚀。同时,当地风速低,风振小,桥身也不易被风化。

岁月无言,古桥不语。它习惯了四季更迭、人来车往,听惯了流水汩汩、蝉嘶鸟鸣,更目睹过金戈铁马、血染夕阳,它默然静立,一站就是千年,任流水落花,任世事变幻……他(她)来了,你来了,摸一摸石狮子,拍一拍石栏杆,踏一踏车辙的印痕,看一看桥上镌刻的捐资修桥人的名字:高琪、欧秀才、郑押司……这时候,历史就从桥下的水面浮现出来,与你对望,和你交流,你也就慢慢懂得了小商桥。

竹沟记忆:红色苏维埃 中原"小延安"

赫赫有名的竹沟小镇坐落在伏牛山、桐柏山余脉交错的小盆地里,三面环山,一面靠水,碧波微漾的大沙河自北而南绕镇而去。这里风景秀丽,地势险要,历来是兵家必争之地。

革命战争年代,斗争的烈火在此点燃:1926年,竹沟镇建立党组织;1938年6月,中共河南省委由开封迁到这里,竹沟成为河南人民抗日斗争的指挥中心。

1939年,刘少奇在延安说,他的《论共产党员的修养》就是在竹沟修订完成的。"延安有党的领导,竹沟也有党的领导;延安有窑洞,竹沟也有窑洞;延安有抗大,竹沟有党训班;延安有延河,竹沟有条大沙河。这里真成了小延安!"自此,竹沟便以"小延安"扬名全国。

刘少奇、李先念、彭雪枫、张爱萍、王国华、陈少敏……一个个共和国的功臣来去匆匆,步履坚定,他们在竹沟运筹帷幄,打开了河南、湖北、安徽、江苏地区敌后抗战斗争的新局面，锻造出一个"红色基地""革命摇篮"，从竹沟先后走出 10 位党和国家领导人、80 多名省部级干部和 100 多位将军。

一个让人称颂的名字

地处确山、信阳、桐柏、泌阳四县的交界处，竹沟素以"簧竹茂盛"而得名。明代，"竹沟镇"见诸文字，明末清初，竹沟与明港（今归信阳市）同为豫南两大战略要地，清雍正《河南通志》记载，竹沟为汝宁地域关隘之一。明末修筑的竹沟寨墙如今巍然屹立，四周垛口接连，东寨门楼上书有"遏群丑"，西寨门楼上书有"固吾圉"。当地人说，明清时，河南捻军和白朗起义都曾经进抵竹沟一带。

"万条千缕绿相迎，舞烟眠雨过清明"。竹沟小镇浸润在肃穆庄严的氛围中。镇中心有街名"延安"。其北侧，一个由周恩来题写馆名的"确山竹沟革命纪念馆"引人注目，不少人远道而来，在此停留。纪念馆由一座座青砖灰瓦的明清民居组成，彼此相连，错落有致，古朴温暖。长方形的院落一进又一进，胡同窄窄，曲折幽深，建筑雕饰素雅，门窗敞明，雅而不俗。

青砖铺地，寂静无声，行走其间，远去的历史在一个个场景中越来越清晰。

1927 年 4 月，为迎接北伐军进入河南，在周恩来、王若飞的指导下，共产党员杨靖宇、张家铎等领导确山民众举行震惊中外的武装暴动，首次解放确山县城，建立了中国共产党领导下的、具有完整意义的第一个县级人民革命政权——确山县临时治安委员会。英国伦敦《泰晤士报》惊呼：中国河南出现了苏维埃！1927年4月14日，斯大林在对莫斯科中山大学学生的谈话中，也谈到"河南出现苏维埃"。

1938年6月，中共河南省委由开封迁到竹沟，这里成为河南人民抗日斗争的指挥中心。当年召开的党的六届六中全会决定，成立以刘少奇为书记的中共中央中原局，领导长江以北的河南、湖北、安徽、江苏地区党的工作。中原局很快打开敌后抗日斗争的新局面，竹沟成为我党的重要阵地和战略支撑点。

确山县年近百岁的抗战女兵没有忘记那一段峥嵘岁月，更记得艰难岁月中的温馨和感动。98岁的董花曾经担任中共中央中原局组织部部长陈少敏的秘书，一提到陈少敏的名字，就一遍遍地说："陈大姐是我的老领导，对我们都很好！"99岁的何国曾曾经担任新四军五师的卫生员，还记得陈少敏收留了一些无家可归的孩子，并教他们读书写字，把他们组成"十月剧团"，又称"娃娃剧团"。无儿无女的陈少敏经常自豪地说："我有四十多个孩子。"

1946年，国民党进攻中原革命根据地，中共中央中原局分散突围，就在那时，董花和何国曾与部队失去了联系，各奔东西。2017年11月，在确山籍"中国好人"张大生的帮助下，两位老人才有了失散70年后的重逢。

2018年4月4日下午，白发苍苍、步履蹒跚的两位老人相伴来到纪念馆。馆外莺飞草长，柳色青青，馆内陈列着简单的家具、古老的马灯、粗瓷大碗等简朴的生活用品，两人望着陈少敏的照片聊个不停，浑浊的眼里涌出了泪水。

一棵阅尽沧桑的石榴树

纪念馆的东院，草坪满是油油的新绿。墙砖斑驳的三间东屋就是刘少奇当年的办公室兼住室，室内摆放着一张桌子、两把椅子。这里，储存着一段珍贵的历史。

1939年1月28日，寒风凛冽，化名胡服的刘少奇，经渑池、南阳来到竹沟。"越过千重水，踏破万重山，胡服同志到竹沟，妙计定中原"。刘少奇抓思想政治建设，在小树林、草棚礼堂、留守处和教导队里，他多次给党员干部做思想政治报告；在住室里挑灯夜读，他完成著作《论党内斗争》和《论共产党员的修养》。

他响应毛泽东"来一个学习的竞赛"的号召，开办党训班、基层干部培训班等各类干训班，短短一年时间，竹沟向中原各地派出17批4800多人的基干武装，其中党员3200多名。在刘少奇的指导下，中原各抗日根据地发展壮大，成为联系华北、华中各抗日根据地的枢纽，为部队开辟苏北战场奠定下坚实的基础。

1939年早春，一个阳光灿烂的日子，刘少奇同志在办公室门前种下了一棵石榴树。从此，这棵树夏日花红似火，秋来果实累累，为小院增加了热烈的色彩。

1966年，刘少奇遭受迫害，无辜的石榴树被连根拔起，被当作刘少奇的替身游街批斗，之后被倒挂在石栏杆上暴晒。一位名叫张锦明的村民，冒着生命危险，趁着夜色，在树上剪下一枝植在小院里。在他的精心呵护下，石榴枝生根发芽了。

1978年，竹沟革命纪念馆重新修复，张锦明把石榴树移植到当年刘少奇栽种的老地方。1998年11月，刘少奇夫人王光美带儿子刘源，与李先念夫人林佳楣一起来到竹沟，听到石榴树的故事后非常感动，见到张锦明时，她紧紧握住了老人的手，深表谢意。随后，张锦明在中间，王光美和林佳楣站在左右两侧，留下一张三人珍贵的合影照片。

如今，这棵珍贵的石榴树绿意盎然，枝繁叶茂。

两份不同寻常的报纸

纪念馆里有几份蜡版刻写的八开油印纸静静地躺在展柜里，柔和的灯光投射在纸上，字迹清晰可辨——这是一份似乎仍散发着油墨香的《小消息》报。

1938年7月，河南省委决定在竹沟创办省委机关报《消息》。当时，报社的全部家当只有一部小半导体收音机，一块活动钢板和一部简易油印机。即使这样，《消息》仍坚定地出版着，传递着延安最清新的气息。《消息》报传遍大江南北，当年12月，河南省委宣传部为《消息》报出版百期庆功，改名为《小消息》。

1938年9月下旬，彭雪枫率部队即将开往豫东，决定创刊发行《拂晓报》。他题写报头，撰写热情洋溢的创刊词《我的良师》。9月30日，东方破晓，竹沟镇党政军民隆重欢送新四军游击队东征，彭雪枫宣誓："不复失地，誓不生还。"《拂晓报》创刊号也随着东征的队伍广为流传。1939年，该报通过周恩来、范长江的帮助，一度发行到亚洲、欧洲、美洲等一些国家的首都。1946年报纸出版1000期后，为纪念在河南作战牺牲的彭雪枫同志，《拂晓报》改名为《雪枫报》。

93岁的抗战老兵陈德金回忆当年。清晨，竹沟大沙河岸嘹亮的军号将人们唤醒，干部和武装青年聚集到东门外广场跑步、出操、军事训练；傍晚，一队队抗日健儿在这里打球、唱歌，《大刀进行曲》《送郎参军》等救亡歌曲响彻田野；入夜，业余识字班里传出一片读书声……有一次，他远远望到了主席台上讲话的彭雪枫，没想到会议结束后，彭雪枫走到了他的身边，和他握手，聊起了家常……说到动情处，老人哽咽了。

一次震惊中外的惨案

竹沟镇北的王庄后山上，苍松翠柏掩映着烈士陵园，200多名烈士的骨骸安卧其间。墓碑上文字寥寥，浓缩一段烽火岁月。

2018年4月4日，天色阴沉。早晨6点，张大生和志愿者们带着满满一车棉衣和食品出发了，他们把确山县13位抗战老兵分别接到了竹沟烈士陵园。老兵们手捧鲜花，佩戴"抗日英雄，民族脊梁"的绶带和纪念章，有的拄着拐杖，有的坐着轮椅，在儿孙的搀扶下缓缓走向烈士纪念碑，献上花篮，缅怀先烈。

何国曾老太太蹒跚着来到弟弟的墓前，伸出粗糙的手把墓碑上的名字擦了又擦，潸然泪下。她声音嘶哑，不停地念叨："好多年了啊，你们还好吧？"

1939年11月11日，国民党反动势力以重兵突袭竹沟，惨杀我军民200余人，我军民因寡不敌众，被迫撤离。"确山惨案"震惊中外。毛泽东在延安指出："对于那些敢于闹'平江惨案''确山惨案'的人，对于那些敢于打击进步军队、进步团体、进步人员的人，我们是决不能容忍的，是必定要还击的，是决不让步的。"

伫立墓前，仿佛能听到军号在召唤。李先念题词的"竹沟革命纪念碑"几个大字特别醒目。竹沟人忘不了流淌在血脉深处的红色记忆，每到农历大年初一和清明节，他们会自发来到烈士墓前，培一把新土，焚香、祈祷，献上无限哀思。

河南省社科院原副院长刘道兴研究员说：革命年代共产党在竹沟如同蛟龙入海，这一带老百姓表现出为了革命，敢于改变命运的勇气，走进新时代，他们同样发扬出敢为人先的精神。

漫步在古镇的大街小巷，徜徉在青山绿水间，耳边不时会传来优美的弦音，那是竹沟人放下铁锨、锄头等农具，在调理小提琴、大提琴。让人惊叹的是，一群不识五线谱的农民师傅，却凭着过人的乐感，历经 13 道工序，用双手精心制出了精准高端的提琴，让挑剔的西方人也服气了。如今，这里的提琴远销世界各地，也成就了"提琴之乡"的美名。

战争的硝烟早已散去，今天的竹沟人正描绘着一幅恬静的生活画卷，践行着烈士陵园前的题词：你们活在我们的记忆中，我们活在你们的事业中。

鸿沟·汴河·通济渠

"汴水流,泗水流,流到瓜洲古渡头,吴山点点愁……"汴水流入泗水,经瓜洲古渡口汇入长江,又流向远方。丈夫随流水远行,妻子思念如流水,想念远行人而不得,思无穷,恨亦无穷。

在唐代大诗人白居易的名篇《长相思·汴水流》中,用了三个"流"字,勾勒水的蜿蜒曲折,酝酿低徊缠绵的情韵。诗中那条哀怨悠长的河水,就是隋唐时期贯穿南北的大运河,而诗中提到的汴水,就是大运河流经郑州段的通济渠。

通济渠自河南荥阳的板渚(今汜水镇)出黄河,至江苏盱眙入淮河,全长650公里,是隋唐大运河的首期工程。郑州段运河西连洛阳以通长安,东接淮河抵达杭州,水路漫漫,气势恢宏。如果在中国地图上将隋唐大运河按照历史记载标注出来,会形成一个巨大的"人"字,郑州,恰是它的中心所在,有了通济渠郑州段,才有了通向江南的大运河。

千年时光流转，黄河几度变迁，如今能够找寻到的通济渠郑州段遗址全长约 19 公里，作为"中国大运河"的重要组成部分，它 2014 年被列入《世界遗产名录》。

鸿沟与大运河

通济渠的前身，是大名鼎鼎的鸿沟。按照清代学者顾祖禹的考证，鸿沟源于《禹贡》的雍水，春秋时称为邲水，秦汉时又叫鸿沟，后来叫蒗荡渠，又称蒗宕渠。

出郑州西北 30 多公里的黄河南岸，有座东西走向的山岭，叫广武山，山上有一条直入黄河的巨大裂口，名为广武涧，涧深 200 米，裂口宽约 800 米。

站在鸿沟边，只见山体绵延，深沟巨壑，两道苍山左右分列，沟底道路羊肠一般。北面，滚滚黄河紧贴山脚而过；西南，群峰峥嵘，崖壁参差。

沿曲曲折折的小路走向沟底，道路两旁杂树丛生，路及周边即是鸿沟的老河道。赤日炎炎，沟底静寂，四处无声，从沟底向上望去，边缘坍塌的土山底部狭窄，上部开阔，如同喇叭一般，从山脚向山顶散开。

郑州市文物局历史学博士鲍君惠考证，鸿沟最早的雏形，相传是大禹治水时留下的一条水道。远古时期，黄河流域洪水泛滥，两岸居民深受其苦，大禹利用黄河自高向低流的自然趋势，疏浚河道，开沟挖渠，引流荥泽的洪水，合通四海，平息了水患。

北魏地理学家郦道元在《水经注》中记录："大禹塞荥泽，开之以通淮、泗，即《经》所谓蒗荡渠也。"

公元前360年，为了引水灌田，便利交通，魏国在大禹治水的基础上，开挖鸿沟水道，《竹书纪年》中有"大王之地，南有鸿沟"。彼时的鸿沟水系，"从荥口引水"，即从位于现在荥阳市东北的荥口，引黄河水为源，与济水混流，向东流经荥泽北，再向东南流与济水分流，流至圃田泽后，再向东流至开封，然后折而南下，入颍河，通淮河，把黄河与济水、汝水、淮河、泗水等河道连接起来，《史记》有"荥阳下引河东南为鸿沟，以通宋、郑、陈、蔡、曹、卫，与济、汝、淮、泗会"。

一个以自然河流为分支、完整的运河网由此形成，郑州段运河成为鸿沟水道承接黄河的第一段运河。

900年后，隋炀帝登基，为了巩固中央政权，他的头等大事就是举全国之力开凿运河。隋大业元年（公元605年）三月，隋炀帝下诏，征用河南诸郡男女百余万人，以洛阳为中心，利用自然河道或前代旧渠，开凿人工运河。其中，这一段"引黄入淮"的大运河，隋炀帝起名为通济渠。通济渠充分利用鸿沟已废弃的故道、东汉重修后的汴渠等，在郑州连接黄河，连通黄河与淮河到达洛阳。

通济渠的开凿，仅用了不到6个月的时间，一次设计，一次施工，一次通航，直接沟通了黄河、淮河、长江三大水系，成为隋朝大运河的主体部分。《大业杂记》中记载,通济渠"水面阔四十步,通龙舟"。想那烟波浩渺之景,长千余里,沿渠筑御道,遍植柳树,五里一墩,十里一亭,百里一驿,形成"万艘龙舸绿丝间,载到扬州尽不还"的美景。"地管御河"的郑州,一时间"商旅往返,船乘不绝"。

又过了100年,唐玄宗下令"发河南府、怀、郑、汴、滑三万人疏决开旧河口",通济渠郑州段更加通畅。白居易在《隋堤柳》长诗中写道:"大业年中炀天子,种柳成行夹流水。西自黄河东至淮,绿阴一千三百里。大业末年春暮月,柳色如烟絮如雪。"

鲍君惠考证,按照《宋史》记载,北宋时期,以京城为中心的"四大漕渠",即汴河、黄河、惠民河(又名蔡河)、五丈河(又名广济河),有3条流经郑州,其中的汴河,就是大运河流经郑州段的通济渠。天禧三年(公元1019年),汴河漕运粮食800万石,为北宋时期漕运的最高纪录。汴河不仅是南北交通的大动脉,还是北宋政府的生命线。郑州在全国水路交通中的重要作用,由此可窥一斑。

鲍君惠在《宋代的郑州》中提到,"郑州境内的河湖,是汴河水流的重要来源",郑州段汴河既是汴河的上游,又是汴河的重要河段。

贾鲁河与惠济桥

奔腾不息的黄河水,自古以来就是一把双刃剑,带给沿岸百姓的,有美好也有噩梦。

元至正四年(公元1344年),黄河在山东曹县白茅堤决口改道,淹没了河南、山东、安徽、江苏十多个州县,灾区百姓背井离乡,苦不堪言。7年后,贾鲁出任工部尚书、总治河防使,开始了浩大的治水工程。

他采取沉船法和疏、浚、塞并举的方式,历时7个月,终将决口堵住,使肆无忌惮的黄河水重返故道。贾鲁在治理黄河的同时,又疏浚、拓宽和连接原来的汴河河道。

"朱仙镇新河记碑"称:"自荥阳西南诸山溪,合京、须、索、郑之水,东流至祥符,经朱仙镇达周家口,复合沙、颍诸水,委输于淮。"

河患消除,漕运复兴,后人铭记贾鲁的治河之功,将汴河改名为"贾鲁河"。清代《乾隆荥泽县志》说道:"(汴河)元以后南徙,命臣贾鲁治之,遂更名为贾鲁河。"

难能可贵的是,在战国鸿沟水系、隋唐通济渠、宋代汴河淤塞失去水运功能后,贾鲁河再次担当了沟通黄河、淮河两大水系的重任。

贾鲁河迎来了黄金时期,沿岸商业城镇迅速兴起,开封朱仙镇成为华北地区最大的水运码头,郑州惠济镇也成为商业重镇。

在郑州市惠济区大河路办事处，惠济桥村中部偏东北的位置，一座名为惠济桥的石桥，在喧嚣的村庄里显得格外平静。夏日午后，阳光照射着石桥上每一个细微的印迹，两岸绿柳垂丝，桥下水波不兴。三孔拱券的惠济桥，呈东北走向，桥面长14.44米，宽5.08米，造型优美，结构合理，青石桥面上，清晰可见车轮辗轧的痕迹，它们见证过千百年来车水马龙的景象。

惠济桥村有一块明代"重修龙岩寺归寂殿碑"，碑文证明，明代初年已有惠济桥，"桥下之渠，本贾鲁河故道，自南向北，与大河通"。

惠济区新城街道办事处工作人员说，桥上原来有18根石栏杆，栏杆顶部嵌有铜罗汉，桥头还有谯楼，可惜现在都没了。这座古桥，直到20世纪90年代还在使用。当地人感怀惠济桥，惠济区的名字，由此而来。

走在凹凸不平的老桥上，遥想着昔日景象，惠济桥若长虹卧波，两端谯楼高高耸立，屋宇沿河连绵不断。清代《顺治荥泽县志》中记载："附居者烟火千家，往来者贸迁万种。诚一邑之雄镇也。"

惠济桥所在的惠济镇，盐业、烟草、药材、丝绸，各种杂货应有尽有，有人赋诗题词："风流非是竞豪爽，地钟人文萃物华。"

"漕船往来，千里不绝""公家运漕，私行商旅"，河南水利与环境职业学院学者秦园春说,彼时的郑州是运河的码头,陆路的驿站,南来北往的物资贸易,不同区域的文化在此交汇,驿站灯火通明,城门彻夜敞开,商旅、信史往来不断,一派繁盛。这里聚集着不同风俗、不同口音的人们,混合着南北不同的文化,歌舞、曲艺、皮影、剪纸、绘画、雕刻、民俗礼仪等交流互通,民族、民间、民俗文化丰富多彩。

荥阳故城、古荥汉代冶铁遗址、纪信墓及碑刻、荥泽县城隍庙……古荥的多个遗迹,一一造就出象棋文化、冶铁文化、城隍文化等运河文化,为历史文化名城郑州增加了独具魅力的文化内涵。

考古与遗迹

黄河的含沙量之多,是世界河流之最,这决定黄河的河性也是世界绝无仅有。黄河善淤、善决、善徙。

黄河多次泛滥,变化无常,在史书中颇负盛名的大运河故道,大部分早已消失于地下,不少河段在历代治理中也几次更名,通济渠郑州段一直故迹难寻,扑朔迷离。郑州市文物考古研究院从2010年开始,找寻这一河段的往日印迹。考古工作者顾万发回忆,考古队在惠济桥的南北两端入手,开始全面的勘探、挖掘工作。惠济桥南侧以及南部河道,先后出土唐、宋、元、明、清时期堆积层、大量文化遗物,尤其是元明时期的遗物,最为丰富。从黄河南岸大堤到惠济区丰硕桥,隋唐大运河的一段河道，慢慢清晰起来，河道呈西北至东南走向，在丰硕桥向东，折向索须河，河道宽近200米，至深15米仍不见底，两侧的路堤宽近8米，足见当年的庞大气势。

中牟县官渡镇水溃村西北约500米处，有一段运河遗迹，顾万发印象颇深。他说，2011年初，在这一发掘区以西的部分，考古队发现了一个奇特现象：每间隔三四百米，青灰色淤泥积土层就会出现一个约100米的断档，断档内堆积着较为纯净的黄褐色土层，然后，再次出现青灰色淤积土层，这种断档的黄褐色土层，他们共发现了三四段。这一迹象表明，此处应该是调节水量的大型水利设施，即水柜。他说，水柜是我国古代用于航运的水库，运河缺水时放水入河，运河水大时放入水柜，特别是发生洪水时泄入水柜储存，待运河需水时再回注。

当地群众告诉考古工作人员，2007年在发掘区东北部的不远处，挖出过一个带有铁链的铁锚，出土的位置距离地表六七米。顾万发说，结合土层堆积情况，铁锚印证这里曾经行驶过大型船舶。

隋唐大运河考古队在调查、勘探和试掘的基础上，结合大量的实物资料、民间传说，最终认定，中国大运河通济渠郑州段遗址，位于郑州市惠济区（古荥泽），遗存包含两部分，约4公里的汴河遗址段和15公里的索须河段。

北起东孙庄村东侧的黄河大堤，南至索须河丰硕桥，就是汴河遗址，它是通济渠连通黄河的渠首，目前除了惠济桥还保留着一段河道外，其余的都埋在了地下。15公里的索须河段，从堤湾村丰硕桥向东折，至祥云寺村汇入贾鲁河。

夏日高温，大河路北的天河路索须河桥上，热浪扑面，车辆川流不息。桥下索须河绿意盈盈，波澜不惊。这里，就是大运河遗址中的一部分，如今河面宽40余米，河堤宽20余米，河床宽度近300米，是郑州市西北部主要的泄洪排涝和景观河道。

郑州市水务局相关人士介绍，2014年，郑州对索须河进行分段提升治理，工程总长13.45公里，投资合计2.04亿元，西起四环桥、东至祥云寺，以天河路、花王桥、中州大道为节点，分为四期，今年6月已经全部完工。2018年年底前，索须河提升治理的第五期工程有望完工，该工程即大运河郑州通济渠段的生态提升工程，这段河道总长10.9公里，起点在北四环桥，延伸到上游的索河、须水河。

索须河水面宽阔，正一点点现出昔日的运河风貌。索须河沿岸，栈道，草坪，芦苇，成排的树木，嬉戏的水鸟，那一份自然的野性，吸引着人们来这里散步、郊游。

黄河滔天处 刺秦博浪沙

秦二十九年（公元前218年）三月的一天，42岁的秦始皇正在巡狩途中。浩浩荡荡的车队经过阳武博浪沙时，突遭狙击。

袭击者正是韩国后裔张良寻觅到的沧海力士，他用120斤重（大约现在30多公斤）的大铁椎猛然砸向了皇帝车辇。遗憾的是，铁椎击中的是皇帝的副车，秦始皇除了一惊，毫发未损。

秦始皇大怒，全国上下，搜捕十天，捉拿刺客。终无果。

张良改名换姓，逃亡到了下邳（今江苏省睢宁县古邳镇）。第二年，张良在下邳桥上得遇黄石公的点化，偶得《太公兵法》，日后凭借书中的兵法谋略知识，成了汉高祖刘邦身边的重要谋臣。

时隔两年，秦始皇微服出行关中，夜行兰池宫外时，又遭数名刺客突袭。若非随行的四武士击杀刺客，也许这一次他就丧生了。

两次暗杀事件，使秦始皇转而关注对复辟浪潮的查勘，尤其是博浪沙谋杀一事，直接导致了皇帝出巡目的的重大改变：从相对简单的新政宣教，转变为巡边、震慑复辟与督导实际政务三方面。

大秦帝国的"博浪沙"这一地域名称，在现代版图上早已不复存在，它究竟在何处，张良又为什么选择此地来行刺？

秦时博浪沙今在原阳境

《资治通鉴》记载："博浪，阳武南，地名也。今有亭，此未详也。"博浪，当年曾被称为"博浪亭"。

《辞海》中有对"亭"的解释："秦汉时乡以下的行政机构。"《汉书·百官公卿表上》说，"大率十里一亭，设亭长，以防御敌人"。秦汉时期的"亭"，是只能管辖方圆十里的行政机构，刘邦就曾经担任亭长这样的小官。

《大明一统志》载："博浪城，在府城（开封府）北三十里，一名博浪亭，即张良令力士狙击秦始皇处。一云在阳武东南三里。"

宋代《太平寰宇记》称："阳武故城，在县东南二十八里……今无遗址，隋开皇五年复理此城。"它明确说出，阳武故城，曾经被黄河淹没，隋代又建起了一座新城。

《辞海》注解："阳武，旧县名。治今河南原阳东南。1949年以原武县并入，改名原阳。古黄河流经县城北，金明昌五年（公元1194年），黄河在此决口，灌封丘而东，元明以后改经县南。"

《原阳县志》说得更清楚：博浪沙，在今原阳县东南。

原阳县文联主席赵光岭说，按照阳武县、原武县的县志记载，黄河在今天的原阳境内，大的迁徙改道多达63次，今天的黄河河道，是明正统十三年（公元1448年）的一次黄河改道后，固定下来的。他实地考察后提出，古博浪，应该在原阳县城东南14公里、阳武故城东南1.5公里的地方，即今天原阳县陡门乡郭庄一带。不过，由于年代过于久远，它早已没入了滔滔黄河中，无处寻觅。

秋雨后的原阳，轻笼薄雾，黄河缓缓流淌，水面宽阔，波澜不惊。置身岸边，望一眼良田沃土，玉米、大豆等秋作物长势喜人，丰收在望。

原阳县城东郊20公里处，一座仿古碑亭内有一个醒目的石碑，高2.34米，宽0.82米，厚0.35米，上部篆刻"张子房击秦处"，中部盈尺楷书"古博浪沙"四个大字，系清康熙二年（公元1663年），阳武知县谢包京在此立石拜书。

碑亭旁，一通通古今名人碑刻，记录着这段历史的一抹流光。

一座近2米高的碣石，写满了密密麻麻的日文。赵光岭说，张良刺秦的故事，流传深远，日本清陵高等学校把它写进了校歌。1995年，该校举行100周年校庆，校方提前三年到中国考察，最终由日方捐款，中方在太行山深处选定了一整块的自然石，双方联合，在张良刺秦遗址处立下这通碑。该校校庆时，把瞻拜古博浪作为一项重要内容。碑上校歌的日文大意为："啊！举起博浪之椎，砸碎腐朽势力的梦幻。"

黄河风沙与刺客张良

《史记·留侯世家》记载，张良出身于五世相韩的名门贵族。

韩国被秦国所灭，国破家亡的痛对于张良而言，比平民百姓强烈得多。他散尽家财，以求刺秦者。终于，张良找到沧海力士，二人勘察测量，反复推演，最终选择在博浪沙飞椎击杀秦始皇。

《孟子·梁惠王下》称："天子适诸侯曰巡狩。巡狩者，巡所守也。"巡狩，应是天子率领护卫大军，在疆域内视察防务，处理政事的活动。秦始皇统一全国后，共巡狩五次。那次的路线是：函谷关——三川郡——胶东郡——之罘山——琅琊台——返经恒山——经上党——西渡黄河入秦。

战国时的博浪沙，是韩国和魏国的交界处，韩国的都城在郑（今新郑），距离博浪沙不远。张良是韩国后裔，对这里的地形了如指掌，以他的果敢、睿智，选择此地，一定是经过深思熟虑的，至少，行动失败后他们能够迅速逃脱。

1936版《阳武县志》卷五《文征志》中，有一篇清代知县谢包京撰写的碑记，用几句话概况了此处的地貌。

谢包京说，原以为张良行刺处，应该是山高沟深，林密壑险，易于隐匿。但等他到了这个地方任知县，才知道竟然是平原旷野，牛羊散布其间，能数得一清二楚。

看到博浪沙的地貌，众说纷纭。有人怀疑张良二人"有章刚埋草之术"，逃如天马腾云，有人说他们躲在帝王的华盖之下，动如脱兔……

20世纪30年代，秦史专家马元材曾到博浪沙考察。他在《博浪沙考察记》中，留下了同样的感慨，这里既非草木繁茂，又无山涧溪谷，是一个一望无际的大平原，根本就不具备刺秦的条件。

其实，2000年来，黄河岸边发生过无数次变化，当年张良行刺时，博浪沙的地貌绝非如此。

秦时，黄河流经阳武县北，邙山过阳武县南。山南有"圃田泽"，沼淖数百；山北是黄河滩，水草连沙堆。从长安到山东的一条官道，就从黄河与沼泽之间的邙山脚下通过。这种地形，直到汉代仍然有迹可循。班昭《东征赋》记录的就有："……食原武之息足，宿阳武之桑间，涉封丘而践路。"

张良和沧海力士，正是潜伏在官道的转弯处，凭借险要地势，居高临下投掷铁椎。击秦不中，他们便顺河向东，在今天阳武东20公里的"天洲村"潜匿，后来又逃到了下邳。

原阳一地，多有风沙，马元材当年考察后描述："此种风沙，起时往往弥漫空中，白昼如夜，对面不辨景物。"

也许，张良二人行刺时，突然卷起一阵风沙，无法仔细分辨，才导致观察失误，犯下了误中副车的低级错误。

清知县谢包京分析过，秦兵搜捕留侯而捉拿不到，是人意，也是天意；留侯击秦而不中，是天意，也是人意。如果当时击中了秦始皇，公子扶苏可能会很快奔丧回京，大将蒙恬也会率兵赶到，那么赵高、阎乐、李斯这些人的阴谋就不会得逞，秦帝国是否会灭亡，就尚未可知了。只有刺杀不成，捉拿未果，秦始皇才会惴惴不安。而秦始皇在整整十天的时间内，竟然没有抓到凶手，也让天下人看到博浪刺秦这样惊天动地的举动，看到灭秦的一线曙光。

历史上的三次刺秦

秦始皇暴虐，"天下共欲亡之"，只是迫于其淫威而无可奈何。《史记》中有名的刺秦事件有三次，荆轲和高渐离二人，都是做了有死无生的准备。

荆轲刺秦，司马迁着墨较多，描写细腻。先有田光的引荐和樊於期的自刎，而后与太子丹、高渐离在易水边分别，"风萧萧兮易水寒，壮士一去兮不复还"，场面悲壮。最后是"图穷匕见"的宫廷搏杀，让整个事件充满了戏剧冲突，极具现场感。

在司马迁记载的刺客中，高渐离是最奇怪的一个，只有他的行刺没有直接动因。有人说，那仅仅是出于一种动人的友谊。

高渐离擅长击筑（古代的一种乐器），秦王喜欢听他击筑，又对他格外提防,熏瞎他的双眼后,才放心留在了身边。

高渐离灌铅于筑中,一次趁着击筑靠近秦始皇时,举筑相撞,却没有击中。秦始皇杀了高渐离,从此再也不敢亲近之前六国的人了。

荆轲刺秦发生在六国未亡之时,且是借交报仇,他的失败加速了燕国的灭亡;张良刺秦则发生在秦统一六国后,是对家族、国家的忠孝,体现出他对暴秦的反抗,比纯粹的个人恩怨多出了一层社会意义。

张良刺秦没有成功,但他在博浪沙表现出的勇气,备受文人推崇。唐人李白眼里,张良义勇忠烈:"子房未虎啸,破产不为家。沧海得壮士,椎秦博浪沙。报韩虽不成,天地皆震动。"明末抗清义士夏完淳赞赏的,是张良对秦始皇产生了震慑力,对民众产生了震动,唤起了更多人的觉醒。有人说,陈胜垄上的感慨,吴广荒郊野庙里的狐语,鱼肚里"陈胜王"丹书的出现,或许都是张良率先垂范的结果。

宋代苏轼则认为,张良身临险境去报仇,是很鲁莽的行为,以匹夫之勇逞一时之快,差一点儿丢了性命,很不理智。

见仁见智,各取所需,将古人事和现实相联系,咏史才更有深刻的时代意义。1914年前后,孙中山"二次革命"失败,袁世凯派兵南下,挑起内战,人民生活在水深火热之中。16岁的周恩来愤而作《春日偶成》一诗:"极目清郊外,烟霾布正浓。中原方逐鹿,博浪踵相踪。"他借用"博浪刺秦"的典故,预感革命人民必将奋起抗争。

黄河岸边,绿树四合,斯人远去,旧物难觅。博浪沙塑造了一个触手可及的张良。

慷慨悲歌,人间沧桑。两千多年时光流逝,"张良刺秦"一事,仍然对当地产生着深远的影响,人们习惯用"博浪大地"来代指原阳这一方古老的土地。这里,麦浪滚滚伴黄河,风吹稻花香两岸,大地平旷肥沃,人民安居乐业。

在朱仙镇感受年味

深冬腊月,北风呼啸,开封朱仙镇启封故园的聚仙湖上,一半是水,一半是冰,水波涌动,风声中夹杂着水流撞击冰层的哗哗声。

一阵鸡鸣染亮了天际,朱仙镇的街道上人声响动,古老的街巷渐渐活泛了起来。贾鲁河岸边,一扇木板门打开,闪出一个挺拔的身影,继而一扇扇木门次第开启,木版年画的传承人起得最早,他们张罗着自家门市,希望早点迎来客人。

老字号的点心铺里,新鲜出炉的甜馅饼、太师饼、花生糕,在客人们到来之前,已经摆放得整整齐齐。"朱仙镇五香豆腐干"的传承人,拿出历经"十煮九晾一见阳"的豆腐干,招呼着顾客打包带走。

岳飞庙里,燃起了第一炷香,缭绕的香气在寒风中飘散,唤醒了门前一对斑驳的石狮子,它们在此静立百年,悄然注视着古镇的起伏跌宕。

历史在这里匆匆走过，喧嚣远去，繁华不再，它似乎与现实有了隐隐的隔膜。老屋、石墙、古树，市井烟火，倾慕与怜惜，它是外乡人追寻朱仙镇过往的点点碎片，却是朱仙镇人魂牵梦萦的故土乡愁。

朱仙镇大捷

朱仙镇位于开封城西南22公里，是北宋的军事要镇，这里是岳飞第四次北伐的最后一站，流传着"五百岳家军大败金国十万大军"的传奇故事。

绍兴十年（公元1140年），岳飞北上抗金，郾城大捷之后，进兵朱仙镇。金兀术聚集金兵十万与岳飞对垒。岳飞突然袭击，大获全胜。朱仙镇之捷，令金兀术闻风丧胆，准备渡河撤出中原。然而此时，岳飞却遭奸臣秦桧陷害，朝廷一天之内向他发出了十二道金牌，要求班师回朝。岳飞气愤地说："十年之力，废于一旦……社稷江山，难以中兴；乾坤世界，无由再复。"

岳飞被"莫须有"的罪名构陷，含冤而死。当岳飞遇害的噩耗传来，朱仙镇上万民痛哭，声震四野。岳飞被害后21年，宋孝宗继位，为岳飞平反昭雪，追复原官，赐谥号"武穆"；宋宁宗时，追封岳飞为"鄂王"；宋理宗时，改谥"忠武"。

当地人世代感念岳飞的功德，明成化十四年（公元1478年），在河南布政使吴节、开封府知府张岫的主持下，建起一座岳飞庙，它与武昌、杭州、汤阴的岳飞庙并称于世，数百年来，香火不断。

岳飞庙端坐于朱仙镇西南隅的闹市中，雕梁画栋，端庄威武，门楣挂着"精忠岳庙"匾额，柱上有楹联："炳史册精忠资社稷，收河山报国筑长城"。大院正中，一座拜殿为亭式结构，殿宇四面无墙，是祭奠岳飞的场所，拜亭前跪着五个铁铸人：奸相秦桧夫妇、监察御史万俟卨、殿中侍御史罗汝楫和诬陷岳飞的张俊。

大殿左右，各有两通高大石碑，是明代人镌刻的岳飞手书。一通是岳飞诗作《送紫岩张先生北伐》："号令风霆迅，天声动北陬。长驱渡河洛，直捣向燕幽。马蹀阏氏血，旗枭可汗头。归来报明主，恢复旧神州。"明代学者蔡悦评论此诗："词意雄伟激烈，可轰震千古！"一通是岳飞的千古绝唱《满江红》。专家称，两通碑刻是目前仅存的岳飞手迹石刻，十分珍贵。

另一通"朱仙镇岳鄂武穆王碑"，高2.5米，宽2.1米，刻于明正德十五年（公元1521年），记录下建庙的原委："宋鄂侯忠武王庙，始建于鄂，再建于杭，三建于汤阴，而今建于梁城南之朱仙镇。在鄂者，王（岳飞）开国地也，王冤白时建；在杭者，王墓在焉；在汤阴者，父母之邦……而朱仙镇者，而王之功於是，为报王之忠愤所不能忘者也。"

寒风中，读《满江红》，不由人激情澎湃。

朱亥故里

大约 2700 年前，周平王东迁后，曾经派大将在朱仙镇东南方向 2 公里处屯兵，以"启拓封疆"为名筑城，启封城由此得名，春秋至隋朝这一段时期，启封主要是作为战略军事要地。

朱仙镇得名，是因为义士朱亥。《祥符县志》提道："朱仙镇相传战国时朱亥故里，亥旧居仙人庄，因名"。《史记·魏公子列传》记载，朱亥勤奋好学，不仅力大过人，而且精通兵法，多谋善断，因为厌恶战乱，隐居市井，以屠宰为生。他是信陵君魏公子无忌的门客，"窃符救赵"事件的主要角色之一。

魏国与秦国互为敌国，相持不下，朱亥不顾个人安危，冒着风险，作为魏国的使臣，来到秦国。河南大学教授刘坤太说，秦王几次威胁朱亥而无果，就把他囚禁起来。朱亥知道自己很难回到魏国，决心以死报效国家，他用头猛力撞向柱子，然而柱子断了，人却未死，最终，他自己折断喉咙身亡。

"捐躯赴国难，视死忽如归"，世人称颂朱亥的忠贞刚烈，为了纪念他，把他居住过的地方改称为朱仙镇。如今，朱仙镇早已无朱亥的任何遗迹，只有岳飞庙内的一副楹联还纪念着英雄："若斯里，朱仙不死，知当日金牌北召，三字含冤，定击碎你这极滔天黑心宰相；既比邻，关圣犹生，见此间铁骑南旋，万民留哭，必保全我那精忠报国赤胆英雄"。

朱亥和岳飞的故事，在当地深入人心。曾在南海舰队某部服役的战士王亮,是朱仙镇走出来的海军战士。他说,岳飞英勇杀敌的形象伴随他的成长,他以家乡为荣,入伍后,那些故事常常激励着他战胜一个个困难。一年之中的200多天,王亮都和战友们一起出海执行任务,守卫在祖国的蓝色海疆。如今,朱仙镇籍现役军人有百余名,"精忠报国"四个字,已化成他们以及古镇人心中最纯洁、最高尚、最强烈的情感。

河南大学宋文化研究院副院长高树田说,百姓对于岳飞的崇敬之情,始终未变。战争年代,发扬"精忠报国"的精神,就是为国家、民族利益去流血牺牲;和平时期,同样需要这种精神去奋斗,把个人行为和国家利益、社会利益紧密相连,把微小的力量聚集在一起,就会形成巨大的社会能量。

天下名镇

贾鲁河水波荡漾,蜿蜒流经古镇时,把镇城分成了东、西两部分。岳飞庙内一通光绪八年(公元1882年)刻立的"朱仙镇新河记"碑,记载了朱仙镇因河水而盛衰的往事。

元至正四年(公元1344年),黄河在山东曹县白茅堤决口改道,淹没了河南、山东、安徽、江苏十多个州县。7年后,贾鲁出任总治河防使,历时7个月,治水完毕。碑文说,贾鲁河"自荥阳西南诸山溪,合京、须、索、郑之水,东流至祥符,经朱仙镇达周家口,复合沙、颍诸水,委输于淮,以元臣贾鲁治之,遂名贾鲁河"。

贾鲁河一路南行，西北山产由此南输，东南杂货由此北达，大船转小船，小船转大船，顺流逆流之中，物资交流频繁，古镇的商业逐步繁华。

明嘉靖年间，贾鲁河再次疏浚，很快成为一条贸易生命线。著名历史、地理学家李长傅在《朱仙镇历史地理》一文中说到，位于贾鲁河航运终点的朱仙镇，下达周家口，由淮河通安徽、江浙，舟楫畅通。小舟更可上溯到京水镇，北与黄河相连。陆运则由驿道南下，经尉氏许州以达武汉，北上经开封、卫辉、彰德以达北京，成为商旅必经之地，水陆交通会集之所，南船北马，由此分歧。朱仙镇地处中原，地域广大，和华北、西北各地联系方便，它不仅是河南，而且是华北最大的水陆交通联运码头。

水陆相依，朱仙镇盛名远扬，各地商客，往来不绝，大批的货物集中在此，大把的银子投掷在此。清康熙年间，朱仙镇同湖北汉口镇、江西景德镇、广东佛山镇，并称中国四大镇。贾鲁河沿岸，码头林立，长达五里。嘉庆年间，朱仙镇"商务之盛，甲于全省"，镇城南北长6公里，东西长2.5公里，南北行的街道，宽约4米，东西行的街道，宽约3米，镇城面积是民国时的10多倍。鼎盛时期人口达20多万人，外籍商人有山西、陕西、甘肃、安徽、福建等省。乾隆年间，晋商维修关帝庙，各商号纷纷捐资，修葺一新的关帝庙有正殿、大殿等建筑，规模宏大，一度超越了岳飞庙。

岳飞庙东侧的关帝庙，卷棚高约15米，绿色琉璃瓦覆顶，飞檐挑角，十分壮观。庙内的"重修关帝庙碑记"和"本庙全图"两通碑，密密麻麻记录着捐资商行。南开大学历史学院教授许檀，从碑文中追溯，认为杂货、典当、粮食、烟草、服饰等是当时最重要的行业，不仅商号数量超过千家，而且经营规模明显扩大，朱仙镇"发挥了商品运转中枢的职能"。

物埠财丰，镇内庙宇林立，月月有庙会，每会必献戏酬神，祥符调应运而生，并发展成豫剧的一大流派。朱仙镇的特产竹竿青酒、豆腐干、年画以及爆竹，也远销各地。

水能兴城，也能覆城，流水无情，让朱仙镇在繁华与衰落间几次跌宕。

清代道光、光绪年间，黄河水数次决堤，淹没了房屋，淤泥大约有七八尺深，镇中航行困难。光绪二十六年（公元1900年）春天，骤然卷起黄风，"断壁残垣，触目即是"，商业更加衰落，商铺不过几家，其他或为荒地，或为耕田。贾鲁河再次淤塞，泥沙沉淀，无法行船。

1904年京汉铁路通车，1912年津铺铁路通车，南北交通路线大转移，朱仙镇丧失了区位优势，后又历经近半个世纪的风雨飘摇，古镇日渐残破，繁华不再，被丢弃在了旧时光里。

木版年画

2019年1月28日，农历腊月二十三，岳飞庙东50米的"尹氏老天成年画博物馆"门前,来来往往的人们,正忙着请上一张灶王神的年画。那色彩鲜艳的年画上,广丹、葵紫等色彩浑厚强烈,人物形象古朴生动,具有鲜明的地方特色。老店第五代传人尹国法说,当地人会把它恭恭敬敬贴在厨房灶台上方,再燃起几炷香供奉,祈神福佑全家,来年富足安康。

镇上一个个木版年画作坊里,门前晾晒的、墙上挂着的、桌子上放的,满是花红柳绿、尺寸不一的种种年画。每年春节,这里家家户户会贴一张"秦琼、敬德""关羽、张飞""赵云、马超"等人的画像,他们都是木版年画中古老的门神。

朱仙镇是中国水印木版年画的发源地,迄今已有800年的历史,《东京梦华录》记载:"十二月,近岁节,市井皆印卖门神、钟馗、桃板、桃符……"朱仙镇与天津的杨柳青、山东潍坊的杨家埠、江苏苏州的桃花坞齐名,是中国四大著名的年画产地之一。鲁迅曾经评价:"朱仙镇的木版年画很好,雕刻的线条粗健有力,和其他地方的不同,不是精雕细琢。这些木刻很朴实,不涂脂粉,人物也没有媚态,颜色很浓重,有乡土味,具有北方木版年画的独有特色。"

20世纪90年代,传统手工艺制品的朱仙镇木版年画,无法形成批量生产,受到市场上印刷年画产品的剧烈冲击,整个行业十分萧条。

张继忠,朱仙镇木版年画"万同"老字号的第五代传人。1998年,一位外地客商找到他,提出高价购买他的年画古刻版。

他说："木版年画，贵重在那块版上，尤以流传百年的老版更为珍贵。那时母亲得了重病，急需用钱，但是我舍不得祖传的宝贝，再难，不能卖刻版，再难，不能让木版年画在我们这一代人手里给丢掉。"他舍不得祖上留下来的老手艺，没生意的时候，就走访老艺人，记录老作坊的历史，把一堆堆的资料整理成册，结集出版，就这样保存下了不同年代的木版年画图样。

2006年，朱仙镇木版年画被列入首批国家级非物质文化遗产名录，古老的艺术再次受到的关注，木版年画市场重新恢复了生机。如今，来到朱仙镇的人们，不仅可以欣赏和购买，还可以体验一把古老的"印刷术"，感受传统手工技艺的独特魅力。

长坂坡、八大锤大闹朱仙镇、岳飞大战牛头山……不同历史时期的英雄风采，在色彩艳丽，风格庄重的木版画上跃然而出，这些触手可及的年画故事，让英雄形象不断完善，在古镇人心中，凝结成为强烈的家国情怀。

农历新年将至，镇上越发热闹了，人们备好年货，期盼阖家团圆。

金戈铁马散去，繁华落尽平凡来，古老的朱仙镇平添了一分安详与坦然……

阅尽古今魏长城　沧海桑田伏羲山

自郑州市西行约 30 公里，就是远近闻名的伏羲山。那里的山并不雄伟广阔，却也峡谷幽深，峭壁陡立。在中国最古老的的地理书《山海经》中，有一段对它简洁而有诗意的描述："泉水歕危，映带左右，晨起伏而凭之，烟霞弥漫，万顷茫然，峰峦尽露其巅，烟移峰动，如众鸟浮水而戏……天下奇观也。"

伏羲山是嵩山东北向的余脉，东西绵延 50 多公里，横跨新密、登封、巩义、荥阳四个县市，曾有"鸡叫听五县"（旧有汜水县）的说法。

古往今来，兵家必争，史海钩沉，多被瞩目。谷深、涧幽、泉清、林茂……一段段史实，一个个传说，连同自然景观相互交织，铺就成一幅迷人的山水画卷。

石林峡谷留存伏羲文化

清晨，一夜暴雨初放晴。

山峰云雾缭绕，随着天际边慢慢放射出红色的光芒，一座山顿时斑斓了起来。

沿盘山公路盘旋而上，山间郁郁葱葱，一棵棵老槐、野桑和皂角树在眼前闪过，一只只飞鸟在山谷间雀跃翻飞，欢声如歌。

一道绵延的山梁，人称双牛山。山梁西部，有一处平坦高岗，就是红石林，海拔900米的高岗上，草长莺飞，青翠遍地。

红石林是因山上的红色砂岩石而得名。穿行在山崖间，清脆的水声泠泠作响，一瀑清溪，泻入深涧。

石林的东、南、西三面，山崖交错，怪石林立。崖壁上的绿色植被，或浓或淡，点缀其间，为山峰平添了几分妩媚。阳光下，草木苍翠欲滴，岩壁赤色如霞，沟壑幽深纵横，嶂崖美如画屏。

红石林的西北方向，大约8公里处，就是伏羲山大峡谷。

峡谷自北向南延伸，呈"龙"字形蜿蜒，全长5公里，谷深200—300米，终年流水不断。峡谷两岸，危崖峭壁；梯形台地上，灌木丛生。峡谷内，空谷鸟音，满目叠翠。潜龙潭深不可测，鱼儿悠闲。灿烂河床，九曲十八弯；怪岩峭壁，姿态万千。

管委会旅游办主任慎广建说，伏羲上到处流传着伏羲、女娲的故事。三皇（天皇、人皇、地皇）山上，就有群众为纪念伏羲而建立的三个庙宇。天皇山，祭祀盘古，有盘古庙，在伏羲山西北部巩义境内；人皇山，祭祀伏羲、女娲，在伏羲山主峰新密钟沟村的始祖山上；地皇山，祭祀神农氏，有祖师庙，在伏羲山东部的香炉山上。它们都表达着村民心中的一份虔诚。

拾起一块红色岩石，满是浓淡相间的纹理，河南省国土资源科学研究院高级工程师张天义讲解，伏羲山应该属于嶂石岩地貌。10多亿年前，这里被海水淹没，沉积了巨厚的碎屑岩和石英砂岩，后来又历经漫长的地壳运动，沙滩含铁砂岩经过复杂的变质、变化，才成就了今天的嶂石岩景观，它的特点就是：丹崖、碧岭、奇峰、幽谷。

战国争雄魏国修筑南长城

伏羲山起伏连绵，东端与横岭之间，有一道狭长的山谷，它扼守荥密交通要道，自古是兵家必争之地。

在新密尖山风景区与米村镇交界处，密密匝匝的野草间，一段青石垒砌的连绵城垣，清晰可见。顺着山间陡坡向上300多米，一座石砌的寨堡闯入眼帘。石墙盘踞山巅，威武雄壮；石寨门居高临下，虎视眈眈；城头的垛口、射孔令人胆寒。石寨堡内，一间间石屋基址在离离荒草中鳞次栉比。历史的风霜浸透了冰冷的石墙，似乎稍一触摸，就可以感受到久远的从前。

慎广建说，这里保存的是战国时期魏长城中的南长城遗址，它是全国重点文物保护单位。

战国时期，七雄争霸，战争连绵，硝烟不断。各个诸侯国纷纷划界分疆而守，保卫国土的安全。他们有的以河堤为防，有的沿山岭置障墙，修建长城以自卫。

《淮南子·说林篇》中，谈到了魏长城修筑的原因："秦通崤塞而魏筑长城也"。当初的魏国，为了防御西邻秦国越过函谷关的入侵，先后修筑起了长约100公里的南长城和洛水之滨的西长城。《后汉书·郡国志》记载，魏国，在中原大地上修筑的南长城，"经阳武（今原阳县东南）到密"。

南长城从原阳县（战国时期，黄河河道在原阳以北）开始，沿东南方向至郑州东部的圃田泽，而后折向西北，经荥阳进入密县。

保存至今的魏长城，北起荥密交界处的香炉山，南到新密的茶庵村北，长约5.8公里。

遗址的所在地，战国时期属于韩国，近代顾炎武在《日知录》中说它："此韩长城也"。现代学者考证后提出，这段长城，当时由魏国人龙贾率师修筑的，以魏国为主，它该是魏长城。

遗址蜿蜒于崇山峻岭之间，最宽处1—2米，最高处3—4米，是古人利用山脊、陡坎作为基础，用青石垒砌而成，在特别险要的地方，还留下了设防。它是目前"硕果仅存"的战国长城遗址段落，也是修筑时间最早的长城之一。

挺进豫西皮定均威震敌胆

伏羲山主干公路向南行，是四面环山、风景秀丽的田种湾村，小村北连荥阳，南接登封，西通巩义，东达新密，处于交通要冲。

沿一条小路，经一条小溪，在一片树木成林的浓荫中，一座坐西向东的宅院，赫然眼前，它，是抗日战争期间皮定均的工作旧址。

一个南北走向的五孔窑洞，看上去高大坚固。窑洞正面墙体，建有灯台三座，拴马石三座呈阶梯状逐步上升，据说寓意为步步高升。

伏羲山旅游区工作人员说，窑洞修建于清末年间，原来是田种湾村地主王狐狸的私宅。窑洞的建筑材料，均来自山上的青石灰石，两层都是石木结构，长8米，宽17米，窑洞深8米，高6米，中间木板层隔离。

窑洞内部，依山而建，巧妙地利用连山石，凿出一个石梯，用于上到二楼。五个窑洞孔孔相连，并设有三个暗道，直通山顶，用于逃生。据说，有一次敌人搜山，从大路上过来，皮定均听说后，就是顺着暗道顺利脱险，到达了后山。

新密市委宣传部副部长李绍光讲述了一段红色往事。1944年8月，"八路军豫西抗日先遣队"在司令员皮定均、政委徐子荣的带领下，挺进豫西，9月6日到达密县，开展革命。

当年12月，在田种湾一带，国民党匪徒刘邦俊、李群英部，凭借险要地势和坚固工事，袭扰部队，与八路军对峙，还残忍地杀害了八路军谈判代表。

皮定均派参谋长沈甸之,带侦察员化装成药材商人,上山对敌驻地先进行了周密侦察。

12月22日,皮、徐支队与国民党起义的任新智支队,共200余人,兵分两路,冒着凛冽寒风,凌晨时爬上田种湾,包围了敌人。田种湾自卫队措手不及,部队经历一场激战,擒敌60多名,缴获枪支50余支,全歼了杀害八路军代表的尖山乡大队20多人。

很快,田种湾就成立了密北抗日民主政府和密北独立团。密北抗日根据地建立后,群众踊跃参军、参战,掀起了抗日斗争的高潮。

距离工作旧址200米的山坡上,皮定均当年亲手栽植下一个柏树,以示纪念。70多年转瞬即逝,一棵幼苗早已成为苍翠挺拔的大树。树下生活的村民,从来没有忘记"皮总",他们有说不完的往事。

今年5月10日,开国中将皮定均之子、全国红军小学建设理事会副理事长皮国涌,来到田种湾村的"中原豫西抗日纪念馆"。在皮定均工作旧址的五个窑洞里,他徘徊良久,离开时,他为纪念馆捐赠出了一把皮定均使用过的猎枪。

兴废沉浮寨堡神秘莫测

站在红石林的高岗上,眺望远方,一个个围合而成的大圆圈,清晰可辨,星罗棋布的分布在多个山巅之上。工作人员讲解，这些是环形的古寨墙，大多建于明代和清代。

刘寨镇80多岁的王衍村老人说，新密的历史上，岗沟相连，地形复杂，寨堡林立，星罗棋布。1932年《河南教育月刊》刊发的《密县教育视察报告》一文说："该县境内人民所筑寨堡甚多，谚云：'九里十三寨，八里一道沟'。"

古寨堡在全县多有分布，仅伏羲山就有著名的香炉山寨、仙人寨和鸡笼寨等。

巩密关村附近山顶上的周家寨，是山上保存最完整的。围合的寨墙内，是几个足球场大的平地，荒草丛生，巨大的石块如同从地下钻出，高低不平，当地人是房屋倒塌后留下的痕迹。残存的基址，鳞次栉比，可以去想象当年寨垣内民宅密布的景象。青石垒砌的古寨墙北边，设有寨门，下临山谷，由新密进入巩义的公路，就从山脚下经过。

《新密史语》一书中提到，散落在伏羲山各个山峰上的古寨堡有30多座，各自构成了完备的防御体系，堪称一个丰富的古寨堡博物馆。

寨堡经历过什么样的兴废与沉浮，又发生过多少鲜为人知的故事？越多越的人们，正将目光停留在这里，试图去揭开那一层神秘的面纱。

古寨堡孤寂冷清，山野小径上的"农家乐"小院热闹非凡。餐桌上摆满各种农家菜品，小桌旁围坐着休闲的人们，他们谈论着山间见闻，生活乐事。好客的山民向人们微笑招呼，邀你去推磨磨面，纺线织布，锄地拔草。

夕阳已然半含于山。

石墙石瓦的房屋，几头老牛，一群小鸡，还有房前屋后几方油绿的菜地，山野间，一切生生不息……

中原地标：不断刷亮新高度

中原大厦、黄和平大厦、千玺广场、绿地中心·双子塔、中原福塔……一个个耳熟能详的郑州地标建筑越长越高。伴随着高楼的成长，中原城市群在长高，河南在长高。

改革开放40年，广袤的中原大地上，摩天大楼拔地而起，每一个新高度都有崭新的风采，承载着一段发展历程，串联起辉煌的足迹。它们见证着一个最好的时代，展现出跨越式发展的新河南。

一座城市越长越高

每一座城市都有自己的建筑地标，河南省会郑州的建筑地标，40年来随时代的发展而变化。

郑州是连接京广、陇海两大铁路干线的核心十字枢纽，素有"中国铁路心脏"之称。1923年，郑州爆发了中国现代史上著名的"二七大罢工"，在中国工人运动史上写下辉煌的一页。

1971年，为纪念京汉铁路工人大罢工，在二七广场上，郑州修建起14层高的二七大罢工纪念塔，一座颇负盛名的地标建筑。它是一座独特的仿古连体双塔，平面为东西相连的两个五边形。塔的每一层顶角为仿古挑角飞檐，绿色琉璃瓦覆顶，塔顶有一钟楼，每到整点时分，就会唱起《东方红》乐曲。它是中国最"年轻"的全国重点文物保护单位。

49岁的郑州"土著"张锐清楚记得，40年前，花上几分钱买张票，爬到二七纪念塔的最高处，能看到郑州市70%的景象。在二七纪念塔附近的顺城街、北下街一带的背街小巷里，他经常会遇到推着独轮车，贩卖五香垛子牛肉的回民大叔。那个时候的郑州，温馨、从容而安静，二七纪念塔是他儿时郑州的经典地标，回望人生的霓虹背景。

20世纪80年代初，循着改革开放的规划图，河南跑步向前。

郑州火车站承东启西、连南贯北，在全国举足轻重。人流如织的郑州火车站广场上，率先起高楼——1981年，中原大厦傲然问世，以61.8米的高度惊艳世人。大厦方形轮廓，简洁大方，平面为"T"形，正面顶部采用重檐式屋顶。这座18层（地上）的建筑，与长途汽车站（6层）、车站餐厅（6层）组成一个对称布局的建筑群。

1983年，美籍日本摄影家出目里利吕井来到郑州，站在当时的中原大厦顶层，俯瞰全城，定格瞬间。从他的彩色照片中可见，中原大厦向西，郑州火车站楼宇低矮，站台简易；大厦的西南方向，二七纪念塔尤为醒目，二七塔的周边，则是红砖平房和葱茏树木。城市线条简单，如同一幅清爽的素描画。

中原大厦建成后，追捧者无数。退伍军人李朝云，珍藏着一张黑白老照片。他来自河北省农村，1982年入伍到郑州，1986年夏天，他和战友在郑州相聚，两人登上了二七纪念塔，又来到中原大厦前合影。他说，出差到郑州的外地人，仰视中原大厦，有着无限敬意。

1988年，郑州火车站广场南侧，114.5米高的黄和平大厦（后改名为格林兰大酒店）刷新郑州建筑高度，闪亮登场。

城市发展的每一个进程，都有飞跃。20世纪90年代末，位于郑州中原西路南侧，裕达国贸又创下河南最高建筑纪录，这座高45层的酒店，呈双塔形，由世界著名设计师李祖原设计，这是他在设计台北101大楼之前的力作。

迈入21世纪的河南，每一步发展都是精彩，高楼如雨后春笋般长高，书写着城市林立的繁华。

2011年7月的一个傍晚，郑东新区CBD核心区，千玺广场近千盏激光同时闪耀，整个建筑通体金黄，流光溢彩，一场绚丽的激光秀，让它完成了盛大的封顶典礼。千玺广场以中原第一高楼的姿态崛起，刷新郑州新高度。它投资22亿元，是当时的重点文化设施建设项目，也是河南省及郑州市的新名片，市民亲切唤它"大玉米"。

5 年之后，郑州建筑又有新亮点。从郑州高铁客运站西广场走出的乘客，第一眼，通常就会看到一座造型独特的双子塔建筑，它由两栋超高层大厦组合而成，柔和的圆弧形风车外形，层叠的竹节状，参差交错的结构，使整个建筑轻灵通透，这座 2016 年落成的郑东绿地中心·双子塔，由两栋 285 米的高楼组成，被视为"中国第一高双子塔"。

若从高空俯瞰郑州，位于航海东路的中原福塔，如同一朵五瓣梅花盛开在大地上，寓意梅开五福，花开中原。它是河南广播电视发射塔，河南最高的全钢结构塔，以 388 米的高度，超越了同类结构的日本东京塔和巴黎埃菲尔铁塔。

《2017 年河南省国民经济和社会发展统计公报》上的一组数据显示，河南全年建筑业总产值 10085.49 亿元，比 2016 年增长 14.5%。数字背后，记录的是河南建筑的辉煌业绩，更有郑州居于省会地位的特殊贡献。

一片热土腾起繁华

高楼万丈平地起。钢筋和水泥的组合，俨然是一首豪放的抒情诗。河南的土地上，每一天都在展现着新的图画。40 年间，摩天大楼接连竖起，令人惊艳的天际线，写下一座城市对未来所持的开放态度和十足信心。

若我们把时间的镜头向前拉伸，作为一座"火车拉来的城市"，郑州火车站无疑是郑州最早的形象代言。它始建于 1904

年，是我国最为繁忙的火车站之一，也是外地人对这座城市的第一印象。

火车站对面的中原大厦秀欣挺拔，与周围低矮建筑形成鲜明对比，打破沉寂，折射出改革开放的豪迈之势。

火车站人流量大，中原大厦成了往来宾客的驻足之地。20世纪80年代末，中原大厦附近的敦睦路街边，开始出现简陋的服装摊位。已经移居新西兰的郑州70后王爽，对当时在郑州火车站附近买衣服的情景印象深刻：街道两旁就是门面房，门口摆放着钢丝床，上面堆满衣服。碰到雨雪天气，市场到处是积水和泥泞，衣服放在袋子里也难免弄湿……但人们的采购热情并未减退，有批发的，也有零售的。

郑州火车站商业圈的枢纽地位一步步提升，市场的影响力和辐射力随之扩大，经营者从临街摊位转变到楼宇商场。中原大厦一片繁忙，黄和平大厦人来人往。几年间，服饰、小商品等批发市场应运而生，并迅速在商业版图中拔得头筹，最终演进为以服装批发市场为主的火车站商圈。

与这一商圈相邻的二七纪念塔周边，蓄势待发。

1985年，40岁的顿素芳随转业的丈夫从驻马店来到郑州，一家四口租住在中原西路一间40多平方米的民房中，她印象最深的是城市人少、楼少、车少。

1989年5月6日，全国较早的股份制商业企业亚细亚商场开门营业，二七纪念塔周边半径不足200米的二七广场，聚集了郑州一大半商业体，开启了一场闻名全国的中原商战，华联商厦、商城大厦、天然商厦等纷纷寻找出路，展开激烈竞争。顿素芳先后担任亚细亚商场业务处处长、亚细亚五彩购物广场副总经理，7年间目睹了一轮轮的投资热潮和商业发展的跌宕起伏。她说，亚细亚商场是引领中国商业从计划经济向市场经济转变的纽带，郑州商业由此进入到空前繁荣期。顾客如潮水般涌来，彩电、冰箱、洗衣机"新三件"取代了手表、缝纫机、自行车"老三件"。33年转眼即逝，长居郑州的顿素芳，看到了这座城从平淡无奇到高楼无数的繁华胜景。她说，幸福与美好是自己和身边人对未来的期待。

从大家口中的"大玉米"，到河南人心头的"金玉米"，千玺广场无疑是郑东新区优秀的"代言者"。

千玺广场的设计灵感，源于登封中岳嵩山南麓的嵩岳寺塔。作为我国四大名塔之一，嵩岳寺塔始建于北魏，在唐代进行了重修，历经1500年的风雨依然巍然屹立。千年古塔向东80公里，是郑州东区CBD中央商务区，苍茫暮色中，现代版的"嵩岳寺塔"光芒四射，它与嵩岳寺塔的主楼曲线完全吻合，不同的是，千玺广场以现代材料和手法，再现了古塔的密檐效果。

迎着初升的太阳，藏于深山的嵩岳寺塔金光闪闪；点点星光下，身居闹市的千玺广场璀璨夺目，取法于古的现代建筑，体现古塔神韵，散发盎然新意，让人体会到中原大地的传承与创新。

千玺广场的脚下,一座新城展露芳华。据有关数据,截至2018年7月底,郑东新区CBD片区建成投用商务楼宇66栋,总建筑面积306.22万平方米。

双子塔毗邻郑州高铁站,作为高铁客运站的商务配套工程,它与隔路相望的绿地之窗项目一起,使郑州铁路新客运站商圈加速成为中西部地区第一个商业配套完善、现代服务业集聚的高铁站区域。

美国著名建筑师沙里宁说过:"让我看看你的城市,我就能说出这个城市的居民在文化上追求的是什么。"40年间,河南的一大批建筑打造出文化内涵丰富、地方特色鲜明的城市环境,体现出浓郁的地域特征:新郑机场T2航站楼,将城际铁路、高速公路、轨道交通等多种交通方式有效衔接"零距离"换乘;河南博物院,凝聚博大精深的中原文化与时代特征;洛阳博物馆(新馆),展现十三朝古都文化底蕴;安阳中国文字博物馆,尽显古老神韵;开封清明上河园建筑群,再现北宋张择端《清明上河图》完美画面……

一个时代见证奇迹

建筑是活的历史,让人触摸到一个时代的鲜明记忆,改革开放40年的变化,浓缩在城市发展的奇迹中。

2003年1月,郑东新区破土动工。15年间,一片芦苇丛生的鱼塘洼地,变身为建成区面积超过150平方公里、辖区人口

150万人、入驻企业3万余家的生态都市。一张蓝图化身为集聚繁华与现代的新城，河南新型城镇化的新样板。郑东新区概念规划荣获中国首个"城市规划设计杰出奖"。

以郑东新区CBD为中心，汇聚着包括汇丰银行、东亚银行、渣打银行等一批外资银行在内的300余家金融机构，还有世界500强65家、中国500强93家。全国四大交易所之一的郑商所，也坐落其中。

无论是如撑开巨伞的郑州国际会展中心，还是像振翅蝴蝶的河南艺术中心，郑东新区的一个个建筑，在与如意湖水的交相辉映中，分外夺目。

2009年4月2日，时任中央政治局常委、国家副主席习近平，在郑东新区一边参观一边称赞说，这是世界眼光的规划，国际招投标、市场化运作，郑东新区建设得这样宏伟，不愧是新区建设的点睛之笔。看了郑东新区觉得郑州确实是个现代化的大都市，我从中看到了郑州的未来，也看到了河南的希望。

2015年9月25日，中央政治局常委、国务院总理李克强考察郑州郑东新区CBD中心。作为河南最高建筑的参观层，绕千玺广场58层360度转一圈，可透过巨幕玻璃眺望四面八方，李克强总理从不同角度、方向俯瞰，只见四通八达的交通干道与郁郁葱葱的丛林绿地纵横交错，波光粼粼的湖面倒映着林立的高楼大厦。昔日这片只能养鱼耕田的土地上，已经崛起一座"值得被写入教科书"的国际新城。

2015年12月15日,李克强总理的一句提议,让上海合作组织成员国总理第十四次会议的会场,延伸到了如意湖畔。冬日的晴空下,郑东新区建筑鳞次栉比,熠熠生辉。他介绍说,我们所在的郑东新区在开发前是一片荒地,经过十余年的建设和发展,如今这里已成为集商业、金融、居住等功能为一体的百万级人口新城,也是郑州乃至中原地区重要的中心商务区。

漫步郑东新区,城市公园、广阔绿地交错,一幅园在城中、城在画中的景象,成为新人拍摄婚纱照的取景点,市民摄影留念的最佳背景。建筑"长高",城市变靓,人们的日子越发滋润,那是满满的幸福感。

湖光倒影之中,千玺广场呈现出双倍高度,无论从天上看,还是从地上看,都有强烈的视觉冲击力。陪伴它的,是一座活力四射的如意新城;热爱它的,有最广泛的普通市民。

33岁的@年轻的老吴戏称,他可能是这个世界上拍"大玉米"最多的人,几乎每天会为"大玉米"留影。2011年来郑州工作时,他在公司抬头能看到刚刚建好框架的"大玉米"。时隔几年,"大玉米"亮起了灯光。后来,他在CBD附近买了房子,在家门口也能拍到"大玉米"。最近,他写了一本以郑州为背景的长篇小说,把"大玉米"设计成主人公的精神地标。他说,"大玉米"脚下的市民,来散步、跑步、溜冰、跳舞,甚至旅游观光的人越来越多,"大玉米"如同智者,俯视众生。

2018年5月8日,河南省委书记王国生在中央驻豫及省主要新闻媒体座谈会上,谈到地标建筑"大玉米",引发共鸣。他说,我们的玉米来自农业、农村和农民,体现了民本思想;从"大玉米"到"金玉米",发出的光是灿烂的,体现了奋斗历程……

玉米金黄饱满,粒多味甜,"大玉米"的昵称,反映了河南人骨子里的农耕底色,"金玉米"的变化,呼唤出一个崭新的开放河南。行走在中原大地上,鳞次栉比的高楼大厦,如同流动的音符,流淌的歌声,张扬城市活力,延续城市生命,传承文化特色,见证时代发展。

40年前的青青麦田变成了高楼广厦,鱼塘洼地变成了都市新区,现实中无处寻觅的过往,都被影像一一记录下来,留在了普通家庭的相册中,而每一个家庭的微小记忆,汇聚成了河南翻天覆地的城市变迁。

守望（代后记）

"历史有什么用？"面对儿子的提问，法国历史学家、年鉴学派创始人马克·布洛赫回答：这是个假命题，因为历史对于个人，应该完全是一种令人销魂的爱好，是兴趣聚集酝酿的源泉，与是否有用毫无关系。

布洛赫对历史学功用还有一段激情演绎：历史自有其独特的美感，它思接千载，视通万里，千姿百态，令人销魂，因此它比其他学科更能激发人们的想象力。

历史让人如此着迷，每个人都会被它所折服。

2016年6月1日，河南日报《精彩周末》的"行走中原"专栏与读者见面，在一字一句的字里行间，我们试图从历史中寻求过往，讲述每一处遗存的前世今生。

探寻历史，成为每一次采访中有趣又艰难的工作。

2016年9月，我到三门峡卢氏县采访红二十五军的崎岖长征路，从栾川县叫河镇，一直走到河南、陕西交界处的铁锁关，成为第一个全程走完卢氏这一段路程的记者。

采访4天,山雨时断时续,一路之上,有形势险绝的幽深峡谷,山清水秀的封闭山村,荆棘密布的羊肠小道,也有荒无人烟、落叶盈尺的原生态道路。那时,红军深陷包围,却又依靠群众绝处逢生,成为波澜壮阔的前进途中最具代表性、最动人的一幕。遥想红军守望理想的艰辛,尤其令人动容。

2016年9月,我来到许昌市西约15千米处的灵井遗址,一处塘坑被围栏圈成了一个大院子,院内地势起伏,低洼处是深可及腰的芦苇和蒿草。河南省文物考古研究院研究员李占扬,历时6年,在此发现45块人类化石,它们距今10.5—12.5万年。

2017年3月3日,李占扬作为第一作者,在美国《科学》周刊发表论文,提出人类演化研究的突破性进展,挑战了非洲起源说。2018年2月,"许昌人"的研究成果,入选科技部2017年中国科学十大进展。至此,他的研究团队已经奋战了十多年。

十多年间,有日复一日的奔波,琢磨不定的研究进展,也有来自外界及自身的质疑声,我问他,你靠什么来保持年轻时的情怀?他说,只要一盏孤灯未灭,还有满屋子的石头"堪读",就不必在意一时一地的得失,要执著。

俯下身,沉下心,4年来,从深山树林到古老村落,从奇峰俊秀到平原大地,我用脚步去丈量深爱的这一片土地,写不尽古老深厚,道不完广袤神奇。

行走途中，亲近历史，采访人物，更能体会到人生的无奈与偶然，个人的何其渺小。回望千唐志斋里面留存的那些墓志铭，不禁会想，他们，不过是过往历史中飘落的零星叶子，有幸被后人制成碑刻，让人记住。

每个人即作为个体，其命运再卑微，地位再微小，其所作所为、所思所想，也都是已往历史的一小部分，大多会被淹没在历史的长河之中。岁月无情，光阴有意，再过50年100年，我们这些努力工作的小人物，是否会变成一粒沉底的尘埃，而被后人想起？

记得也好，或许被忘掉，我想，守望理想，倾听内心的呼唤，才能拥有最饱满的人生。我也想，即使在新媒体时代，有思想、有温度、有品质的作品，仍然能够为这个世界上的许多人所接受。

2018年11月4日晚，在河南省"好记者讲好故事"演讲活动现场，作为河南省获得第28届中国新闻奖的记者代表之一，我站在省委书记的身旁，听他讲述发生在自己身边的感人故事。他说，我们国家每天都发生着新变化，中原大地每天也上演着好故事，党和人民期待大家讲出这些新变化、好故事。

从事新闻职业28年，一直在路上，从不敢懈怠，怎样才能讲好河南历史和河南的精彩故事？一个人的行走，依然有很多的期待。

赵慎珠